新传播与中国形象研究丛书

曹月娟　胡勇武　著

走向文化之路

新传播视阈下的企业文化传播和企业形象构建

上海交通大学出版社
SHANGHAI JIAO TONG UNIVERSITY PRESS

内容提要

　　本书以新传播环境为研究角度，探讨在新市场经济环境下的企业文化传播和企业形象建构所需要着重注意的问题。全书分三部分："理论创新篇"；"传播实践篇"；"形象构建篇"。围绕新时代、新经济、新商业、新模式、新事物等具有时代典型特征的新现象，有效地把跨学科、跨行业、跨领域的各个方面通过新思维、新理论、新实践、新构建进行有机地整合，围绕"新传播"视域下的新企业文化传播和新形象构建进行阐述。

图书在版编目(CIP)数据

走向文化之路：新传播视阈下的企业文化传播和企业形象构建/曹月娟,胡勇武著. —上海：上海交通大学出版社，2017(2023重印)
(新传播与中国形象研究丛书)
ISBN 978-7-313-17174-0

Ⅰ.①走…　Ⅱ.①曹…②胡…　Ⅲ.①企业文化—文化传播—研究②企业形象—研究　Ⅳ.①F272-05

中国版本图书馆 CIP 数据核字(2017)第 113154 号

走向文化之路：新传播视阈下的企业文化传播和企业形象构建

著　　者：曹月娟　胡勇武
出版发行：上海交通大学出版社　　　　　地　　址：上海市番禺路 951 号
邮政编码：200030　　　　　　　　　　　电　　话：021-64071208
印　　制：江苏凤凰数码印务有限公司
开　　本：710 mm×1000 mm　1/16　　　经　　销：全国新华书店
字　　数：215 千字　　　　　　　　　　印　　张：14
版　　次：2017 年 6 月第 1 版
书　　号：ISBN 978-7-313-17174-0　　　印　　次：2023 年 1 月第 3 次印刷
定　　价：55.00 元

序

国家形象传播研究是近年来新闻学和传播学的重要研究领域和议题。当前,在新媒体变革和全球传播环境下,国家形象的建构与传播在各个国家都被上升到国家战略层面得到前所未有的重视。随着国家综合国力的不断提升,中国正以发展中东方大国的良好形象日渐呈现在世人面前,但同时我们看到,由于东西方文化的差异、意识形态的偏见以及中国对外传播力不足等原因,中国形象在传播过程中呈现出不稳定的复杂图景,存在被误读误判和"他者化"等诸多问题。为此,如何通过多个层面、多维角度、多种策略对中国国家形象进行塑造和传播,探寻自我与他者的认同之道,仍是一个需要深入研究的课题。

新传播与中国形象研究丛书是浙江传媒学院新闻与传播学院省级一流学科新闻传播学和"浙江形象构建与传播协同创新中心"核心团队的研究成果。该团队以问题为导向服务国家特需、浙江"文化大省"建设和新闻传播人才培养,从广播电视理论与业务、传播效果与舆情分析、媒介话语与媒介形象、网络与新媒体四个方向着重探索和研究新闻传播理论前沿问题和发展趋势,从理论和经验两个层次分别探讨学界和业界普遍关注的热点、难点和潜在的理论突破点,力求在理论研究上有所贡献,并对政策制订提供科学指导。本丛书以新传播语境为视角,分别以"一带一路"背景下中国与俄语国家的新关系、危机传播视阈中的政府与媒体关系、政务传播、企业文化传播、消费逻辑下的影视文化传播等为切入口,通过追寻中国在政治、经济、文化、外交诸方面的发展之路,探讨中国形象的建构与传播,使国家形象研究的深度和广度得到延伸和拓展。

新闻学和传播学本质上是社会科学,对于从事新闻传播学学科建设和教育工作的学者们来说,以问题为导向,关注和致力于解决中国发展所出现的重大问题，既是出发点又是努力的方向。从宏观的国际关系、国际政治、权力博弈研究到微观的认知心理、传播过程、舆论导向研究，近年来国内学者有关中国国家形象研究的成果斐然，本丛书在理论建树和解释框架上不敢说对前人研究有很大超越，在内容和形式上也不一定尽善尽美，但她融入了团队学者的心血，并体现了两个鲜明的特征：一是学者们自始至终对传媒变革、社会发展与国家命运的历史使命感；二是学者们时刻保持的对学术探究的规范与严谨、勇气与创新。这也是我们希望丛书能给同行们带来的最大的借鉴和裨益。借此向共同策划本套丛书的刘茂华副教授、方建移教授致以深深的谢意！向付出辛勤劳作的丛书的作者们致以深深的敬意和谢意！并真诚地感谢上海交通大学出版社的大力支持！

本丛书主编、浙江传媒学院新闻与传播学院院长　李文冰

前　言

　　本书是在理解未来国际市场竞争规律的基础之上，结合国际市场中的社会、经济、企业三者的发展特征，以新时代下中国新兴市场经济中的新商业模式为背景，为中国企业如何在新兴市场经济中实现转型和升级提供理论依据。

　　全书分三部分：理论创新篇、传播实践篇、形象构建篇。围绕新时代、新经济、新商业、新模式、新事物等具有时代典型性特征的新现象，有效地把跨学科、跨行业、跨领域的各方面知识通过新思维、新理论、新实践、新构建进行有机地整合，围绕"新传播"视阈下的新企业文化传播和新形象构建进行阐述。全书都主要突出了一个"新"字，发挥了理论研究和实践运用两方面的专业优势，在创新的基础上为企业带来全新的思维方式，对企业发展、转型认知从思维到理论、到实践、再到应用全部过程进行了细致地梳理。最后，本书突破了传统学术理论框架，结合实际，在新的角度和新的层面对企业传播及企业形象构建各项内容进行重新定义，在传统学术理论基础之上，总结出了一套符合社会客观实际现象，容纳专业学术和实践运用的实战性指导理论。

　　书中解决了三大问题：① 中国企业在适应新兴市场经济模式下，如何把握未来商业发展趋势，提高企业对市场"价值"输出能力的实践理论；② 中国企业在面对未来国际市场竞争中，如何洞察国际市场中的竞争规律和竞争条件，从而准确地树立国际市场中的各项竞争标准所补充的规划理论；③ 中国企业在迎接新兴互联网经济环境中，如何把控以需求方市场在新商业模式下消费者诉求心理。具备着开启新思维的指导作用。

　　全书立足于传播学，介绍了"文化"在新时代发展下的各项作用，从文化的历史、演变、进程、作用等方面来解读文化的本质，并且结合企业在新经济环境下的发展实践,新商业模式下企业的发展特征,解剖和分析企业传统模式和新兴模式之间的转变因素。从企业的投资、管理、运营等角度来解析"企业文化"和"品牌文化"的关系,并通过企业对内和对外的传播,围绕"企业传播"在新时代的转变特征,与社会现象相结合,归纳和总结了符合新时代下的"企业传播"理论,为中国企业开拓国内市场和国际市场提供了全新的企业文化传播和形象构建理论。

书中以新兴"互联网"经济为新时代基础特征,通过"文化"在互联网新兴传播技术中的应用,对用户需求方产生的诉求转变,以及生活方式的各方面转变特征进行了充分的论述,通过全新的思维解读了"互联网思维"的本质。针对企业在新兴市场经济中各项配套升级和转型时存在的问题,从文化、企业、企业文化、品牌、企业传播、企业形象几方面进行了综合分析和理解,构建了"企业文化""企业形象"系统理论,并与企业管理相结合创建了全新的《企业传播系统》。以期在全球视野的高度,用未来国际经济发展的眼光,俯瞰国际市场竞争规律,结合具有国际化标准的"品牌"管理系统理论,突破在全球范围内的企业"品牌"打造理念和企业"形象"构建理论,为中国企业在适应新兴市场经济,面对未来国际市场竞争提供新的思维方法和实践方向。

目　录

理论创新篇

第一章　文化的起源、发展与演变 ………………………………………… 3

　　第一节　什么是文化：打开思维的桎梏 ………………………… 3

　　第二节　文化的历史起源 ……………………………………… 5

　　第三节　文化的发展和演变 …………………………………… 8

　　第四节　文化在社会经济中的集中表现 ……………………… 18

第二章　企业在新经济时代的转变 …………………………………… 28

　　第一节　企业的定义 ………………………………………… 28

　　第二节　企业的发展和演变 …………………………………… 30

　　第三节　企业在经济中的作用力 ……………………………… 33

　　第四节　企业在未来经济中的架构与发展 …………………… 35

第三章　新传播视阈下的企业文化 …………………………………… 39

　　第一节　企业文化的定义 …………………………………… 39

　　第二节　新传播理论体系下的企业文化 ……………………… 41

　　第三节　企业文化的作用力 …………………………………… 42

　　第四节　企业文化和品牌文化的关系 ………………………… 48

第四章　品牌 …………………………………………………………… 50

　　第一节　品牌的定义 ………………………………………… 50

第二节 品牌的历史与发展 ························· 51

第三节 《品牌八星论》：品牌是一个系统 ············· 54

第四节 新传播理论体系下的品牌文化及其作用力 ········· 60

传播实践篇

第五章 企业传播在新传播时代中的演变 ··············· 67

第一节 传播在时代演变中的地位 ················· 67

第二节 "企业"传播在新经济中的作用 ·············· 70

第三节 新时代"企业"传播理论 ················· 72

第四节 新传播视域下的传播转变因素 ··············· 75

第五节 企业文化传播：企业对内和对外传播 ·········· 77

第六章 企业文化对内传播的转变 ··············· 82

第一节 企业文化对企业自身传播的转变 ·············· 82

第二节 企业文化对用户内部传播的转变 ·············· 87

第三节 企业文化对产品内部传播的转变 ·············· 92

第四节 企业文化对市场内部传播的转变 ·············· 97

第七章 企业文化对外品牌文化的传播转变 ·············· 103

第一节 "创新"在品牌文化中的传播转变 ············· 103

第二节 "用户"在品牌文化中的传播转变 ············· 112

第三节 "传播"在品牌文化传播中的转变 ············· 119

第四节 "技术"在品牌文化中的传播转变 ············· 126

第五节 "产品"在品牌文化中的传播转变 ············· 134

第六节 "营销"在品牌文化中的传播转变 ············· 142

第七节 "公关"在品牌文化中的传播转变 ············· 150

第八节 "运营"在品牌文化中的传播转变 ············· 158

形象构建篇

第八章 新企业传播与形象构建理论 ················· 169

第一节　企业形象的演变过程·······················169

第二节　企业形象对企业的作用·····················173

第三节　企业形象构建的转变因素···················175

第四节　新传播下的企业传播与形象构建理论·········182

第九章　企业形象系统在构建中的转变··············189

第一节　企业内部形象对构建的转变·················189

第二节　企业品牌形象对构建的转变·················196

第三节　网络形象对构建的转变·····················201

参考文献···207

索引···210

理论创新篇

第一章　文化的起源、发展与演变

第一节　什么是文化：打开思维的桎梏

"文化"[①]一词源于西方拉丁文"culture"，原义是指农耕及对植物的培育。15 世纪后，逐步延伸使用，对文化的理解扩大至人的精神思想、社会能力的培养等方面。在中国各类古籍中，对文化的解释为，"文"即文字、文章、文采等，又指礼仪文化、制度文化等。"化"是"教化""教行"的意思。从社会角度，古代，"文化"又指对教化百姓的一种礼乐制度。西汉刘向在《说苑》[②]中说："凡武之兴，谓不服也，文化不改，然后加诛"，这里面的文化更多可以理解为"教化"的意思。又比如南齐王融在《曲水诗序》[③]中说："设神理以景俗，敷文化以柔远。"而如今，随着国际组织对文化含义越来越重视，中西两种说法也有所差异，但也存在共同点。

随着时代的变化，人们对"文化"一词产生了各式各样的理解，英国人类学家 E・B・泰勒在《原始文化》[④]一书中指出："据人种志学的观点来看，文化或文明是一个复杂的整体，它包括知识、信仰、艺术、伦理道德、法律、风俗和作为一个社会成员的人通过学习而获得的任何其他能力和习惯。"泰勒的这种说法后来又经过英国人类学家 B・K・马林诺夫斯基[⑤]的发展，在 20 世纪 30 年代著《文化论》

---

①　刘玉敏."文化"一词的释义及由来.《发展》2010.10
②　《说苑》，又名《新苑》，古代杂史小说集，刘向著，成书于鸿嘉四年(公元前 17)。
③　又名《三月三日曲水诗序》。
④　[英]人类学家爱德华・伯内特・泰勒.原始文化.此书被公认为是进化学派的经典著作。
⑤　马林诺夫斯基.又马凌诺斯基.文化论.华夏出版社.2002.01.01.112

一书,指出:"文化是指那一群传统的器物、货品、技术、思想、习惯及价值而言的,这概念包容着及调节着一切社会科学。我们亦将见,社会组织除非视作文化的一部分,实是无法了解的。"同时,还把文化分为物质和精神的两种,即所谓"已改造的环境和已变更的人类有机体"两种主要成分。之所以英国人类学家有这样的理解,是因为英国人类学是用结构功能的观点来研究文化的。

对"文化"的理解,西方人的思维有着显著的特点,英国人类学家 A·R·拉德克利夫·布朗认为,文化是一定的社会群体或社会阶级,在与他人的接触交往中习得的思想、感觉和活动的方式。文化是人们在相互交往中获得知识、技能、体验、观念、信仰和情操的过程。他强调,文化只有在社会结构发挥功能时才能显现出来,如果离开社会结构体系就观察不到文化。又比如法国人类学家 C·列维·斯特劳斯从行为规范和模式的角度给文化下定义。他提出:"文化是一组行为模式,在一定时期流行于一群人之中,……并易于与其他人群之行为模式相区别,且显示出清楚的不连续性"①。从这些西方学者的思维中可以看出,西方人对"文化"的理解是建立在社会群体、生活方式、功能习惯之上的。因此,也可以说,他们认为文化就是社会、文化就是生活方式,同时又表现出"文化存在于各种内隐的和外显的模式之中,借助符号的运用得以学习与传播,并构成人类群体的特殊成就,这些成就包括他们制造物品的各种具体式样,文化的基本要素是传统(通过历史衍生和由选择得到的)思想观念和价值,其中尤以价值观最为重要。"②

中国传统的"文化"与西方传统的"Culture"在词义上是有明显的区别的。中国传统对"文化"的理解强调的是人类的社会活动,更偏重于精神领域,基本上也就是定义"文化"是属文的,表示一种精神现象或是内涵思想等方面的意思。更多的应用在精神文化、艺术文化、传统文化、民族文化等领域。由于这种对"文化"的定义不同,对文化的思维方式、理解方式、思维角度等方面也产生不同,导致在社会实践过程中对"文化"的应用领域也存有较大的差异。在这种理解下,"文化"在思维上就受到了局限,如一把椅子,如果在椅子上有个图案或是什么造型之类的,就觉得这条椅子有文化的存在;又如这把椅子的材料是带点历史文化痕迹的,就觉得椅子具有很浓厚的文化气息。相反,一条非常简洁或是用不锈

---

① 列维·斯特劳斯.种族与历史.中国人民大学出版社.2006.01.23
② 中国大百科全书·社会学.中国大百科全书出版社.1992.04.196

钢、玻璃等现代材料来制作的椅子,就觉得过于工业味没什么文化可言。对于生活各方面也是如此。如有知识的人才是有文化的人,而社会其他劳动阶层就觉得他们是没文化的。从当今社会一些现象可以看出,我国大部分企事业单位对"文化"的理解都存在一定的误读现象,甚至包括相关学术界及教育界也存在这类现象,以至于对国内外的文化研究大部分都停留在文化差异的表现分析上,并没有对世界各国文化发展路径做详细的研究和论证。

而事实上,当代社会已经说明了,在各阶层各领域都存在着文化现象:农民工有农民工的文化;保安有保安的文化;朋友、家庭之间也都有文化;爱情、友谊等都存在文化。换言之,只要有传播信息的现象存在,就会有文化的产生。只不过,各方面的文化有区分而已。由于西方社会对"文化"的理解是建立在广泛性社会现象的基础上的,因此,西方的"文化"现象已经普及到社会各个群体之中,形成了全民的普遍意识,不需要刻意强调"文化"的重要性。而我国部分"文化"领域学者则误认为,西方只是注重科技创新或是科学发明,而并没有意识到这是"文化"渗透的本源现象。所以本书强调要真正地了解"文化",首先要对文化的起源、发展、推动、演变等因素进行充分的研究和客观的分析。在未来面对国际市场竞争时,如何引起"文化"的思考,在事实层面及思维层面的广泛意识,是推动我国企业文化建设必不可少的一个重要因素。

第二节 文化的历史起源

在远古时代,人类祖先由个体逐渐形成群落。随着群落内部的分工逐渐明确,慢慢产生了社群关系。可以说,社群的分工关系组成了最小单位的社会。之后,各个社群为了寻求更好的生存环境,得到更多的食物和水,逐渐形成集体,随着这些集体内部的等级和分工逐步明确,形成了家庭、部落,直至后来的国家。各社群组织在分工作用下慢慢养成了共同的生活方式,进而演变成拥有了独特的文化。

当这个文化变得比邻近部落较为先进或强大,在文化的适应度和接受度上符合更多人的本源诉求时,就会得到越来越多人的认同,这些人互相吸引和影响,便形成了文化圈。当这个部族变得壮大,人数达到一定量时,他们就会在某个地方定居并建立起一个聚居区,形成文明社会和城市文明。社会的产生是文化产生的基石。因此，传统学者理解文化是一种社会现象，它是由人类长期追求与创造生活所形成的产物，人类在社会生活中又呈现出物质追求和精神追求。所以，文化又是人类所创造的物质财富与精神财富的总和。文化提高了人类对客观世界的适应和认知，当文化在人群中的适应性越强时，它所产生的作用力就会越强，在文化的作用力驱动下自然会产生新的诉求标准，人类在追求精神的同时，共同认可和接受的精神诉求、发明创造构成了物质基础。

文化是人类文明进步的产物，甚至可以理解成"文化"即是"文明"的代名词，而文明包括了物质文明和精神文明。物质文明是精神文明的基础，精神文明主导着物质文明的发展。人类能够从蛮荒时代走到现代文明，是在两种文明的相互推动、相互作用下所形成。在文明的进步下，产生了文化，文化的发展又推进了人类文明进步的本源诉求，这也说明文化具有开发人类文明意识诉求的作用，那么，文化也可以理解成是一种意识形态。马克思在《德意志意识形态》[①]中指出："物质生活的生产方式制约着整个社会生活、政治生活和精神生活的过程，不是意识决定存在，而是存在决定意识。"那么也可以说，人类文明的意识形态是一种人类的本源意识诉求，文化则是人类的发展意识诉求，文化在适应度和接受度这一本源，以及文明发展的循环作用下不断地提升和演变，变得越来越具有广泛性，分支错综。而人类之所以有特别之处，也可以认为是文化的发展促进了人类的文明发展，更不难看出，文化对人类文明的可持续进步起到了决定性作用。

综上所述，文化是人类在社会历史发展过程中所创造的物质文明和精神文明的总和。文化是人类文明的产物，同时又影响着文明的进程，文化在推动文明的过程中包含的领域概括了整个社会的方方面面，因此，文化可以总结出以下特点：

（1）文化的本源性：随着人类在文明进程中不断产生文化，文化又不断开发了人类文明诉求的本源意识，文明又可以视为人类的本源特征，所以，文化具有很强的本源性又或者称是自发性。

（2）文化的历史性：文化产生于远古时代祖先部落的形成，他们需要通过言说或表述方式、交往或行为方式、意识或认知方式来产生沟通，这是文化可以追本溯源的地方，具有历史性，且每一种现有文化都是在历史文化的基础上得以融

---

① 杨金海.德意志意识形态研究.中央编译出版社.2014.05

合、完善、发展的,能够传承下来的文化都有其原貌。

（3）文化的发展性：文化不是一个死板的单一的状态,它具有适应度和接受度的本源诉求。换句话说,文化只有被适应和被接受,有了这个前提才会被广泛传播,也才称之为文化。文化从人类诞生起就已经存在,并且随着人类社会的发展,不断积累、更新、淘汰、补充,往复循环,基本上每一个时代、每一个阶段都会有代表这一时代的新的文化产生,并与旧文化相互融合、相互作用,最终以能够为人类所接受并传播的形态存在,成为具有一定时代特色的文化,并且继续往下一个时代发展,可以说文化是处于不断继承与更新的动态发展过程中的,具有明显的发展性。

（4）文化的社会性：文化是有变化、有创新、往外扩展,呈动态状的,个人也可以是一种文化的载体,在文化的不断创新中成为动态的载体,文化经个人进入到集体中,成为社会的一种共识,使文化有了社会性。文化如果不为社会所接受就很难保留下来。

（5）文化的广泛性：文化在适应度和接受度的基础上,根据社会、国家、民族等大环境因素,以及政治、经济、精神等不断地相互作用下,各个领域广泛地分解出各种文化。如有两分说的物质和精神;有三层次说的物质、制度、精神;有四层次说的物质、制度、风俗习惯、思想与价值;有六大子系统说的物质、社会关系、精神、艺术、语言符号、风俗习惯等,都可以在其独自的领域里形成各种文化。

（6）文化的持续性：人类居住的世界是个内闭的系统。在这个系统里完成人类经济生活的自我循环,物质的自给自足和精神的自我满足,物质文明和精神文明相辅相成,人类这种生存方式是可持续的,文化相应的有其持续性。

（7）文化的导向性：文化能为人们的行动提供方向和可供选择的方式,具有对人类行为的导向性。另一方面,文化因其自身的特性,其本源就具备一定导向功能,延伸出方方面面社会生活、物质精神所需的分支文化。

（8）文化的推动性：文化在服务于人的精神需求的过程中体现物质经济效益,对整个人类文明的发展具有推动性。

因此,文化具备一定的本源性、历史性、发展性、社会性、广泛性、持续性、导向性、推动性,再者,也证明了文化和文明的密切联系,文明是一种精神本源,因此,文化也具有广泛的知识和内心的精神两个方面。

由于文化是存在于社会生产分配过程中的,这个过程中包含了人类对物质和精神两方面的共同追求，在这样的基础上，有学者把文化划分成物质文化、精神文化和制度文化三个方面。物质文化代表了人类在社会生产生活中的物质类产物的信息总和，物质文化包括了城市建筑、交通工具、服饰、食品等以衣、食、住、行各方面具备显性特征的物质信息；精神文化代表了人类的精神层面、思维层面、情感层面等不可见的隐性特征的精神信息；以及人类在社会生产生活中围绕分配分工所产生的制度文化，制度文化有不可见的一面，同时也具备可应用的一面，如文字、语言、符号等都是随着制度文化发展的过程所产生的。人类具备了这三种文化的意识形态时，就代表人类正式进入了社群的文明阶段。

随着文明的进步和发展，人类在追求物质和精神的同时，社会生产生活中的分工分配上，三种文化开始相互作用，相互融合，相互产生，文化出现了多样性、交叉性、认知性、层次性、差异性等复杂现象。也随着人类社会之间对各类文化信息的认知不同，产生了对立性和矛盾性，对原本共同客观世界的认知开始产生了主观世界的认知表现。因此，文化信息又产生了客观性和主观性、广泛性和个体性，以至于后来又把文化从广义和狭义上进行区别，文化的意识形态得到了新的拓展。这个时候，当文化本身具备了适应度和接受度的诉求，与大众群体的本源诉求吻合得越好，那么，这一文化给人的印象就会越好，就会得到更多的认可。

文化作为意识形态既存在于广泛客观认知的意识中，又存在于小众主观认知的意识中。而这种广泛的客观认知和小众的主观认知也会随着社会的发展与进步相互作用、相互转变、相互融合，形成巨大的意识形态的差异，最终表现为对文化信息的认知不同，认知的能力和差距也越来越大。以至于后来所产生的宗教信仰、精神思想、行为标准、内在态度等各方面都出现了不同，分解出了各种意识形态的文化。而后随着人类对各种文化信息的认知不同，所产生对社会群体、沟通交流、生产能力、物质追求、人际关系、组织制度等理解不同，文化在社会生活中的形态逐渐具备了立体性。产生这些认知的不同，并没有脱离人类文明进步的精神本源基础，而是在精神本源不变的基础上产生的认知差异所带来的结果。

第三节　文化的发展和演变

自人类诞生以来，文化就已萌芽，我们不知它从何处而来，但有一点可以很明确,就是人类这一生命体的本源中有一种诉求,这种诉求随着文明的时间轴发展变化,不断以新的内容、新的状态进入到新的阶段中去,形成每个阶段颇具代表性的文化。总体来说,文化的演变过程中有以下几个特性较为明显的阶段,值得人类在进行文化研究时加以重视,也能通过演变过程中,文化在对思维方式和事实层面的作用力上,对中国企业文化发展具有更好认识。

(1) 生存基础阶段。这一阶段是文化的最初孕育期,从人类诞生起,生命个体本源诉求中天生就具备对于生存的渴望,为了活下去,就需要获取用以充饥的食物,在这种本源诉求的驱动下,人类思想意志中开始萌生一种精神指引,对于如何解决饥饿现状的问题开始想方设法进行探索。如什么样的食物能吃,用什么样的方式能得到食物,以满足生存所需的基本物质保障。这些因基础生存所引起的对未知领域的探索,启发了人类的发掘精神。可以说,从人类使用工具开始,就代表着文化雏形的出现。它是以生存基础为原始动力产生的每个生命个体所具备的本源诉求。在这种发掘精神的指引下,人类又通过一次次提高对发掘重要性的意识,驱动自己进行发明、生产。如在技术上学会钻木取火,用石头攻打野兽,在获取生存所需的基础上强健体魄,使自己在残酷的自然界中生存下来。石头、草木等自然资源已经随地球存在了几十亿年,但直到人类出现使用它们,才实现了它们的价值,从这一侧面也进一步印证了文化是与人类同生的。在人类获得发明、生产的能力后,就开始把这种发现和技艺在自己所处的群体中通过符号的形式进行传播,以分享这一技术的发明、生产。该阶段也是"传播文化"的原始阶段,传播的方式还只是符号,文化尚处于物质文化阶段。从企业发展的角度来说,这一阶段相当于是早期的个体户,以个人的精神诉求为出发点,自给自足,以个体劳动为基础,生产资料、劳动成果归劳动者个人占有和支配。

(2) 提升生存能力阶段。人类度过了生存基础阶段,在简单取用环境自然产物满足自我生存需求的前提下,出于抵御敌害以及交配和养育的目的,慢慢结成社群,尤其养育关系成为维系社群的重要纽带,经过时间的推移,家庭和群落逐渐产生和发展。在这种情况下,人类在满足了生存所需的基础物质后,考虑到对于家庭和群落更好的和更长远的发展,开始注重提高生存的能力,以及扩大物质的需求,以备不时之需。在本源精神指引的作用下,进一步发掘新现象,发明新事物,并且形成了成熟的思想理论,运用到提高生产技术,以及自然的实践中。这个时期,实现了人类文化的巨大进步,人类为了适应更加广阔未知的自然环境,从自然环境中攫取所要的物质,不断发明和创新了新的事物,主要表现在采集和渔猎的技术上,懂得用燧石组合成小型工具、渔具、石斧、木桨等,不断向大自然追求物质利益,这个过程又促使了人类智力和生产技术的不断提高,从而导致物质生产力的不断发展。这种想要具备更好的生存能力的精神文化需求的产生,一步一步作用于物质文化,然后通过语言文字的发明,形成人与外界相互间以指导、教育、公告为主的交流与沟通,实施具备一定教育意义的传播。语言文字的产生,在传播物质文化的同时,对精神文化的发展也起到了很大的作用。企业的发展亦如此,在企业文化的核心作用力下,创立之初,总是希望能够稳定立足于当下,不断开发新的生产领域,提升技术能力,扩大生产力,以达到企业的长远发展之目的。

(3) 提高生存质量阶段。在满足生存所需的物质的数量后,人类又有了想要提高生存质量的诉求,这正是推进文化发展的重要动力,也是人类文明的必然趋势。这一时期,家庭和群落文化已经成熟,群落已具备一定的人数以及关系网,相当于一个小型的社会,人们在这个社会里生产生活,自给自足,在物质需求达到一个期待值后,开始对生存的质量有所想法,这时候有经验、有智慧的人就会不再轻易满足于大家用同一方式去进行劳动生产,而是通过观察和研究,从生产、生活中寻找规律,率先发现新技术,发明新工具,并以"领袖"的身份组织起一批人,即群众,形成统一的思想,为了便于组织和管理,制定出可执行的制度,结合新技术、新工具,使各人在分工和分配上形成有效的衔接。这种在生产经营过程通过对需求的精神指引,形成理论制度,再到对制度的实践应用,并在群众中广泛传播的这一系列构成,即社会制度的最初模样,也即制度文化的形成。到此,文化从原先的物质文化、精神文化,发展到物质文化、精神文化、制度文化三者并存的阶段。制度文化是人类为了自身生存、社会发展的需要而主动创制出来的有组织的规范体系,为人类文化进入社会阶段做好了充分准备。这一阶段正是企业发展过程中的经验式管理阶段,由企业核心领导人根据自己的精神以及经验,制定企业发展目标,组建团队,进行制度化的管理,按照制度章程规范人和事,是文化的一大飞跃性发展。

(4) 社会基础阶段。前面通过文化三个标志性阶段的发展,不难看出,其实文化是一种精神力量,能够引导人类的实践,达到推动历史进步的目的,先进的思想理论更能使人振奋。在人类越来越懂得如何提高生存质量,为生活得更好产生出许多有效的生活、生产、经营措施后,人类有了比社群更为广泛、更为文明的社会意识,文化开始进入社会基础阶段。这时候的人类已经形成较好的思维方式,以及较高的劳动能力,劳动的能力决定人具有社会性。人类社会是人的社会性决定的,随着上一阶段生产力水平的提高,需求不断增加,分工越来越多样化,使社会性表现得越来越明显。换句话说,生活质量越好,人类的需求越丰富,社会性就越强。同时,人类不再仅仅满足于围绕生存、生活去努力,本源诉求中越来越偏向于更加广阔的自然未知领域,开始有了探索自然、发现自然的文明指引,并形成了精神文化思想,产生社会制度理论,在实践中提高分工分配,并根据实际情况不断优化社会制度,最后通过广告、宣传、沟通等方式扩散群体理论,加深并传播集体思想,形成良好的社会基础。可以说,在文化四个部分构成即精神指引、思想理论、社会实践、传承传播的作用下,有效推动了人类历史阶段性的进步,同时这一进步又反作用给文化,促使文化向更高级别演变。

(5)提高社会能力阶段。由于文化本身所具备的历史性、发展性、社会性、广泛性、持续性、导向性等特性,发展到这个阶段已衍生出多种文化,而社会文化越是多元越要确立主导文化,越是多样越要凝聚共识,越是多变越要发扬主流,在这种需求之下,自然科学与科学技术应运而生。为了达到生产制造等领域的发展要求,科学知识进入人们的认识结构,不断创造出新的方法、开拓出新的领域、提出新的概念,丰富、深化和变革着人们的思想与文化,表现出不同凡响的文化力量,作为全人类最易懂宜用、最直接、最重要的"共同语言",科学技术无疑成为多变文化下的主流之选,在人们渴求发现新科学、发展科学技术的同时,由于科技的力量,大大提高了社会生产能力,一切以科学为主导,在思想理论上形成科学思想发展、科学技术理论,在实践中通过科学技术提高生产能力,最后又运用科学高效的手段对成果进行推广、互动和交流,产生良好的社会效应。可以说,这一阶段的文化实现了以科技为载体,广泛影响生活、生产、传播等方方面面,从而形成了科技文化,参与到文明所能达到的所有社会文化之中,可以说是丰富多彩的传统文化、地域文化、民族文化的共同载体,是文化发展史上的一次大解放、大变革。这种对于科学技术的应用也在同一时期作用在企业中,使企业走出长期的经验式管理阶段,进入科学的技术、生产、管理时期,影响企业往更高质、高效的方向发展。

(6)提高社会质量阶段。人类通过对科学技术的应用,大大提升了整个社会的运作能力，也越来越容易实现物质需求的满足，以及物质文化的建设，当物质实现了一定的期望值后，人性本源开始转向对精神的诉求，文化发展进入了提高社会质量的阶段中。在这一阶段，人们更多地考虑应该向哪方面发展，将会向哪方面发展，决定未来的走向，以最终提高整个社会的质量，进而提升人们生活质量，而文化是一个引导，引导人们探索社会、发现社会，在有关社会现实、社会问题、社会质量等本质问题上发展社会思想，形成社会理论，并通过社会实践进行对社会质量四个维度的考察，即社会经济保障、社会凝聚、社会包容、社会参与，来综合提升整个社会形象。在这个提高社会质量的过程中，从社会的视角来看，文化已经成为一种生活方式，同时也是一种社会精神、社会风气、社会风尚，文化的精神、理论、实践、传承 4 个部分的贯穿作用，对于社会质量提升诉求的实现起到了至关重要的作用，通过社会理论的广泛传播，社会形象的有效建立，社会制度的全面发展等综合因素，又反过来形成了下一个阶段的社会文化。

（7）社会文化基础阶段。在人们提高社会质量的过程中，其实就代表着社会文化基础开始形成，社会文化是与广大群众生产和生活实际紧密相连，由群众创造，具有地域、民族或群体特质，并对社会群体施加广泛影响的各种文化现象和文化活动的总称。每个社会阶段都有和自己社会形态相适应的社会文化，并随着社会物质生产的发展变化而不断演变，作为观念形态的社会文化，如哲学、宗教、艺术、政治思想和法律思想、伦理道德等，都是一定社会经济和政治的反映，同时又给社会的经济、政治等各方面以巨大的影响作用。文化一旦发展到社会文化基础阶段，即代表科学管理阶段正式进入到文化管理阶段。文化管理是一种以人为中心的管理，用文化覆盖人的心理、生理、人的现实与历史等，也正是从这个阶段起，人们开始意识到，应当随着生产力的发展、文化生活水平的提高，管理要从"重物不重人"的科学管理向"以人为本"的方向转变，在满足人的物质需求的基础上，尽量满足其精神价值需求。对于企业管理来说也是如此，文化 4 个部分的贯穿，使企业经营管理者在时代发展的进程以及文化提升的过程中感受到，仅仅把人当作工具，对员工采取依法治企的管理思想和管理方式，重物轻人，随着经济、技术的发展和文化的觉醒，越来越显现出其消极的一面。

（8）提高社会文化能力阶段。文化发展有一个非常明显的规律可循，那就是一切能称之为文化的，都是随着历史的进程朝永恒光明的方向在发展，即能够发挥正面的能量和作用，能够被传承和传播，直至成为我们今天所见的文化。因此,文化在经历社会文化基础阶段后,依照其不断向前发展的本源性,就会进入到更高能力的提升阶段,即在发现社会文化的基础上发展文化技术。文化技术是指文化方面的生产和生产能力,包括 3 个方面,即文化设备、文化资源和文化工作者的技能。有软硬两部分,文化软技术表现在服务、组织、宣传等服务管理技术,文化硬技术侧重于机器、设备、工具等制造技术,文化技术存在于生产、流通和消费的各个环节中,对经济、文化等产业的发展起着巨大作用,如文字图画技术、摄影、多媒体、新媒体、计算机网络等。在提高社会文化能力中应运而生的文化技术,使文化更加广泛地运用在社会生产生活的各个领域,产生了整合文化资源、转变经营模式、创造市场需求、缩短文化演变周期等作用,文化以铺天盖地之势出现在社会各个层面和各个人的生活中,形成一张社会文化大网。与此同时,作为社会经济重要组成部分的企业组织,对于企业文化的建设也到了势在必行的新阶段。

(9) 提高社会文化质量阶段。随着时代的发展,新兴市场经济体制建立,国际、国内文化开始一体化,加上互联网高科技的应用,自媒体、新媒体等新时代元素的加入,文化所涉及的面、所形成的基础已异常广泛。同时,文化作为人们自身属性的一部分,正发挥着巨大的作用力,影响着人们的生活方式、生活习惯、情感、思维等,作为文化主体的人类,本身也已经成为一个文化体,因社会进步与发展,物质需求得到极大满足,现在,包括未来,人们对于精神文化的追求呈现出高态势,对文化的质量有了更高的要求和更严的标准。因此,这时候的文化在创新上的演变是其必定的发展趋势。创新离不开技术,文化的发展又与技术有着不可分割的紧密关系,文化创新借助高新技术,以人为本,以创意为核心,促进文化产业结构升级,提高社会文化质量,是实现文化新一轮升级换代的重要途径。新兴市场经济下的企业,面对当前文化现象与国际市场的严峻竞争,都已纷纷进入企业文化、品牌文化的创新运营,在企业内外树立起符合国际社会标准、符合世界公众诉求心理的文化魅力的工作中。

文化作为人类发展的指引,是了解人类文明发展构建过程的重要元素,人类历史发展的所有信息存在于文化的演变与发展之中,而这种发展和演变的过程随着时间的延续形成了一定的路径。从历史中可以看出,文化在人类各国发展中都留下了特有的发展路径。文化从起源到推进,从发展到成型,从融合到演化,形成了各文化特有的发展路径。文化路径决定了文化差异,由于文化经过长期的发展，文化的表现已变得错综复杂，而人类是无法看清文化发展的完整过程的，但从历史所保存下来的文化现象，是可以进行一定的探索和了解的。换言之，了解文化、了解人类的发展特征取决于对历史文化的了解有多少，因此，看待文化不能停留在文化差异的表面上，而是要尽可能地对文化的本源发展做详细的研究和了解。要了解文化，理解文化，首先要对文化的本源进行充分的研究和客观地分析。对其文化发展路径中的精神文化、哲学思想、理论制度、社会动态、技术发明、文化艺术、心理诉求等领域进行深入研究和对比分析，总结和梳理其中的精神文化、文化理论、制度文化、历史文化、民族文化特点等相关内容，为促进文化发展打下基础。

通过对世界部分相对优秀的代表文明，主要包括古希腊、古罗马的欧洲代表文明，古巴比伦、古埃及、古印度等优秀的远古文明及古中华文明的各分支文化的比较和研究中发现，中外文化艺术发展都存在着明显的发展路径，从起源到发展到形成组成了一条纵横交错的文化路径体系。各国的文化都是在一条主流文化路径中不断相互作用而形成的，无论是社会体制还是精神文化，无论是科学发明还是哲学艺术，无论是民族意识还是社会活动，无论是传承传播还是教育宣传，都是围绕着一定的发展特性所不断推进的。在世界各国走向国际互动的时代，文化艺术也保持着其强大的作用力。

通过对东西方文化的对比，也可以看出文化在社会文明的进程中发挥着巨大的作用力。对欧洲文化的理解，主要可以追溯到三位著名的哲学家和思想家：苏格拉底、柏拉图、亚里士多德，这是被西方公认的"三贤"，尤其是柏拉图。柏拉图是整个西方教育的创始人，柏拉图成立了最早的哲思学院，也就是柏拉图学院，他的核心理论《理想国》①是整个文化的基础。柏拉图学院，启发了其他哲思学院，并在希腊广泛的设立分院，随后传入罗马人的世界，其中也包括基督学院，被中古世纪的修道院所吸收，同时也为之后欧洲大学的创立打下基础。各学院位于波隆那、巴黎及牛津，之后又被移植到新世界，并重新在剑桥引入，当然还有新港立基，也包括著名的耶鲁大学，我们可以说，现今这些大学的直系原形即是"柏拉图学院"的柏拉图式理想国。对柏拉图《理想国》的制度与教育条件特色，与现代很多大学是相似的。整个西方国家围绕着对人的思想，自律能力和能力

---

① ［古希腊］柏拉图著.郭斌和.张竹明译.理想国.商务印书馆.1996.08

的培养,在人才中选拔精英进行深造来领导所在的社群。同时哲学家也把这种概念作为自己的职责,影响着欧洲数个世纪。这便是《理想国》政体的来源。在此基础上所创作的古希腊神话也有着相同的意识形态,古希腊神话只是解读政治的艺术表现。与其说希腊神话是一种神话故事,不如说是一种对人与社会的《理想国》的哲学艺术。柏拉图学院是培育一个社群的指引者与领袖。卢梭曾在《爱弥儿:论教育》①中写道"若要了解公共教育的全貌,就读柏拉图的《理想国》。"《理想国》不是政治,但它是教育政治的最优著作,浅尝一下这本著作,可以看出柏拉图是用它来训练哲学家、政治家及立法委员。那么,纵观历史整个西方的政治,不是存在于传承和传授之下的,而是存在于精英的出现和培育中的,当然也包括精英的思想和领导力。因此,可以体会到西方众多学者围绕个人能力的培养,在发明创造和科学理论中都存在着明显的竞争特性,各时代学者层级推翻,不停地建立更准确的知识体系。这种层级推进也证明了,精英力量的培养是在很长的主流文化环境下所形成的,这也正是柏拉图《理想国》的教育理论之一。同时,柏拉图的四元素说②理论对于西方的自然科学、天文物理、考察探索等研究领域也有着重要的指引作用,加上西方个人能力上的竞争表现,为了在个人成就上的突破,结合远洋探险中所带来的其他优秀文化不断地融合其中。尤其在自然科学、天文物理、生产制造方面形成更多的研究成果应用在创造性思维中,对后期社会所形成的战争应用、发明创造、领袖统治、政治思想、科学突破等都具有强烈的推动作用。从而在这种哲学思想教育下所产生的人类思维,对于一个充满社会竞争、发明创造、科学知识等领域的世界,这样的社群也占据了优势,并促进了经济建设的发展,对整个西方个人发展也主要表现在个人能力的突破、自我能力的体现上,社会的优胜劣汰更加明显。同时,也决定了西方人在独立意识、社会习俗、社会礼仪、社会关系、语言文字、价值观及道德标准上形成了主流分支下的文化特点。西方人更注重的是自己个人荣誉、自信心的表现,在个人独立意识、自由意识、竞争意识、创造意识上的个性发展也愈加强烈,因为他们都需要成为精英,成为统治者或领导者。柏拉图也继承了苏格拉底的哲学思想,对人类技术创造性思想上有了很好的推广作用。苏格拉底曾说过:"不论谈到什么事

① 卢梭著.李平沤译.爱弥儿:论教育.商务印书馆.1978.06
② 四元素说是古希腊关于世界的物质组成的学说。这四种元素是土、气、水、火。这种观点在相当长的一段时间内影响着人类科学的发展。

物都有三种技术：使用者的技术、制造者的技术和模仿者的技术"①。他所提到的模仿者指的就是哲学思想家、艺术家等文化创作人物。对于后期文化所发展的人性化思维、工业制造技术、文艺复兴起到了决定性作用，以及到个人对知识的相互尊重、科学研究投入、社会的生产生活上也都形成了西方的民族文化特色。随着时代的发展，西方国家对个人主义、英雄主义的理解也更为深刻，后来的贵族文化、种族文化中也包含着一种精英群体的意识形态，直到现代社会的大型企业，也同样存在这种文化渊源，这也决定了西方国家在社会生活中有了独特的文化诉求。在这样一种几个世纪累积的教育下，西方主流文化体系被建立起来，因此在创造发明、政治斗争中所表现的杰出人物也相对较多。

整个欧洲文化从柏拉图学院对《理想国》等核心理论的推广，就开始确立了一种主流文化路径，培养精英，以精英来领导社群成了西方国家的核心社会发展观，精英教育也成了西方国家的主要教育发展模式，同时也为资本主义理论奠定了基础，因为只有在资本主义的环境下才能适合这样的发展，之后所有的西方文化都围绕这股主流文化开始发展和延伸。欧洲主体文化的背后也可以说是人与社会之间的竞争竞技文化。从文化中可以看出，西方国家在市场竞争中的意识有着很深的文化背景，这种大规模的竞争意识在中国改革开放后也不断地涌进了中国的大门。而对于一个拥有独特文化的东方文明古国，中国在当今社会证实了西方竞争文化也存在着很大的局限性，以全人类的角度来看待这种文化，西方文化有可取之处，但也存在着无形的缺陷，尤其是背后隐藏的破坏力。现在我们就针对与西方文化有着极大差异的中国文化及文化发展路径进行举例。中国文化的起源在学术界也曾有明确的定义，从夏商周到春秋战国，是中国传统文化的奠基时期。与其他文明古国一样，这一时期是世界文化的发端期，是世界文化起源的"轴心时代"。中国以炎黄开始就已设定基本的文化路径走向，尤其是西周时期，西周时期的"为国以礼"的礼治思想和"为政以德"的德治思想成了中华民族政体发展的核心理论，也为中华民族开创礼、德、法、制等特有的社群思想起到了指引作用。围绕这一核心理论圈所形成的著作数不胜数，是中华智慧的一次大集合，《礼记·大学》《尚书》《左传》《墨子·法仪》《管子·明法》《老子》等名家著作皆出自于这一时期，但基本都带有西周时期的礼、德、法、制、政体理论。

---

① 《理想国》第十卷。

那么为什么在西周时期会有如此大的文化发展，为中华几千年奠定深厚的文化基础？这可以追溯到从《易经》到《周易》的改变。传统意义上，大家都认为《易经》就是《周易》，只是一个是先天，一个是后天。通过对八卦的理解，发现这个先天到后天的转变正是中华民族文化的重要起源所在。因为先天伏羲八卦并没有明确的文字记载，主要表现在太极八卦图中，所以，对先天的八卦图也就无法理解出伏羲所创的本源思想，只是从中得出对"道"的理解，万物自然的理解，至今为止都无法准确地通过理论来表达其思想。不过，幸运的是，周文王在狱中经过十年研究，对先天八卦开始加以卦辞解释。周文王为了实现治国抱负，推翻了商纣的暴政，将先天八卦以政治目的加以变化，比如，将原来的地坤卦调整至西南方，将所有阳卦放至东北，所有阴卦放至西南，故有"东北丧朋，西南得朋"，这都归功于周文王以柔制刚的明德思想，同时也形成了以先天道文化为基础的后天八卦文字记载的《周易》。《周易》经过孔子作"十翼"后的《经》和《传》开始形成了理论体系。中华民族自上古以来就有明德礼让的思想，尧舜禹时期就以"选贤能，礼禅让"的传统美德。以顺天意、得民心为政体思想进行发展，所以中华民族最大的两个特点也因此而形成，一方面是：慎、德、罚思想，即是"明德"，实行德政；"慎罚"，实行法政；形成了礼制和刑法的政体理论。这与西方的领袖、参议院统治思想有明显的差异。另一方面是：民意，中国三皇五帝，尧舜禹时期，帝王本身就是民众，是被民众认贤推举出来的。中国政体理论代表的是群众思想，也正因如此，这种民意中的政体使得中华文化各阶层对明德礼法的认同也更是深刻，结合了道文化的基础，经过几千年的发展和延伸，至今也是如此，不论是从农村到城市，还是从农民工到老辈们，心中总有很多的大道理小道理，这些道理中所含带的礼、德、法、理成了中华几千年的思想准则，这种思想准则本身就是法治。这与西方的精英统治、精英领导社群有着明显的差异。这便是中华民族文化的发展路径。在这条发展路径上所分支出来、延伸出来的民族文化、传统文化、民族精神、社会习惯、民间故事、神话传说等都形成了中华民族庞大的东方文化。后天八卦的卦辞和爻辞，在后来又经过孔子《文言传》①的加注，系统的《周易》便形成，为四书五经等中华经典提供了强大的创作平台，以至于延伸出后来的仁、义、礼、智、信等。正因周文王对先天八卦的注辞、解释，才能使道家的万物

---

① 《文言传》即是《文言》。中华易学名词。《周易大传》七种之一。周易《十翼》中的一篇。

道法理论,发展到儒家的经典思想,同时也创造出只有中华民族才特有的教育模式,"以民育德"的家庭教育模式,与西方的精英教育完全不同。这种以父传子,子承父的家庭式教育,结合封建帝王礼制和刑法的实行,推动了中华文化几千年的思想贯穿,使得道儒文化在各个阶层根深蒂固,在人类文化史上勾画出了一幅精彩景象。但同时从历史中又可以看出,中华文化在发展和演变的过程中,也受到了一部分对社会发展不利的外来文化的影响,我们更应该客观地对待这些文化因素,才能保持相对准确的理解。

由以上分析可以看出,国内、国外文化发展都有着各自明显的发展路径,从起源到发展,到形成,组成了一条纵横交错的文化路径体系,从文化影响社会的进程可以看出,在文化被创建的初期,也就是文化的起点,就已经基本决定了未来文化在实践传播后所形成的文化形态,文化形态是文化的现实表象,包括明确的精神文化和物质文化内容。文化的优越性和正确性决定了文化的发展周期、发展速度、发展状态,也决定了文化的终点形态。同时,文化在起点到发展、推进和演变的过程中是可以被重新吸收或融合,并产生新的文化起点,从而形成新的文化形态。换言之,文化是可以被重建和改良的。

第四节　文化在社会经济中的集中表现

通过文化在历史中的演变,及围绕演变过程产生的文化类型、文化特征、文化功能、文化信息、文化语言等,在人类文明的发展中不断形成其各自的表现,以人文自然、社会分配、生产生活等方面为应用对象,其内容又主要表现在社会经济中的体现,主要有以下四个方面。

1."文化"在经济环境中的集中表现

随着世界经济一体化格局形成,互联网及信息技术的快速发展,信息产业和文化产业已开始形成对传统产业的导向作用,由于物质世界极其丰富,人们已开始形成对精神世界诉求的转变,传统产业呈现出对其他产业的辅助特征,在市场竞争中的优势变得越来越不明显。世界各国正在借助文化作用力,结合国家竞争领域里本土优势产业,实现各文化产业配套升级。

根据世界各国文化产业发展现状,对文化产业各类成功案例进行分析,结合我国文化产业发展实态进行比较,目前针对文化产业的发展及改进策略,主要是

以应对未来国际文化市场竞争为出发点的,并集中表现为以下几方面特征:

(1)提高国际文化认知水平。在世界经济一体化及信息网络快速发展的大环境下,世界文化大同时代形成,这意味着文化艺术产业不再是特定地域或特定民族的私有财产,而是走入国际化进程,文化信息的受众在国际市场。事实证明,在国际文化产业发展竞争中,各国已孕育出更多的文化艺术种类,以文化艺术的创新和应用为主导发展方向。以美国为代表的世界文化产业大国正是运用了这一思想,对文化艺术进行大力开发,围绕人们对精神世界的各诉求领域,实施文化产业发展整体策略。美国运用世界各国文化艺术,将其改良与创新,将当代文化艺术与新兴传播媒介相结合,以其他产业技术优势为辅助手段,形成文化艺术产业的商业竞争力,这种文化产业发展策略具备极高的市场自由度和文化接受度。

(2)加强文化艺术的国际化接受度。世界各国文化丰富多彩,有的经历过几千年的流传与发展,也包括中国,但随着国际文化的交错与融合,其语言、民族习惯等不同,单一的文化表达方式已难以支撑国际文化的诉求信息,我们要包容和融合国际文化艺术,结合传统文化理论思想,推行符合国际市场需求的文化艺术理论体系,通过结合国际文化交流特征,吸收世界各文明文化,来对各文化体系进行总体构建,以诉求加强文化艺术的广泛接受度。

(3)推动创新文化艺术事业全面发展。对中外文化产业发展实态进行比较研究后,可知各国文化产业发展策略是以利用丰富的本土文化资源,对其加以开发,虽然开发角度有所不同,其开发目的也不是以传统文化为基础的,开发领域也不仅仅局限于历史遗留文化和传统文化上,传播的文化内容也不再是过于强调本土文化的优越性,而是在国际化文化发展的视野下进行全面升级。以文化在中国各方面的实际应用情况来看,中国文化产业已经属于国际文化产业大环境的一部分,人们的文化诉求标准已达到了国际化水平,中国文化产业在现阶段已被动地被拉上了国际竞争舞台,因此,作为国内企业应更注重加强中国文化资源的创新性开发,并充分利用好国家在创新文化事业上对企业的扶持政策,加强中国文化艺术事业的国际合作,共同推动创新文化艺术事业的发展。

2.“文化”在经济作用中的集中表现

随着新时代的到来,新经济、新商业模式的快速形成,文化与经济的发展也产生了更多的融合表现,文化的经济价值功能和作用也日渐突出,并集中表现为以下几方面内容：

（1）文化对经济主体的影响。文化围绕经济主体在投资、生产、销售等领域发挥着各自的作用。人作为新兴市场经济中经济活动的主体，在经济资源的角色扮演中正以人力资源的角色向人力资本过渡。过去以人力资本中具有经济价值的知识、技能和体能等方面已转向"文化价值"的综合体现，在高新科技产业快速发展的结构下以文化创新、文化技艺、文化渲染等内容进行产业融合，在提高生产力的同时，将提升市场"价值"供应力作为主要升级方向。同时，"文化"在提升生产力及"价值"供应力的落地与实践中配套其相应的文化素质、艺术培养、传播能力、沟通水平等方面发挥了重要作用。

（2）文化对经济制度的作用。制度作为经济稳定、有序发展的基本条件，对经济制度进行合理规划是至关重要的，制度是配套经济所有环节中联通其他各个环节的中转站，随着新经济、新商业模式的不断形成，对经济制度的设计和制定也有了更高的标准，"文化"在提升经济制度的过程中所呈现的科学化、规范化、系统化、专业化、人性化等方面提供了有利的理论依据。同时，也促进了对经济制度的治理和管理水平。

（3）文化对经济消费的影响。消费是社会经济的重要组成部分，更是促进社会经济增长的直接因素，消费观由两个方面共同促成，一是个体对消费的认知和心理因素，二是文化的因素，由于文化对人有潜移默化的影响，使不同文化背景下的人有着不同的消费观念和对产品价值的判断与选择，新兴市场经济下人们消费水平提高，文化作为能够满足人们精神文化需求的重要因素，将直接影响和引导人们的消费观念、需求欲望、生活方式和购买行为。因此，"文化"在社会经济中也发挥着影响消费、促进消费等作用，是有效提升需求方市场的导向因素，同时也是促进经济增长的重要举措。

3."文化"在社会应用中的集中表现

由于"文化"在社会经济发展中形成了综合作用，文化产业的发展正在导向其他产业的发展，是促进新经济增长的关键因素，而文化艺术事业的发展是驱动文化产业发展的有效途径，是影响文化产业发展的核心，文化艺术在新时代下所形成的作用力是非常巨大的，因此"文化"在社会应用中的表现又集中体现在"文化艺术"上。文化艺术在世界各国之间的应用模式也有所不同。以国际文化艺术发展动态及各文化艺术的应用领域，对文化艺术发展模式进行划分，主要有两类：

（1）创新文化艺术模式。此类模式是以当代科学理论思想为文化艺术认知条件，吸收古代历史经典文化艺术作品精华，以提高大众的文化接受度和认知度为标准，并具备了一定的文化艺术引导作用，通过高新技术产业和新媒体传播方式相结合，以创新艺术，表达其文化内涵，形成文化产业发展模式，这类模式也集中表现在文化产业发达国家的企业发展特征当中。

（2）传统文化艺术模式。此类模式是以传统文化思想教育为宣传目的，借助历史遗留文化的先天条件，强调文化艺术的优越性为思想指引，通过民族故事、民族精神、民间文化的创作形式，结合传统文化产业，对文化艺术进行补充和完善，形成文化产业发展模式。这类模式集中表现在历史文化资源丰富或历史文明古国等传统文化产业发展国家，文化产业也集中在文化旅游产业、传统手工艺产业等领域。结合两种发展模式，针对其特点、功能、作用等，对国内文化产业发展现状进行比较，国内在文化艺术领域的发展存在着较好的基础条件，对文化艺术的各方面应用也存在着较大的可开发空间，但同时在文化艺术的开发和应用方式上也存在着较大的不足。

文化艺术事业的发展对文化产业的发展具有巨大地推动作用。文化理论思想、文化艺术作品和文化艺术产品是文化艺术事业发展的三个重要组成部分。文化研究、文化事业、文化企业是组成文化艺术生产力的核心机构，文化艺术事业的发展决定了中国文化产业发展的方向，是文化政策的实践对象。通过"文化"在经济应用中的表现及国内外文化艺术的发展现象，可对国内外文化艺术的表达方式、诉求特征、理论依据等对文化艺术进行全新的理解和构建，并与其融合形成具有国际化、艺术化、个性化等特点的文化内容，以国际文化市场需求的文化艺术作为参照标准，围绕文化活动、文化宣传、文化培养、文化传播等方面进行综合渲染，以树立良好的文化形象，参与到市场运作当中去，建立国际标准的经济形象，为未来国际市场经济竞争中打下基础。

4. "文化"在社会传播中的集中表现

文化生活是人类文明进步和发展的重要因素，人类已生活在各种文化关系交错的现实中，这种关系是人类特有的文化而产生的，其构建的本质又是以实现传播功能为主要作用的。随着社会的进步与发展，文化艺术也成为文化在传播过程中的主流形式，可以说"文化"的传播也就是对"文化艺术"的传播。在过去，人们对"文化艺术"的理解受到时代制约，传播往往是通过书籍、音乐、电影、电视等相对专业却单一的形式来进行的，企业的传播则是依靠广告公司、设计公司等专业机构进行设计、宣传、推广、举办活动的，局限性较大的。随着社会发展，新科技的运用逐渐改变了传播技术，促使传播方式一再更新，其传播方式在新兴时代中也产生了新的内容，并集中表现为以下几种分类：

（1）大众专业性的传播。是建立在大众传播基础上的一种传播方式，在表现手法上比以前更加专业。如电影的制作，运用高新科技处理；如广告宣传、艺术手法、包装设计等更加贴近人类的鉴赏力和审美力，更加具备接受度。

（2）微型自主性的传播。是新兴时代里独有的一种传播方式，互联网及移动终端的普遍应用，使每个人都具备了自体传播、移动传播、即时传播的能力，通过微信、微博、公众号、个人主页等，人们可以自主、移动、即时地实现图、文、声、像与艺术设计等自由组合，形成微型个性的传播内容，充分表现新时代最流行的"文化"传播。

（3）公共互动性的传播。是一种主要在公共场所进行的传播，以群体活动、娱乐活动的形式存在居多。由于互联网的成熟发展，网络社区的概念越来越被重视和使用，在网络社区进行传播，由于聚众多、快，且定位精准，成为新时代文化传播的一大阵地。

文化传播对社会各个方面的发展有着巨大的作用，传播运用得好坏直接关系着发展的效率。通过对以上三种传播集中表现的了解，可再加深几点认识。首先，在专业传播上，由于新时代的人们对文化艺术有了更高的诉求标准，因此在传播内容和方式上要加强文化艺术的水平。其次，在微型传播上，由于它的便捷与普遍，不管是拆开细分传播还是组合应用传播，选择面比起专业传播要自由很多，因此传播内容的设计成为重中之重，在硬件条件相当的前提下，内容的质量直接决定着传播的实效性。最后，在公共传播上，基于是以群众为基础的传播，应以群众的共性为文化传播标准，不管是活动内容的设计，群众间互动条件的创造，还是节假日娱乐氛围的营造，都应重点考虑，尤其是网络社区这块新兴传播领域，对互联网人群的生活方式、思维习惯等方面的数据分析，也是为实现传播实效性所要做的功课之一。

5. 新传播视域下的"文化"思维框架

既然我们已经定义"文化"这个词是代表人类社会对世界的认知，那么，同时也肯定了可以将"文化"这个概念作为对所有信息沟通的枢纽。通过对"文化"各个部分的相互作用,相互关系,以动态的立体思维分解"文化"的含义,透过客观事物来看现象本质。从文化与人类文明的本源实质连通到文化发展后所产生的形形色色的表象,将本源与现象融合起来去思考,才能真正找到当今社会大众的真实诉求。简单来说,文化,是人对客观世界的认知。客观世界,不同于我们一般理解的物质世界,物质世界是人的意识活动之外一切物质运动的总和,而客观世界,是指大众所能认识并接受的一切物质与精神的总和。人对客观世界的认知过程,是一个从寻求探索,到思维辩证,再到结合社会本质现象以实践的方式得出一个实质结论的过程,也就是文化产生的过程。在这个过程中,它既包含人的世界观、人生观、价值观等具有意识形态的部分,又包括自然科学、技术、语言文字等非意识形态的部分。文化是由精神文明和物质文明两种力量在相互作用下形成的,两者之间相互提升和转换,人类追求物质的意识是精神内在本源诉求的一部分,在追求物质过程中又激发了精神本源的其他诉求,而文化更多的作为一种精神力量,影响人的思维方式、交往行为、实践活动,能够在人认识世界、改造世界的过程中转化为人需要的物质力量。

从文化发展的路径中可以看到,文化是人类文明发展的足迹,而人类文明的发展概括起来就是以下四点:一是人类对未来、未知文明领域的探索和思考;二是人类通过探索和思考结合已知的客观事实进行总结和规划,形成思想理论;三是人类将思想理论结合社会发展现状,开始应用于社会实践当中;四是人类将思想理论结合社会实践后对相对适应和正确的部分进行传承和传授。而文化贯穿于整个人类文明发展的步骤,将文化的探索和思考部分作为对人类发展指引的部分,其中包括精神信仰、未来预测、宇宙探索、人生哲学、自然条件等,是文化的精神指引部分,也是文化的起源部分。第二部分则是文化的思想理论部分,包括历史记载、哲学著作、思想理论、科学发现、学术发表等,当然也属文化的制度部分。第三部分是文化的社会实践部分,包括了国家建设、资源分配、创造发明、生产制造、生理医疗、社会活动、精神娱乐等。文化的社会实践部分充分地把精神指引部分和思想理论部分应用在了人类精神文明和物质文明发展当中,形成了社会文化的庞大体系。如以精神文化为代表的文化活动、精神娱乐等形成了祭祀文化、文学艺术、音乐舞蹈,电影电视、游戏、动漫等;以物质文化为代表的创造发明、生产制造等形成了建筑建造、技术工艺、生产工具,生活用具等;以政治文化为代表的国家体制、社会制度等。第四部分是文化的传播、传承和传授，形成了文化的符号、文字、语言、宗教、教育和传播等。文化的传播、传承部分是结合了上面三个部分的总和，在三个部分的文化信息体系下产生的以满足交流、沟通、互动等形式的文化信息。将以上四点与文化的现实表现的结合，文化的精神指引和思想理论等形成了主体文化，由于文化的起源和理论的不同，形成了各式各样的社会实践差异，传播传授差异，于是形成了各地域、各民族的差异文化，差异文化中也包括政治文化。主体文化是从精神诉求中探索总结出来的，差异文化是从社会现实实践中发展出来的，并不断地循环作用，进而发展出新的文化。

以文化的四部分贯穿路径和两种体现的标准来衡量当代中国文化现状，可以看出，中国文化是以易文化作为文化的精神指引，以抽象哲学思维将自然的规律转移到人事方面的伦理，强调对人的思想、道德和为人处事的培养，以此作为精神指导。这种核心精神指引文化，经过后来的发展和延伸，以道家思想、儒家学派、诸子百家等为代表的思想理论体系开始形成。这种庞大的理论体系开始对中华民族各时代进行社会实践，产生作用，为后来的中国封建社会体制创建了基础条件，也促进了中华几千年帝王文化的形成，礼制和刑法便是中华封建政治文化的代表。这种独"道"文化以中国独特的传承式教育形成了文化的传播和传承。以历史发展来审核，中华文化经过无数次的文化融合和文化重构，中华民族以强大的核心文化理论体系对其他外来文化进行吸收，并实现自我完善，最终融合到中华文化当中。由此，中华文化才得以延续和发展至今。而当今社会，世界一体化，国际多元文化的交错也使得中华文化再一次面临新的融合现象。这种新的融合现象既带来了新的生命力，也带来了文化融合的新挑战。中华民族经过长期外来民族的入侵，从刚被汉化的满清王朝之后，又经历了外国入侵以及第二次世界大战等诸多战争，虽然中华文化最终融合了共产主义等思想理论，使中华民族走向胜利，但中华核心文化已出现了断层和破坏。同时，对易道儒文化的理解也出现了一定的曲解和误读，加上一些不够理性的传播方式，如将易道儒等文化往风水算命封建迷信的角度上传播，导致了当代中华文化理论开始出现支撑力不足、被接受度下降的情况，而大部分保留下来的也只是民间传说、民间故事、民间风俗及老一辈的为人处事之道。由于没有主体文化的支撑，其他文化也更容易零碎不齐，甚至自我怀疑和排斥，流传下来的只是传统习俗和民族文化，缺乏主体理论文化的差异文化犹如一盘散沙。中国的文化事业建设也只能往民间文化和民族文化上靠齐，传统文化和民族文化当然也包括一些非物质文化，但是这些大家都有、无法大力推崇和发扬，这部分的差异文化只能作为文化的可接受和可选择部分，而不能被更多的人来学习和发扬，因此，无法进入国际市场。中国主流文化的缺失，文化理论不成体系，使文化的社会实践范围缩小，无法延展，成为文化不能延伸的最大障碍。文化不能延伸就会导致文化形成不了周边产业，因为产业必须延伸，否则就会受限。没有主体文化理论体系的支撑，没有良好的传播方式和途径，再加上全球多元文化地快速兴起，使当今中国社会出现了传承缺失、重洋排内、文化建设事业有心无力的文化现状。而从事实出发，及当今国际市场经济的发展现象来看，各国都在大力发展文化经济，其原因也是不言而喻的。中国具备着良好的文化底蕴，如果加以开发和正确的使用，不但会成为推动企业发展的无形力量，也会在国际市场竞争中展现出竞争力和竞争特点，同时也是复兴中华文化的一种责任体现。

综上所述，文化包括了四大部分的贯穿及路径：精神指引、思想理论、社会实践、传播传授；文化又分为主体文化和差异文化两种体现。以文化形成的四部分内容及两种体现，结合中国当代文化现状的理解，表明了"文化"在社会发展过程中表现出来的内容是极为广泛的，无论是从客观的角度，还是对文化现有的认知角度，以实际现象就可以看出，国内对文化的理解存在着较大的不足，文化的意识形态所形成的抽象印象也有很大差距。通过文化在社会发展中的现象可以看到，文化是可以作为人类社会中一种相对完整和符合时代、社会对世界认知的一种沟通及传播枢纽，同时，文化完全又可以单一地作为一种有维度的思维意识或思维方法。由于文化本身的包容性、涵盖性、真理性、实践性都非常强大，有这样一种思维就能很好地去尊重主观的印象，并保持着客观的态度，才能去感受自然社会更多的内在本源，文化的表象有差异的存在是客观事实，文化的理论是围绕社会生产、生活及时代的精神导向所产生的总结和归纳，存在主观性，但来自时代的精神本源诉求，是人类探索社会与自然界本质区别的一种表现，而文化的精神导向和传承、传播都是人类社会文明进步得以持续发展的根源，是关系人类与生命系统的理解过程。

全球经济一体化，以国际眼光来看待市场经济大环境已不再只是国家层面所考虑的问题了，已经延伸至是全社会、全中国所有企事业单位、机构所要共同考虑的问题。"国家强则民族盛"，社会主义价值观——"富强"之所以排列在首位,也充分证明了国家意识到中国的发展还存在"富而不强的"实际情况,2013年12月,习近平总书记在中央政治局第十二次集体学习时指出,提高国家文化软实力,关系我国在世界文化格局中的定位,关系我国国际地位和国际影响力,关系"两个一百年"奋斗目标和中华民族伟大复兴中国梦的实现。同时,国家意志也在扶持企事业单位,大力发展企业文化建设,唯有国与家、社会与企业共同加强文化事业建设,才能更好地推进中国的经济建设与民族富强。同时,加强企业文化的建设是对中国企业的再次创新与发展提出了新标准与新高度,是未来中国企业走向市场的新方向,也是未来中国企业走向世界的一条通道。

人类由于共同生活的需要才创造出文化,文化在它所涵盖的范围内及不同层面,发挥着主要的功能和作用。"文化"作为传播的主要功能,在新传播视阈下也形成了新的形态框架,并表现出以下几个部分内容:

1) 文化在思维中的形态

将文化的广泛性、具体性、形态性、动态性、立体性、倾向性、连接性、共识性、差异性等综合特征与社会实际发展过程中的表现相结合,概括起来可以这样理解,"文化"已形成其特有的维度,呈现出以本源为中心不断向外扩散的状态,形成可以被无限放大和缩小的高分子"网络",彼此相互连接、相互作用,并以四部分的整体贯穿,实现其自我组织、自我完善、自我修复、自我生长等生态化功能系统。

2) 文化在传播中的形态

高分子的"文化"特征在传播中已形成被"气化"的过程,其产生的风、云、雷、雨等气候化现象,构建了"文化"在传播中的风气、风向、聚众、分众、交集、交流、落差、落地等表现。如果说"空气"是维持生命的基本条件,那"文化"就是维持社会生命的基本条件,"文化"在传播中的扩散力、吸收力、推广力、宣传力已形成了社会的"呼吸系统"。"文化"在传播中的公众力、感染力、转换力、融合力、同化力等形成了"血液循环"系统中的"肺循环"系统,"文化"在传播中的驱动力、作用力、影响力、改造力、提升力等形成了"血液循环"系统中的"体循环"系统,在共同的作用下,不断地改变着人们的生活意识、态度、方式、习惯、能力、行为等,同时也包括其破坏力。"文化"其围绕传播过程的各项作用也成为"文化"的主要功能体现。

3) 文化在经济中的形态

"文化"的优良性、正确性、适应性、匹配性、认同性等特征表现得越来越明显,涉及的各领域都呈现出无限的经济价值空间,其无形的价值形态越来越趋向于物质化,"文化力量"所驱动的"物质力量"对传统产业形成了导向作用,并在未来市场经济中的体现和应用也越来越广泛,同时,在各类经济活动中也反映出了极高的活跃度。

4)文化在竞争中的形态

"文化"在市场经济中已成为竞争条件中最为重要的因素,并呈现出了全方位竞争力。"文化"的主流性、差异性、个体性等形成的"文化"品质存在着巨大的差距,"文化"的差距是未来市场经济中竞争力的主要衡量标准。

5)文化在生活中的形态

"文化"在传播中各元素的共同作用下,不断地影响和改变着人们的生活。"文化"围绕其产生的生活习惯,又具体表现在工作习惯、学习习惯、消费习惯和购物习惯等方面,又在共同作用下影响生活习惯中的情感习惯、思维习惯、意识习惯和行为习惯等。"文化"围绕其产生的生活态度,不断地以品味化、时尚化、艺术化、娱乐化、个性化、丰富化呈现。

综上所述,通过对文化的各方面论述,结合新时代各方面呈现的实际现象,"文化"已经随着社会的发展形成了庞大的体系,"文化"的各类复杂关系已经形成了巨大的网络系统,并相互连接,这也是互联网时代能快速形成的原因,数千年的文化内容和人类未知文明领域中即将产生的新文化相互交集、相互作用,并逐渐渗透至社会各阶层,各群体当中。"文化"在新的文明时代里所产生的理解,也已超过了之前的想象,文化本身在时代的发展中不断地改良和完善,是人类文明进步的一种特征,新时代以全新的思维理解"文化"才能真的得到"文化"所赋予人类的内涵,才能真正对"文化"形成更好地应用,才能真正开发出高品质的文化作品,"文化"具有的经济价值特征才能获得最大化的体现。

第二章　企业在新经济时代的转变

第一节　企业的定义

从传统来讲,企业一般是指以盈利为目的,运用各种生产要素,向市场提供商品或服务的组织。该组织的出现,最初往往是由第一代核心领导人根据当时的时代特征、人的精神诉求,结合自己的"三观"(世界观、人生观、价值观)及主观意识作为指引,将具备共同认知理念和信仰的人吸引并汇聚,强调对人的思想道德、为人处事、价值体现、未来发展的一致认可,以此作为企业内部精神指导。

企业是社会发展的产物,作为组织单元的多种模式之一,是按照一定的组织规律,有机构成的经济实体,以应用资本赚取利润为主,"企"表示企图,"业"表示事业,企业即企图事业,商业领域的运用中,表示企图冒险从事某项获取利润的事业。它有两层含义:一是经营性,根据投入产出进行经济核算,获得超出投入的资金和财物的盈余;二是反映其是具有一定经营性质的实体。在我国,长期以来将企业看作从事产品生产、流通或服务性活动等实行独立核算的经济单位,基本特征表现为:① 商品性,企业首先具有价值,其次生产出具有使用价值的产品;② 营利性,企业是以盈利为目的,通过交换生产经营的产品与服务与消费者或组织发生经济联系;③ 竞争性,市场经济是一种竞争经济,市场竞争的结果是优胜劣汰。

企业是市场经济活动的主要参与者。但在早前的传统认知中,企业只是"经商"的概念,纯粹生产产品进行利益交换,对市场没有形成系统的认识和重视,经营企业就只是利用自身具备的资源组合出产品,跟消费者或组织建立单纯的买卖关系。随着社会的发展,传统市场经济时代到来,在社会主义经济体制下,各种企业并存共同构成社会主义市场经济的微观基础。这时候的企业开始出现各种不同的组织形式，个体的、合伙的、合作制的、公司制的等，构成了社会环境各个不同的微观组织，市场也开始根据需求不断发育壮大，推动着社会分工和商品经济的进一步发展，形成了统一、开放、竞争、有序的整体环境，通过市场的信息反馈，直接影响着人们生产什么、生产多少以及上市时间、产品销售状况等，以实现企业经营者和消费者各自的利益。企业也从"经商"的概念进步到了"经营"的范畴，综合运用资源配置的优势，以实现企业稳定、持续发展的核心目标。

企业作为社会发展的产物，因社会分工的发展而成长壮大。同属于人类的聚居现象，在脱离社会大框架下，企业也可以用"群落""社族"的形式来理解。同时，在民族、国家的范围下，企业也可以理解成一个个"小国家"的形态存在，只是这个形态是在商品经济范畴内的组织体。从历史的角度来对比，现代很多企业无论是"人口"的规模，还是在社会分工的价值体现上，都已经具备超过古代国家的规模，甚至更多。

企业本质上是"一种资源配置的机制"，企业不但能够实现整个社会经济资源的优化配置，同时还能降低整个社会的"交易成本"。

例如，某企业想在市场上购买一种中间产品，需要花费交易成本是必然的。这一交易成本包括企业在寻找合适的供应商、签订购买合同及监督合同执行等方面产生的费用。但如果该企业能做到在自己企业的内部生产这一部分中间产品，那就可以抵消或降低一部分交易成本了。而且，自己生产自己需要的产品，免去了跟对方企业进行信息转达的环节，还可以更好地保证产品的质量。其次，如果某企业所需要的是一种专门化的特殊类型的产品，而其他生产企业不愿意接单，从生产成本和生产收益来核算，以及从投资风险来考虑，一般的生产企业不愿意为了一个买主专门投入精力进行专门化的设计、投资和生产。因此，这个想买中间产品的企业，最好能够在企业内部解决该问题，例如，招聘对这方面有专业技能的人，比如产品设计师、质量检测员、成本管理员等，并与他们建立长期的雇佣关系。以这样的办法，比从其他企业那里购买需要的中间产品，更为有利，也免去或降低了相应的交易成本。

另外一方面，有西方经济学家曾指出，同为资源配置方式，由于信息的不完全性，导致在市场中产生的交易成本和在企业中产生的交易成本会不相同。发生交易的任何一方，为了维护自己的权益，都会想方设法去收集自己需要掌握的信息,去监督交易方的行为,并设法在事先提出约束,或在事后惩罚对方的违约行为等,所有这些都会产生交易成本。由于这些行为在市场中和在企业中采取的形式不一样,相应的交易成本就会不一样。尤其在信息不对称不完全的情况下,在市场交易的过程中,交易成本往往是很高的,而通过企业这一组织形式来完成交易,可以使一部分市场交易内化处理,从而消除或降低一部分市场交易所产生的高额交易成本。

这是企业本身作为一种资源配置的机制所决定的,这个资源配置包含生产要素、产品要素、品牌要素。现代大部分人对企业的理解,还一直停留在企业以盈利为目的,运用各种生产要素(土地、劳动力、资本、技术和企业家等),向市场提供产品或服务,实行自主经营、自负盈亏、独立核算的法人或其他社会经济组织,以实现投资人、客户、员工、社会大众的利益最大化为使命,通过提供产品或服务换取物质回报的这样一层理解上。

在新兴市场经济为主导,世界经济一体化的现阶段,企业作为市场经济活动的主要参与者,传统对企业的理解已经不足以概括它的全部了。通过第一章节的内容我们知道,文化的历史形成与发展演变,带动了整个社会物质文明和精神文明的发展,衍生出了越来越丰富的社会现象,企业作为社会发展的产物,必然随着社会的不断发展和社会现象的不断扩充,而产生更多与外界的联系,单纯地从以经济盈利为目的的角度去看待企业,已经显得单薄而片面了。

在世界文化大同环境下,社会现象作为文化的外显部分,与文化具备同样的发展性、广泛性、立体性等特性,通过人类文明这一本源,不断地交错、延伸、进步、发展,形成的社会现象呈现出纷繁复杂的样貌。对市场经济主要参与者的企业来说,要想在这样的竞争体系下有所发展,必然需要具备比以往企业更多的组织结构,无论是企业内部的结构,还是企业与企业之间,企业与社会环境之间,企业与经济环境之间等,都需要有更多的内容(包括文化、包括品牌等)来支撑,以使企业能够跟上社会经济发展的步伐。可以说,企业已经成为整个社会的微观组成部分,可以概括大部分社会现象,这便是新传播理论体系下的企业。

第二节　企业的发展和演变

社会的生产力水平决定社会基本经济单位的组织形式。企业是社会生产力发展到一定水平的成果,是商品生产与商品交换的产物。社会的基本经济单位在经历了原始社会的氏族部落、奴隶社会的奴隶主庄园、封建社会的家庭和手工作坊等形式的演进后,在资本主义社会诞生了企业这种现代形式。随着生产力的发展、社会的进步,企业形式也得到不断地发展与完善。据资料记载,资本主义社会企业的发展与演变从企业的性质上来说主要经历了三个阶段:

(1)工厂手工业时期。从封建社会家庭手工业到资本主义工厂手工业,集中在 16 至 17 世纪,西方国家的封建社会制度向资本主义制度转变,资本主义大规模剥削农民土地,原本封建社会制度下的家庭手工业开始瓦解,向资本主义工厂制转变,但生产者仍分散在各自家庭中劳动,只是在企业家的组织下形成生产集体,企业家将统一购买的原料交给雇佣工人去加工,并且每一种产品是依次经过不同家庭公认的劳动制造出来,给付报酬,工厂手工业是企业的雏形。

(2)工厂制时期。工厂手工业发展到 18 世纪时,随着英国人理查德·阿克赖创办第一家棉纱工厂,西方各国普遍采用大机器生产,雇用工人实行大规模集中劳动,利用大机器提高生产效率,劳工分工更加明确,形成了生产走向社会化的工厂制,这标志着企业的真正诞生。

(3)现代企业时期。19 世纪末 20 世纪初,自由资本主义开始向垄断资本主义过渡,原来的工厂自身发生了巨大的变化,新技术的不断采用,加速了生产的迅速发展,生产规模因此不断扩大,竞争意识越来越明显,产生了大规模的垄断企业,企业经营权、所有权开始分离,出现了企业管理阶层的分工,也因此建立起了科学的企业管理制度和一系列的科学管理理论,逐渐形成了现代企业。现代企业的成熟发展产生了大量生产和大量分配的环节,这时的企业通过两种途径完成了这两者的结合,首先是纵向结合,即企业建立自己的采购网络和销售渠道,其次是横向结合,通过收购和兼并小企业来实现生产延伸。

在我国可以上溯到企业最初的组织形式是手工作坊,那个时候尚处于简单商品经济条件下。至近代,清政府的洋务运动才使中国有了真正意义上的企业,如近代航运巨子卢作孚创立的民生实业公司、天津东亚毛纺公司、上海"冠生园"等属于那个时代颇具规模和影响力的企业。新中国成立后,我国掀起了社会主义建设热潮,在企业中,尤其是国有大中型企业的经营,体现了计划经济体制下政企不分的特点。从 20 世纪 70 年代末以来,中国实行改革开放,党的十四大明确指出:我国经济体制改革的目标,是要建立社会主义市场经济体制,党的十五大肯定了非公有制经济是我国社会主义市场经济的重要组成部分。这些政策的变化，使得中国企业也随之发生了根本性变化。首先，企业从单一的公有制向多种所有制转变，民营企业、中外合资企业、外商独资企业等多样化出现；其次，企业从计划经济下的行政附庸向自主经营转变，政企不分向政企分开转变；再者，企业从彼此无竞争状态转变成开始参与国内、国际两个市场的竞争。

可以说，企业是随着整个社会市场的环境变化，不断地进行着发展和演变，大到企业整体在市场环境中的变化，小到企业内部的各方面，企业内部的发展主要体现在企业规模、产业与行业结构、业务方向、市场范围、资源配置、组织结构、工作流程、企业管理，等等。企业规模的发展，指的是企业固定资产规模、人员规模、销售规模、利润规模等方面的发展。企业产业结构的发展是指企业所涉足的产业与行业的内容发生变化，比如家电行业涉足房地产，厨具行业涉足到餐饮等，朝着更有利于企业发展的方向发展。业务方向的发展指的是企业所从事的业务内容和类别的发展。市场范围的发展主要表现在区域范围和产品类别范围上，比如国内市场向国外市场发展，高端产品开发中端市场等，市场范围的变化会带来业务内容的变化。资源配置的发展包括资金的配置、人员的配置、物资的配置、客户的配置发展等。企业以上四个方面的发展都会带来企业资源配置的变化发展。另外，组织结构、工作流程、企业管理三个方面的完善都是为了实现以上几个方面的发展。

以上种种都是企业在时代前进的过程中一步一步地发展足印、发展细节，其演变的内容所形成的企业效应、市场效应、社会效应又一点点地推动着时代前进。

随着新兴市场经济的到来，世界经济一体化，国际、国内两个市场的竞争状态逐渐融合为同一个市场的竞争，企业的发展又面临着新的挑战，过去的经营理念、经营方式甚至经营方向，都迎来了一个巨大的变化过程。虽说未来市场经济竞争更加激烈，但是真正的竞争并非表面看到的那样属于企业与企业之间的竞争。新兴时代里的企业发展，早已脱去了"经商"的概念，也不只是"经营"而已，而是根据国际市场经济新标准，建立以围绕"企业、市场、产品、用户"四个方面为主的"运营"体系，以扩大市场供给力为目标，合理地广泛利用社会资源，最大限度地实现资源的配套、配置，形成从市场中赚取经济价值的运营核心，而非仅仅只是从用户那里进行价值交换。可以说，企业在不断地发展演变中，越来越脱离私心,开始以社会结构重要组成部分的"身份"发挥出它应有的社会责任。从最早期的企业主只是为了自己的利益,雇佣甚至剥削劳动力,到后来慢慢产生与消费者的利益交换,再到传统市场经济中的企业以稳定持续发展为核心,运用科学的经营管理手段,进行对市场份额的占领,一路过来,企业的发展了然于"目",企业就像石子投向湖心所形成的水晕,起初是在最中心,然后从最中心开始一圈一圈向外晕开,直至当今时代,在政治、经济、科技、文化等方面的综合作用下,水晕开始与更大湖面的水晕相融合,即国际市场经济,共同形成更广泛的经济活动水域。企业与新兴市场经济相融,有两点意识是要具备的,首先,企业发展是要在国际市场经济的标准下建立新的发展思路,包括企业文化的建立和完善,企业品牌文化的打造和运营,企业内部形象的策划和树立,企业外部品牌形象的传播和构建等,都是企业在国际市场的新标准高要求之下实施运营的重点;其次,是企业作为市场经济活动的主要参与者,同时作为社会的微观组织,企业的一举一动都关系着社会经济社会形象等社会综合水平,在国际市场中,企业有责任为自己国家和社会的整体发展贡献自己的力量,合理配备社会资源,不剥削、不浪费,取之于社会市场,还之于社会市场,真正为市场的健康有序运作和消费者用户的物质精神诉求考虑,是未来市场经济中企业的发展与演变趋势,也是企业要更加稳定持续发展的关键所在。

第三节　企业在经济中的作用力

因市场经济体制的特殊性,企业必然要以竞争的方式为自己占据市场一席之地,在物质利益驱动下,企业一边增强自己的经济实力,一边排斥同类企业的相同行为。这种竞争的方式多种多样,比如,产品质量竞争、广告营销竞争、价格竞争、产品式样和花色品种竞争等。作为社会的微观组成部分,企业的一举一动势必影响整个社会经济市场。如若打破了市场平衡,企业不光损害了自身利益,在经济中的作用也只能走向负面。

2010年初的四个月内,日本丰田汽车全球召回总量接近1 000万辆,面对汽车业的激烈竞争,丰田的急速扩张计划,使本来产能不足的丰田把零配件生产外包,结果由于配件供应商的水平参差不齐,导致部分配件出现问题,威胁到行驶安全,使其必须进行有史以来最大规模的召回,从而引起丰田品牌的危机。在关于此事件的美国国会听证会上，丰田汽车株式会社社长表示，丰田汽车一直以安全性和质量为优先原则，其次才是销量，但过快的发展速度和过于激烈的市场竞争，使得丰田逐渐漠视了原本视为企业生命的本源原则。

这种缺乏对企业本源意识的理解方式，正是市场经济竞争下很多企业的通病，浮躁盲目，导致绝大多数企业对资源、环境、社会责任没有公共意识，而对各种资源、环境进行盲目地开发，并以掠夺式的行为加以占有，这无疑是一种类似于野蛮的行为表现。市场经济体制，在一定程度上展示了人类生产劳动中创造财富的过程，是运用生产要素来获取财富的回报。但是在市场竞争中更多的体现在相互竞争，甚至是恶性竞争的状态，而并不是合理竞争。换言之只是一种相互间进行资源剥削的过程，而并不是通过创造资源的方式来体现经济价值。市场经济的本意是创建公平合理自由的经济环境，是有效提升社会经济效应的公平机制，是围绕人类发展，社会进步的一种文明体现，市场经济的本源是符合人类文明诉求本源的。作为企业，如果不能深刻地了解企业的本源是在资源配置中的作用关系，最终只会导致了资源更多的浪费，是一种社会财富的损失现象。企业加强对企业自身的理解是对未来经济发展的社会责任体现。其次在国际市场经济的环境里，这样的意识并不少见，随着未来资本市场的到来，企业对资源配置的理解显得更为重要。因为资本市场的本质也是一种资源配置的计划表现。"十三五"规划也充分证明了，中国市场经济即将进入成熟阶段，开始全面转向现代市场经济的大浪潮时代，也意味着中国的企业开始正式进入市场经济的资源配置模式中。

随着社会的发展，经济模式的不断升级，对经济文明的追求会相应增大，也可以说新时代的经济模式是在有效提升财富空间的表现，同时也给新的经济模式配制下的企业带来新的标准和要求。只有企业本身具备满足新时代市场经济体制的发展要求，才能在未来市场中获得和创造更多的财富。如果不合理配制好新经济体制下的企业各类要求要素，企业在经济活动中的范围就会缩小，换言之就无法得到更好的发展。

企业是市场经济活动的主要参与者，经济文明是人类文明的一部分，文化又是人类文明的体现，换句话说，世界经济一体化时代里企业的竞争，即是文化大同时代里企业的文化的竞争。文化的作用力在本书第一章节已做过详细说明。文化遍布在经济社会经济生活的方方面面，企业在经济中的每一个举动都与文化有着千丝万缕的联系,可以说,企业是一个承载文化的容器,具备融合文化、吸收文化和发展文化的特性。因此,在市场经济活动中,企业除了有效推动物质产业的发展外,也能有效地联结起多个方面的精神文化,在物质产业和精神文化的相互作用下,达到对经济不断促进的作用。

第四节　企业在未来经济中的架构与发展

随着经济的发展,中国的全球化进程会进一步加快。中国的崛起将成为推动全球化的重要力量。但全球化是一把双刃剑,带来发展机遇的同时也存在着更多挑战。经济文明决定了经济模式,经济模式决定了经济活动的市场空间,市场空间又决定了企业的模式与经营标准,经济文明是随着人类文明的发展不断提升的。因此企业经营模式和标准也是不断提升的,经济文明、经济环境、经济模式、经济动态空间及资源配置机制下所有的经济环节组成了一条庞大的经济时间轴。从这条轴线上可以看出,在过去经济整体环境里所产生的传统模式下,企业还停留在以盈利为核心目的,企业通过提高商业竞争力的方式来获取市场的经济回报,大部分企业在开发、生产、销售等领域,均以同类企业为竞争对手的前提下,对目标市场展开的商业行为,是企业对企业的竞争。这种模式的特征表现为:

(1) 把竞争的对手设定为同行业。

(2) 把市场理解为渠道。

(3) 把使用者定义为消费者。

(4) 把利益寄托于商品中。

在这种模式下,企业把生存的根本完全投向了利益结构体,而且利益的结构又主要表现为占领渠道和提升商品利润空间。因此传统企业在发展过程中几乎把所有精力都投放到渠道的占有率上和商品的利润空间上。换句话说要在这种模式下发展,只要做好推广和商品差价空间就可以了,企业管理的整个过程都只是围绕这两个目标。因此传统模式下就出现了现在大家所看到的这种现象。

而随着国际市场地融入,新兴行业的快速兴起,尤其是文化产业、信息产业、科技产业等创新产业的突破,及社会整体文化水平的快速提高,真正的市场经济被快速激活,中国的市场经济被动地被拉上了国际市场经济的竞争舞台之中,传统模式无法快速适应新的经济环境，经济模式发生了快速的转变。虽说过去传统经济模式存在一定的需求空间，但并不代表社会已经认可了这种经济模式。人类诉求的本源并不是如此，人类对经济文明的诉求是不断提升的。使用者的本源诉求在于有效地获取物质文明和精神文明的双重诉求，对生活有着丰富的文化诉求空间。在新兴市场经济形成后，大家就快速接受了市场经济所带来的文化价值。市场经济一经产生，便成为最具效率和活力的经济运行载体。迄今为止，全世界绝大多数国家都纷纷走上了市场经济的道路。这种经济体制的趋同，一方面表明市场经济具有极强的吸纳能力和兼容能力，另一方面也意味着经济模式的多样性和丰富性，传统经济模式也开始转向到真正的市场经济模式中。市场经济是建立在资源配置本源诉求之上的，计划和市场成了资源配置的两种手段。市场将会透过产品和服务的供给及需求产生复杂的相互作用，这种资源配置的经济模式也呈现出了完全不一样的特点，这种模式的特征表现为：

（1）企业把自身发展设定为发展目标，企业的竞争变成了企业自身价值供应力的提升。

（2）把市场的理解转向了是一种具有调控机制的资源配置体，也就是市场的本身。

（3）把使用者定义为用户。

（4）把利益的主体放在了企业产品的性价比和用户需求度上。

这种模式的转变给传统型企业带来了巨大挑战和困难。因为企业回归到企业的本身、消费者回归到使用者的本身、市场回归到资源配置中、产品回归到体验和需求度上后，企业在没有作好各项转型准备的前提下，是很难发展和生存的。因此，当前市场经济中也呈现出主要竞争力在企业的系统运作能力和企业各方面专业度的竞争中。同时在世界经济合作的基础上，市场经济的模式也出现了多样性。随着世界经济一体化，世界文化大同时代的到来，人类对文化的诉求标准是建立在国际环境大背景下的。通过对国际国内各种市场经济模式的对比后可以看出，国际市场经济是世界经济的大环境，而国内市场经济是围绕社会主义市场经济体制下一种特有的分配方式，也是未来国际市场经济的重要组成部分。如何快速满足国内市场经济体制下的企业发展要求和满足未来国际市场经济大环境的经济诉求，是企业在未来发展中要共同面对和考虑的问题。

由于世界经济的快速发展，世界各国经济的丰富实践，使得经济模式在多样化的基础上日益走向互相整合。各国家各地区已经处在世界经济大背景下,国际市场经济存在着各式各样的市场经济模式,这些模式间又具备共性及多样性。

以资源配置的角度看,新兴市场经济从过去的市场渠道已逐步走向真正的市场化。通过资源在社会经济的各个方面进行供需分配,以使得经济行为达到最良性和最适度的状态,不再是以习俗、习惯来配置资源,因此真正的市场化后,也使得消费习惯产生了巨大的变化,完全已转入到市场的自由分配当中。在经济运行中社会各种资源都直接或间接地进入市场,由市场供求形成价值,进而引导资源在各个部门和企业之间自由流动,使社会资源得到合理配置。总结起来就是资源配置的市场自由度提高了,那么一方面也表现出市场的空间在扩大,这个扩大的空间主要是挤进了各领域的细分空间;另一方面则表现出整个市场空间通过细分空间的加入,而使得在资源配置的过程中呈现出系统化和专业化的诉求特点。

从经济行为对主体的角度看,在系统化和专业化的双重诉求标准下,各经济主体对权、责、利的界定更为分明。经济行为主体如家庭、企业和政府的经济行为,均受市场竞争法则制约和相关法律保障,赋予相应的权、责、利,成为具有明确收益与风险意识的不同利益主体。由于经济行为主体的权责利之间的界定标准提升了,那么作为自由性市场竞争的经济活动参与者在资源配置过程中对企业权、责、利的要求变高是首当其冲的,因为企业是经济活动供给方的主要参与者。总结起来就是企业在经济行为中权、责、利的标准度提高了,那么一方面也表现出企业作为资源配置的优化空间提高了,也就意味着竞争力提升的空间变大了;另一方面则表现出在新兴市场经济体制下,企业在经济活动参与过程中的经济行为责任变大了,参与的配制结构变大了,同时对企业发展的投资领域也变大了,而这种投资也表现出系统化和专业化的诉求特点。

从经济运行的角度看,企业的竞争更多地表现为是市场竞争,而不是过去的同行业的竞争、利润空间的竞争,竞争的配制面也从过去单一或少数面的竞争转移到多层面多领域的竞争,市场竞争的理念上也开始强调竞争的有效性和公平性。在不同国家的经济体制下和法律制度等外部环境下,企业获得了更多的相对平等的竞争机会。如美国的反托拉斯法、德国的反对限制竞争法、日本的禁止垄断法等。通过各市场利益主体的活动再纳入到法律的框架内,产生有序性和有一定调控下的市场竞争。从这一角度也可以看出,在新兴市场经济作用下,企业在各领域的标准和要求都在不断地提高。

从市场环境的角度看,市场经济是在一定的宏观调控下相对自由的市场环境里,由于市场经济是相对自由和相对活跃的经济模式,是在一定的宏观调控基础下的自由性经济模式,在自由竞争市场经济时期,国家的经济职能主要是保护经济发展的秩序,不直接干预经济运行。但是在现代市场经济条件下,国家对经济的干预和调控便成为经常的、稳定的体制要求,政府能够运用经济计划、经济手段、法律手段以及必要的行政手段,对经济实行干预和调控。其目的,一方面是为经济的正常运转提供保证条件;另一方面则是弥补和纠正市场的缺陷。那么换言之,企业的发展对整体经济环境的把控也是至关重要的,同时也说明了企业在发展的过程中对信息面的收集和分析能力也在提升,企业涉及的诉求领域也在变大。

从经济关系的角度看,市场经济已经具备了国际化特征。现代市场经济是一种开放经济,它使各国经济本着互惠互利、扬长避短的原则进入国际大循环。经济活动的国际化不仅表现在国际进出口贸易、资金流动、技术转让和无形贸易的发展等方面,还表现为对协调国际利益的各种规则与惯例的普遍认同和参与。随着社会文明的进步,国际眼光已经在各阶层各领域广泛性的开始延伸,国际化的诉求标准在逐步加强,这也是文化的广泛性所呈现出的发展特点,这也说明了,企业对文化的广泛性理解所产生的认知空间和认知差异也越来越大。

上一小节中所述的日本丰田汽车"召回门",反映的是市场经济体制下的恶性竞争,是企业对企业本源意识的逐渐偏离造成的后果,事实上这一企业本源意识就是企业的企业文化。未来全球化的经济活动中,企业的任何架构都离不开企业文化的核心驱动作用。成功的企业不是表现在一段时期内取得多大盈利。如果不能保持健康持续的发展,就谈不上企业远景,而成功的企业家,必须谨记企业的本源诉求和战略目标,建立、培养和完善企业文化的强大作用。企业文化是企业在长期的生产经营过程中逐步形成的,为广大员工所恪守的经营宗旨、价值观理念、行为准则的综合反映,是一个系统管理工程,绝非标语或口号,它有一个实践和认同的过程。企业真正有价值有魅力能流传下来的东西不是产品而是文化。成功的企业文化对内具有一定凝聚力,对外具有一定的引力和传播作用。未来全球化经济竞争中能成功的企业,将是善于采用新传播理论下的企业文化的企业。

第三章 新传播视阈下的企业文化

第一节 企业文化的定义

"企业文化"已越来越多地被企业家所提及。无论是正式场合,还是谈笑风生间,无论是具体的印象,还是模糊的概念,都习惯性地被冠以"企业文化"的名号来做一个总的概述或定义。事实上,多数人并不清楚到底什么是真正的企业文化,更谈不上切实去创建一个企业的企业文化。

现今,一般有两个人群比较喜欢运用"企业文化"这个词来诠释内涵,他们都属于管理型人士。一类是比较系统地学习过企业管理知识,也将知识运用在实际管理工作中过,能够意识到企业文化的必要性,看到企业文化在管理中显示出来的高效性,也能意识到未来的管理趋势是企业文化的管理的人。另外一类管理者的水平相对较低,没有太多管理方面的知识,只是奉行经验主义和拿来主义,当面对很多解释不清的问题时,单纯的因为对"文化"一词较为崇拜,就选择使用企业文化的概念来做相应的解释。但不管是这两个人群中的哪一个,他们都是认同企业文化的重要性,并意识到企业存在的问题、导致这种问题存在的原因、解决这个问题的相应办法及企业的发展出路都可能与"文化"有关。

在这个市场经济的时代,企业文化越来越成为做企业的人无法逃避的话题。要想企业保持基业长青,必须明白什么是企业文化,怎样创建企业文化,如何更好地运用企业文化。

国内外研究学界对企业文化的研究可谓方兴未艾,许多学者都从各自的学科背景出发,对企业文化进行着执着而深入的研究,如德国慕尼黑大学教授 E·

海能在《企业文化——理论和实践的展望》中就有"企业文化是经济学的研究对象"一章，他把企业文化纳入企业经济中出现的"文化"现象进行讨论。另外，还有更多的国内外学者是从管理学的角度对企业文化进行研究的，他们认为企业文化是"企业家的管理文化和经营文化"。也有一些学者从社会学的角度去认识企业文化，认为企业文化是一个社会意义的概念，它由许多文化要素，即劳动者创造的不同形态的物质所构成，或者说它是一个内涵和外延都十分丰富、广阔的文化复合体。企业文化是"通过社会上具有一定的人，即企业干部和职工的主管意识，改造、适应和控制自然物质和社会环境所取得的成果"①。另外，还有从社会心理学的角度考察企业文化的学者，认为企业文化是由企业的行为文化、企业的心理文化和企业的物质文化三个部分组成。心理文化就是在企业的经营管理中形成、浸入整个企业、全体员工灵魂的价值观念和行为准则。也有从价值论与伦理学的角度研究企业文化的内容、功能和性质，研究如何提炼企业价值观，如何塑造企业的管理文化与经营文化。

不管从哪个学科和角度去研究企业文化，都只能为企业文化做一个一定层面上的定义，而形成不了全面、广泛、系统的印象。传统理解上的企业文化，其核心是企业的精神和价值观，是企业或企业员工在生产经营过程中所秉持的精神指引和价值观念，是以员工为引导对象，通过宣传、教育、培训、娱乐等方式，最大可能地统一意识、规范行为、凝聚力量，实现企业全体员工为总目标而努力，其内涵表现在以下几个方面：

第一，企业文化具备一个内部核心指引，表达了企业信奉什么价值观，提倡什么思想，鼓励什么行为，追求什么目标。

第二，企业文化是由企业第一代经营者根据当时的时代特征、人的本源诉求，结合自己的"三观"及主观意识作为精神倡导，以及企业自身的长期积累，两个方面共同作用形成。缺少任何一个方面，企业文化都是不完整的，难以形成优秀的、与时俱进的企业文化。

第三，企业所表达的精神与价值信念，是强调对人的思想道德、为人处事、价值体现、未来发展的一致认可，企业文化实质上是一套"认同"文化，是得到企业领导人、管理者与员工广泛认同并遵循的一套制度，对企业成员有感召力和凝聚

---

① 蔡罕.郭鉴.传播学视域下的企业文化研究.2010.浙江大学出版社,1998.

力,否则就只是某个人的思想理念,构不成整个企业的文化氛围。

第四,企业文化具有强烈的指导性和实践性。企业文化的核心指引如果不付诸实践,文化就没有生命力。企业文化的构建也绝不是简单的包装和构建,而是要用于指导企业制度安排和经营管理活动,解决企业实践中的问题。如果不能实现这个从精神指引到社会实践的过程,企业文化也形成不了文化。

第五,企业文化是社会文化在特定企业中的体现与延伸,是社会文化体系中的一个重要组成部分,受到社会文化的影响,但又不等同于社会文化,这是企业的自身性质和经营目标的特殊性所决定的。企业文化只有不断地融入社会文化之中,才能得以生存和发展。

总之,企业文化不能单纯理解成是企业的标语、口号、宣传、活动,或者是传统意义上的思想政治工作,它有着意蕴深刻的内涵。不少企业经营者认识到企业文化的重要性和必要性,能提高企业执行力、竞争力、影响力,在自身能力不具备的前提下,请策划人构思一些所谓的企业文化,其实就是几个标语和口号,或者以开培训会的形式,用死记硬背的方式灌输给员工,告诉他们这就是企业文化。这是大错特错的应对策略。企业文化是一个企业的灵魂,不是企业领导人或策划师可以通过想象就能够策划出来的,它是一个企业自然散发的气质,植根于企业的核心命脉,是企业在自身发展过程中形成的以价值观为指引的独特的文化,是能够凝聚人心,提升企业竞争力的无形力量。

第二节　新传播理论体系下的企业文化

企业文化启蒙于思想和精神,主要通过精神和文化的力量,为实现企业目标,对企业与企业员工的实践活动产生潜移默化的作用。好的企业文化,对企业内部的经营治理起着异常关键的作用,而内部经营治理得是否正确与优秀,决定了一个企业的生命力、创造力,从而决定了企业在消费者心中的价值,以及在市场上的地位。

新时代市场经济体制下,以传统的眼光来看待企业文化,已经不足以应对竞争激烈的经济环境,需要对企业文化有更系统更全面的解构和认识,才能更好地通过企业文化的强大力量塑造企业竞争力。通过前文我们对文化部分的理解,其实不难看出,企业文化,也就是通过企业的名称,对企业形成的一种围绕企业产生的各种信息总和的认知或印象，其中能够传播和传承的那部分文化，我们称之为企业文化。企业文化最初是由企业第一代核心领导人根据当时的时代特征、人的精神诉求，结合自己的"三观"（世界观、人生观、价值观）及主观意识作为精神指引，将具备共同认知理念和信仰的人吸引并汇聚，强调对人的思想道德、为人处事、价值体现、未来发展的一致认可，以此作为企业的精神指导。这种核心精神指引经过后来的发展和延伸，结合企业本身、消费者、产品、市场四大方面综合性需求的考虑，慢慢构成为企业的核心驱动力，企业文化基本形成。换句话说，企业文化是由企业在基本精神指引的基础上，在特定时代环境体系下，通过对客观世界的认知，融合市场消费者的精神诉求，进行资源整合、优化补充，以达到符合企业内部和外在市场双重需要的标准，是一个具备从精神指引、思想理论到落地化实践，直到最后被企业内部和外部市场广泛接受并有效传播传承的完整体系。

良好的企业文化所形成的企业魅力，可以给他人和社会一个高度的认知感和美誉度，从而增强企业在市场的竞争力。21世纪，科技发展，思维拓新，是一个企业遍地丛生的时代，在市场饱和、企业同质化严重的环境下，企业竞争实际已经是企业文化的竞争。

第三节　企业文化的作用力

企业由于经营与发展的需要创造出文化，文化在企业环境范围内和不同的层面上发挥的核心作用如下：

（1）引导作用。人作为情感型生命体，文化是其特有的财富，企业文化的引导性是指它对于企业经营者与员工的本源诉求有引导作用，每个人都具备本源诉求，特定情况下就会引发特定的诉求，企业文化能够很好地对诉求进行方向上的、方式上的、行为上的引导作用，使行动者的行为更加趋于理性、适宜和有效。

（2）整合作用。企业是由一个个单独的行动者共同组成，在企业文化引导性的作用下，企业全体人员都在同一个方向、方式和行为的基础上共事，对于企业上下的协作有一个共识，形成整合性，企业文化就是整合他们的最佳中介，在共同的文化作用下，能够产生一致的向心力，有效沟通，促进合作。

（3）规范作用。企业文化是由企业核心领导人以自身经验、价值观，结合时代特征而创立,能被广大员工接受的一种文化,但因为个体差异性的存在,它不可能做到与每个人都产生百分之百的贴合,这个时候,企业文化就具备了规范作用,它所表达的价值观和行为规范,成为企业上下需要一致遵循的准则,这也意味着某种规范标准的形成。

(4) 传播作用。文化之所以成为文化,是其本身具备的传播作用,企业文化的传播作用体现在两个方面,一是对企业内部员工的传播,能够实现企业更凝聚更专业更高效,二是对企业外部的传播,能在社会公众心中留下对企业的良好印象。另外,从世代传续来讲,好的企业文化能流芳百世。

具体到企业经营管理发展的方方面面,企业文化的作用力还可以进行以下三个方面的展开讨论,即企业文化对企业内部发展的作用、企业文化对外部市场经济的作用、企业文化对企业持续发展的作用。

1. 企业文化对企业内部发展的作用

优秀的企业文化能通过特有的影响力、渗透力和感染力,对企业成员发挥功能,从而促进企业树立良好的企业形象、社会形象,提高企业在市场上的口碑,转换成企业的经营效益、社会效益,以及核心竞争力、可持续发展力。

第一,人心的凝聚。优秀的企业文化具备高度的凝聚力,能够在企业文化气息的自然作用下,潜移默化影响企业员工的思想和态度,使员工视企业的目标、宗旨、利益为个人的理想和目标,进而树立信念、价值观,直至规范个人行为,形成强烈的集体主义意识、责任感和使命感。健全的企业文化会创造出一个企业人共同的价值观念,在这种价值观念所形成的氛围里,人人平等,人人的能力受到重视,并且都有机会受到奖励机制,这样每个企业员工都会在工作中,将自己的劳动、能力与实力充分发挥到集体事业中去,除了可以获得集体荣誉感,还能从中实现自身的价值,奖励得到更多的物质和精神满足。通过这样的方式,将企业内部的经营目标,与企业员工实现自身价值的愿望,有效汇聚到同一个方向,形成巨大的合力,这种向心力在工作中将产生强大的力量和效果。

近年来,随着国际企业文化的逐渐渗透和影响,一些具有高智慧与觉悟的企业经营者,为了保证企业的生存,提高企业竞争力,在企业文化的建设中不断自省和改进,不再一味追求企业文化为企业直接性带来利润和回报的最大化,而是致力于人的发展,更多的重视起企业文化对员工个人的价值影响,创建企业的精神文化,实现个人与工作的真正融合,使员工在工作中体会精神和生命的意义。

拥有睿智和远见的企业家，已经深刻懂得企业文化应当是"以人为本"的文化，提高公司的企业文化，首先应提高企业内部的每个个体，从他们的文化水平、知识结构、内在修养、形象和谈吐等入手，注重全面发展，为他们输入利于他们提升与发展的营养，让他们有机会发挥自身的光芒与能量，在工作中满足个人价值感，而不是仅仅通过教条式的传授与口号式的宣传，来达到企业员工意志的统一。企业真正以人为本，清楚了解每个员工的个体化差异、需求和发展愿望，并尽量予以满足，员工相应也会为企业全力以赴，因为他们通过实际工作产生了信赖，相信企业能够给他们真实有利的回馈，这种相互的凝聚力才能锻造出一个企业最优质的文化，同时也能吸引更多忠实人才的加入。

第二，理论的规范。很多人误以为企业规章制度就是企业文化，实际上，通过规章制度强制性手段对企业员工进行管理，是企业文化不足前提下的无奈之举，企业需要规章制度，来实现对员工的行为约束，但规章制度并不能包罗企业的一切活动和规范每个员工的每一行为。而企业文化通过员工共同主动信奉统一的价值理念、道德准则，来使员工产生自控意识，达到内在的自我约束，规范言行，在强大的文化氛围下，一旦有违背企业文化的言行出现，就会受到氛围的无形约束，这种约束的作用比起规章制度，更加广泛且有效。

另外，企业文化具备很好地将理论进行实践的过程，如价值观的理论，规章制度的理论，战略管理的理论，产品开发的理论等，这些理论形成于核心精神的指引，投入到实际的开发运用，产生理论效益，这一个社会实践的过程是企业文化的重大组成部分，是把企业的无形资产转换成有形资产的重要步骤，是体现企业文化核心价值的关键，在认真严格贯彻落实的情况下，实现企业文化的继续推进。

第三，行为的导向。企业文化本身是一种"认同"文化，它所确立的价值观能对多数员工的行为进行自觉的引导，将企业员工的行为引导到企业所希望的目标方向上，使他们在一种认同的心理作用下，按照既定的模式去进行思维和工作，人心与行为所向一致，共同趋近企业目标，这是一股非常强大的推进作用，比起在企业严格要求下的强制性行为，这种认同感所造成的自觉性和影响力是不容小觑的。多数员工会将自己的行为，主动与企业目标进行对照，来规范自己，使之符合企业价值观的标准。

企业文化的形成，有利于企业内部人际关系的整体协调。企业管理者的主要工作是处理企业内部关系,使企业各部门各人之间,尽可能在个体差异化基础上形成最大的合力,为实现企业总目标发挥能量和积极性。在企业文化的作用力下,企业员工有了共同的经营宗旨、指导思想、道德理念、价值观念,在众多方面的认识达到一致,相互之间增加信任和理解,关系和谐融洽,使企业管理者的管理行为能顺利进行,领导之间,员工之间,上下级之间,形成融洽的行为协作关系,从而有利于企业的发展,以及创建和谐的人文环境。

再反过来,企业员工的行为受到该价值观理念的影响,形成习惯后,注重个人素质、团队意识、工作质量等等,又形成了一种企业形象的展示。换句话说,企业的社会形象取决于企业员工的行为,同时,企业员工的行为对企业中的每一项工作也都有影响,最终影响到企业的经济效益。由此可见,优秀的企业文化,在对企业本身的作用力上也是非常强大的,它能通过不断滋养企业员工的内在修养、行为习惯,来反哺企业的主形象,使企业在良性的循环中,充满健康、生气与活力。

2. 企业文化对外部市场经济的作用

市场经济是市场自发调整,以价格作为信号的自由经济模式。这是中国企业有点难适应的,中国是以社会主义公有制为主体,而市场经济是以私有制为基础的。所以当中国企业处于市场经济体制下时,因为公有私有的融合,就有点手忙脚乱玩不过来,大多数已经呈现举步维艰的现状,而西方是"以市场为本"来经营企业,把经济价值作为诉求方向,例如他们通过衡量劳工成本,寻找中国工厂生产加工,作为他们企业的生产配套环节,但因为科技的不断发展,西方企业越来越懂得用先进技术,通过全自动机器等科技手段,分割了一大部分中国企业的市场份额,加上中国劳工成本不断提高,西方企业开始寻找成本更加低廉的劳工,使得中国大部分企业活得很困难。

另外一点,由于我国传统的管理思维方式仍在起作用。至今许多企业尚未建立科学的管理体系,仅凭经验管理企业,管理方式、方法陈旧,对市场环境适应性差,管理人员缺乏先进的管理理论和经验,尤其是高层管理人员知识、能力贫乏,企业不能按照市场规则运作,使企业在市场竞争中处于被动地位。与国外现代化的企业管理水平相比存在很大差距。

在文明不断进步,时代不断发展的现实情况下,很多企业跟不上整体发展节奏成为事实。可以说市场经济体制为中国企业带来很多机遇,同时也充满风险。

　　过去在传统市场经济模式下，企业间的发展是一种主动竞争的关系，因为企业是以盈利为目的，靠主动竞争获得想要的结果。新时代市场经济模式的兴起，同时伴随着人的诉求标准变高，诉求范围延伸，诉求空间变大，传统市场经济模式下的企业发展，不得不面对被动提升的过程。那么如何才能将被动提升转换成主动提升来掌握市场主动权呢？解决企业生产问题是关键。而生产问题又集中表现在企业于新时代市场经济环境下，所能创造的经济供应力和价值链条，因此要根本性提升企业生产力，围绕加大企业规模及加强企业生产合作，围绕市场价值和需求供应力的开发，提升供应价值空间，是当前企业做战略性发展策略的必要手段，以此达到企业资本运作的能力。这就势必要求企业在未来发展中要懂得转型和创新，懂得人性化运营，要具备一套规范性、系统性、规模性的企业管理制度，实现企业价值的品牌化、市场化、专业化、现代化，从而走上产业化、规模化的发展道路。换句话说，企业要想在竞争激烈的市场经济浪潮中获得一席之位，提升企业的稳定性、优质性、成长性是重中之重。

　　综观以上，企业在未来发展中需要具备的特征，都与文化的特征一脉相承，文化势必成为企业的核心竞争力。企业文化的构建最初体现在企业内部的经营管理上，但随着新时代市场经济体制的到来，产品的生产销售问题，产品服务的提供问题，市场和消费者目标的不断明晰，企业文化就不能单纯停留在对企业内部的作用力上，需要直面市场经济的竞争。如果企业是市场经济中的一座城池的话，企业文化就是护城河，有企业文化，企业才能稳定；如果企业是市场经济中的矿石，企业文化就是其中的含金量，企业文化是企业优质的保证；如果企业是市场经济中的土壤，企业文化就是供给土壤的营养，企业文化的作用能令企业快速成长。作为市场经济活动的参与者，企业带动着整个市场的协调运作，这当中，企业文化必然成为整个市场经济的核心驱动力。

　　3. 企业文化对企业持续发展的作用

　　企业文化最初的建立，是围绕企业的核心精神，通过对企业其他组成部分的认知形成理论，用于将企业员工紧紧凝聚在一起发挥强大生产经营作用力的一套文化，它的被适应度和被认同度，组成了企业文化的被接受度。前面我们说过，文化，只有被传承传播的部分才称之为文化，因此企业文化要对企业产生持续发展的作用，前提取决于企业文化能不能符合更多人对客观世界的认识，对企业的认知，对围绕企业所产生的信息总和的认识。只有被认知认可的那部分文化,才能创造持久传播持久作用的价值。

　　企业的持续发展,离不开构成企业的四个方面的持续发展,那就是企业本身、受众群、产品和市场。文化的产生可以从本源的内心性去追溯,是一种对精神的需求,是一种精神力量。具体到企业,企业也有它的核心诉求,相信任何一家企业都是朝着进步和发展的方向去经营,新时代市场经济模式下的企业文化,被赋予了更多需要通过外部环境相融合的内容,按照企业的需求配置去建设企业需要的方方面面。换句话说,整个外部环境和发展目标,都可纳入企业文化的建设中。比如与消费者有关的文化和生活,与产品有关的功能和设计,和市场有关的环境和推广,和企业本身有关的服务和体制等等,企业文化所涵盖的面越广泛,就越能为企业的进步和发展起相互支撑的作用,可以说企业文化的建设,能促进企业的成长性。

　　企业文化反映在受众群的核心诉求是认同感和接受度,只有实实在在从受众群的本源需求去考虑,符合更大范围受众的物质文明和精神文明的双向需要,企业文化被认同和接受的可能才会越大,而这种认同度和接受度对企业的持续发展形成了重要的稳定性。同理,企业文化反映在产品的核心诉求是它的盈利和价值,在将理论进行实践的基础上,企业的产品或服务顺势产生,这样企业就会有一个具体的面向市场的东西,来进行同行业的竞争,同时也是对企业文化进行传播的开始,一旦面对市场,企业产品或产品服务,代表的都是一个企业的文化,市场和消费者自然会通过各种有效的途径,如广告宣传、实体产品、服务体验等,对企业产生基本的印象,因此产品的定位、研发、生产到销售一系列流程,从其盈利和价值两方面去考虑建设企业文化,是对企业持续发展的有力支撑,确保了企业持续发展的优质性。最后从市场来讲,企业文化除了是为规范和健全企业内部组织,最终的目的是要面向市场。一方面向消费者传达出良好的企业形象,使企业被市场认可,一方面形成产业化和规模化才能更大限度实现投资回报,所以市场产业化和规模化核心诉求之下的作用力,是企业持续发展所必须具备的规模性。

　　企业文化一旦不局限于企业内部,开始对外传播,就具备了树立企业形象、提高企业文化竞争力和忠诚度的功能,同时也有推动社会精神文明建设、促进社会文明进步的作用。全面而准确地对外展示并传播企业文化,在社会公众心目中留下对企业的美好印象,对塑造企业形象,持续发展企业未来,有着至关重要的作用。

　　同时，企业以人为本，不断广泛深入去调查研究市场和用户的本源需求，创造出对市场和用户真正有价值的产品和服务，建立企业的知名度和美誉度，企业的品牌形象自然产生，这才是做企业真正意义上的事情——对企业自身和企业员工做企业的精神文化、价值观文化；面向市场和用户时，将这一企业文化进行开发延伸对外，打造企业的品牌文化。

第四节　企业文化和品牌文化的关系

　　企业文化必须被全体企业人所接纳并进行传播，只有这样，才能成为真正意义上的企业文化。而在面对市场和受众的那一刻起，企业文化其实就已经成为企业的品牌文化了，这也就是说，企业文化的对外部分，即企业的品牌文化。

　　品牌文化的价值是时间的积累，也是企业文化的积累。优秀的企业文化，对于提升企业的品牌形象起着至关重要的作用，能产生巨大的品牌效应。品牌是企业进入市场生存和发展的标志，是企业与市场有效连接的桥梁，承载着代表企业的经营理念、价值观、品质、信誉等等因素，一个优秀的品牌文化，除了需要它自身具备的战略规划和策划经营的含金量，及后期市场的运作，更有赖于依靠成熟完善的企业文化为核心和底蕴。加强企业文化的建设必然是打造企业品牌文化最不可缺失的前提。

　　首先，企业文化是品牌文化的根本。企业通过围绕精神、理论、实践、传播四个方面组成的核心建立企业文化，内对凝聚人心，统一价值观，基于对企业本身和市场了解的基础上，形成关于经营策略、组织结构、管理体制、财务分析、企业领导艺术，及具体的产品开发、生产、销售等方方面面的理论或制度，构成企业文化对企业内部的核心作用，使企业能够有一个良性运作的"心脏"。这是企业品牌文化得以形成和发展的先决条件。随后，企业要生存发展，必定要面对市场，向市场提供可换得经济利益的产品或服务，而企业的产品或服务，都是在企业文化理论体系下产生的，融合了企业文化精神，当它们流向市场时，企业文化自然也随之去了市场，将企业经营全过程、全方位的理念、意志、行为规范和风格等内在文化，通过产品或服务，使用户对企业有一个印象，这是品牌最初的概念。后期，企业为了更好地经营，将品牌经过广告策划、形象设计、宣传传播等手段，在不脱离企业文化核心的基础上，为品牌赋予更多外在包装和扩充更多内在涵养，形成比企业文化接触面更广泛和更深入市场的品牌文化，以迎合市场经济竞争下的需要。在经济全球化的今天，企业间的竞争，将越来越多地渗透文化理念，文化的竞争已是不争的事实，冲在市场最前线的品牌文化要想赢得战争，企业文化这一文化大后方的重要性可想而知。

其次，品牌文化可以反哺企业文化。文化已渗入生产生活的各个角落，品牌本身也是一个具有文化属性的概念，是文化得以附着的一个固有面，一个载体，它自然也是企业文化的载体，其内涵包含了企业文化的各个方面，可以说，企业产品是品牌的物质基础，企业文化是品牌的精神力量。品牌文化包括了企业的物质产品和精神文化。在品牌文化面向市场时，为了更好地适应市场规则，在新时代市场经济体制下生存和发展，需要对市场、用户、技术、产品、营销、管理、传播、公关等方面进行尽可能全面的调研分析，促成品牌文化的健全和竞争力，当品牌文化在更广范围内找到新的补充时，反映到企业内部进行建设时，企业文化也随之得到了补充和完善，然后再由内向外进行对品牌文化的作用力。两者是相辅相成、相互促成的密不可分的整体。

世界经济逐步一体化的今天，企业的竞争就是品牌的竞争，更是品牌所代表的文化的竞争。必须塑造独特的企业文化，以文化力来提升品牌力，企业才能在激烈的市场竞争中获得长远发展。

第四章 品　牌

第一节　品牌的定义

任何一家企业都希望能将自己的品牌做大、做响,纸媒、电视、互联网、移动终端、户外广告等主流媒介渠道都充斥着所谓的"品牌"文化。而事实上,很多企业经营者与营销人员对品牌的认识还并不到位。简单地认为做品牌就是将品牌的价值通过广告的创意进行对外传播或者对外推广,以为形象正面、广告铺天盖地,做得越多,品牌就会越响亮。这种心态造成了塑造品牌的行为随意、目的性模糊不清,没有形成系统的塑造与建设机制,没有建立品牌事前承诺和事后评估机制,产生的品牌效果也自然不尽人意。其实,企业要想做好品牌,需要先了解品牌究竟是什么。

品牌一词来源于英语单词"brand"或"trademark",意为"打上烙印",是中世纪的人为了区分马、牛、羊的不同,在其身上打的烙印。后来的手工业者在自己的产品上打上标记,以证其出处。这就是最早期的品牌意识,即用来区分产品不同的生产者。随着人类文明的发展,品牌的内涵早已超出这个范围,品牌的定义也陆续增加了很多内容上的补充。

有定义说,品牌就是用以识别一个或一群产品,或者说是劳务的名称、术语、象征、记号或设计及其组合,以和其他竞争者的产品或劳务相区别;也有说,品牌是一种错综复杂的象征,是品牌的属性、包装、价格、历史、名声、广告等的无形组合;还有说,品牌是消费者对一个产品的感受,代表消费者在其生活中对产品与服务的感受而滋生的信任、相关性与意义的总和;另有说法是,品牌会渗透人心,形成牢固的无形资产,对品牌资产的妥善运用可以给企业带来无穷财富。

通过以上四种从不同角度出发对品牌进行的定义,可将品牌综合定义为:品牌是能给拥有者带来溢价,产生增值的一种无形资产,它的载体是用以和其他竞争产品或劳务相区别的名称、术语、象征、记号或设计及其之间的相互组合,增值的源泉来自于在消费者心中形成的关于其载体的印象。具体来讲,它要具备以下基础:

(1)产品差异化:企业在将自己的产品或服务推向市场时,必须考虑到要和市场内其他产品有所区别,这种产品或服务的差异化是创建品牌的第一条件。

(2)产品可用性:一个品牌要想生存,必须有市场和消费者的支撑,能为消费者或潜在用户提供使用性的程度,决定了品牌生存和发展的基础性,须让消费者实际运用到和感受到品牌的产品或服务。

(3)产品价值性:产品的价值性,是指即使企业的产品或服务满足了以上两点,既和市场上其他同类产品存在差异,也有消费者在使用,在这种情况下,需要考虑潜在用户的心理因素,如果潜在用户感觉不到产品的价值,就不会去购买和使用,这是创建一个有价值的品牌不容忽视的要素。

为了便于现在的大众更好地理解,可简单地将品牌诠释为存在于消费者大脑里的印象。具体来说,是通过品牌的LOGO,用户与这个品牌产生关系的所有信息的总和,从而得出对它的印象。而这"所有信息"是随着人类文明的发展呈现动态状的,上文提到的品牌需具备的三个基础,在当今社会模仿成性、同质化严重的环境下,已经不能满足一个品牌的生存条件了。现如今,当人们想到某一品牌时,已经不会单纯从企业的LOGO标识、企业的风貌、产品和售后服务等可视的角度来理解,还会加入对品牌的时尚、价值、文化等隐性元素的审视,这是人类文化发展不可回避的结果。因此,现在的企业在创造品牌时,需要不断培育文化,不断从原先的低附加值转向高附加值,在产品开发、产品质量、营销推广等优势上,加入高层次的文化优势,这才是在新传播环境下,对新市场经济体制中的品牌的正确理解。

第二节　品牌的历史与发展

品牌是商业社会中一个非常重要的概念,是市场经济体制下企业竞争中无形的信息载体,需要"抛头露脸"被派到战场的最前线。它所担当的角色所发挥的作用，我们可以从它的历史去追溯。

品牌发展的历史悠久，在我国古代商周时期的出土文物中，就有封建领主的标志和一些官工的印记，这些文字标记，都是早期商标和品牌的萌芽。春秋战国时期，商业开始从生产劳动中分离出来，人们在交换物品时，通过一些幌子，以及口口相传的形式，达到让别人来相信自己的为人信誉及产品的好坏。西汉时，品牌意识已经朦胧地渗入社会生活之中，招牌广告开始流行，比如卖灯笼的、卖酒的店铺，都会在自家店门口挂上有产品识别性的招牌。东汉时期在市场上流行的文具品牌"张芝笔""左伯纸""韦诞墨"等，都是以匠人的名字命名，当时的人们已经懂得用具有鲜明特征的品牌来实现产品的价值。唐宋元明清时，商业贸易开始越发繁荣，尤其明清时，资本主义的生产关系萌芽，商品经济更为发达，广告意识增强，且开始注重广告力度，形成了一些具有知名度和影响力的品牌，如1530年，京城酱菜铺的老板请当朝宰相严嵩为其品牌"六必居"题名，以此防止自家酱菜被他人假冒，自此"六必居"扬名天下，昌盛不衰，开了一代风气之先。明清时期的商人对自己的品牌信誉极其重视，随着品牌的载体多样化，广告方兴未艾，1904年，光绪三十年，清政府出台了商标注册试办章程，这是我国历史上第一个商标品牌方面的法规，品牌成为具有法律效应并受法律保护的商业行为，品牌管理开始规范化和法制化。发展到近代，品牌的演变进程与传播科技在我国的广泛应用有关，报纸的大量涌现，电视电台的诞生和普及，都使得品牌迅速得到传播和发展。

而在西方的发展史中，有这样一个关于品牌的说法，19世纪60年代，人们在贸易过程中，选择了把一个叫辛辛那提的港口城市作为屠宰基地，在码头进行分流将肉类运往全国。这一产业背景下，当时的宝洁公司也在其中，他们将产品和其他肉制品一起堆在码头上，为了防止恶劣天气对产品的损坏，每个商家都在自己的货物上盖了一块帆布，客商来码头订货时，就需要打开帆布验货，花费很多时间不说，偶尔还会因为业务员记不清自己的产品在哪里导致损失。这时宝洁公司的员工想出了一个办法，那就是在帆布上打一个显眼的标记，以方便识别。随后神奇的事情发生了，打了标记后，货物被客商一扫而空，比没打时候的销售效益高出许多倍。看到这一现象，其他人也纷纷在自己的货物上打了标记。随着打标记的产品越来越多，码头又开始混乱起来。宝洁公司就开始想如何才能保持住最开始的销售势头，又不影响到其他的商家。当时有人提出在产品上打上独一无二的使别人不容易模仿的标志，助力产品的销售和传播。并且，宝洁公司在深思熟虑后,决定不用公司名字作为标志,而是给每个产品取一个只属于它的名字,保持产品的独特性。于是,世界上第一个真正属于产品的品牌IVORY 诞生了,宝洁公司还设计了星月标志打在每一块香皂的包装纸上(也就是后来的商标)。这个标志被誉为世界上第一个真正意义的商品品牌。品牌的概念从此在大众脑海里逐渐清晰起来,并且被逐步引入到商品世界中。经过 20年发展,1867 年时宝洁公司就已经成为一家专门生产蜡烛和肥皂的中型企业。宝洁品牌的成功,在整个商业社会的发展中具有历史性意义。

通过中外品牌发展历史之路,不难看出,品牌从最初只有模糊的意识,到概念,再到越来越清晰的这一过程,即品牌的发展过程,与人类文明的进步密不可分。在文化的篇章中,我们说过,人类文明从早期的只追求物质果腹、遮羞,到后来慢慢融合进精神层面的追求,文化起了巨大的推动作用,人类因为本源性对文明的发展诉求,运用自身与生俱来的智慧、求索、力量和选择的权利及优越性,不断演化,不断融合,不断去芜存菁,创造出了各种各样的文化,以达到人们在各个阶段、各个领域里,所需求的整合精神、导向行为、实践生产、传播传承的目的,并因为时代的进步、社会发展的趋势,使得文化一直处于一种动态发展的状态,以衍生出更多利于人类生产生活的产物。可以说,品牌也是文化的产物,是人类诉求的表现之一。

时代发展到今天,新市场经济体制下的品牌,无疑是汇集了整个历史长河中人类各个进程中、各个层面上的综合诉求,在此基础上得以不断发展演变,才产生了今天有关品牌的一切认知。企业需要品牌来包装自己的产品,以赢得市场最大化的利益;消费者需要品牌来为自己的购买做一个导向,以实现购买中的效率和安全感;市场经济这一资源配置机制,需要大量的品牌涌入来活跃整个经济环境;有奢侈品追求倾向的人,需要品牌的优越性来实现自身的优越性;就连与品牌没有切身利益的其他老百姓,茶余饭后也需要一些谈资,一些对品牌广告及其内涵的欣赏,来补充一部分知识或精神文化。

如此,可以确定,如今的品牌,基于人们文化的不断提升,需要有更丰厚的内涵,它早已不能仅仅是一个标志和名称,而是需要有生动的精神文化的内容。品牌体现的是人的价值观,象征人的身份,甚至是一份情怀的表达,比如源自美国的可口可乐品牌,它体现的是美国几代人乐观向上的文化。这是现在的品牌,更是未来的品牌势必要走的发展之路。

第三节　《品牌八星论》：品牌是一个系统

随着资本市场的推进和创新，全球经济一体化的实现，未来企业在市场经济的竞争中，难免要经历一番激烈的比拼，优胜劣汰以达到市场的平衡态势，这一严峻的挑战已近成事实。和西方企业相比，国内大多数企业只能处于下风中艰难运营，这是东西方经济体制的不同造成的历史遗留问题，要想在这一波经济浪潮中顺利生存且有发展——品牌，是企业面向市场时，最需要拿出手去竞争的。将品牌的建设和运营，跳出从前相对平面单一的框架，用系统的结构，具备维度的思维去理解和运作，是非常有必要的。文明进步，社会发展，科技创新，人类文化多元、交叉、复杂，使得企业所要面对的整个经济市场，充斥着层层叠叠的信息，如果没有一个完善的系统加以对这些信息进行优化整合，企业无法找到连通市场本源的突破口，品牌也就只能是一个生命力有限的摆设。

我们知道，西方企业在品牌的建设和经营上拥有巨大的优越性，无论是他们对品牌的重视度，还是品牌建设、品牌创意、品牌包装、品牌运营等方面，都具备相当成熟的文化内涵和管理机制。美国连锁咖啡公司——星巴克，在世界各国遍地开花，全球范围内已经有近 21 300 间分店遍布北美、南美洲、欧洲、中东及太平洋地区，更成为我们国内小资人士的追捧之处，除了要看到它强大的品牌定位能力和品牌影响力，更应该看到其品牌背后完善的运营机制。另如德国厨具名品——双立人，在高端厨具品牌的位置上一直享有盛誉，仅仅"双立人"三个字已是高端的象征。之所以现在能将它们举例出来，是因为它们已经在市场上拥有独一无二的美誉度和影响力，令消费者耳熟能详了。从企业的角度来讲，它们无疑实现了效益最大化的本源诉求，从品牌自身的角度来讲，它们获得了品牌最需要的被认可和被接受。星巴克、双立人，它们是品牌的一个名称，作为在市场前线冲锋陷阵的品牌构成之一，消费者看到的荣誉是属于它们的，但作为企业运营者来说，更应该思考荣誉的背后是什么，这些名企是如何将一个品牌做成功的。并且，从另一面也足够说明，新时代市场经济的竞争中，品牌作为企业一个对外的代表，它的建设和运营是重中之重。

针对以上现状，我们经过广泛调查和深度研究，结合新时代市场经济特征与全球未来经济发展趋势，融合数十位实战卓越的企业经营者的经验和专业领域内精英的实战经验,推出《品牌八星论》这一品牌理论,以当前最合适的工作方向、最严谨的工作态度,得出"品牌是一个系统"的理论(见图1)。

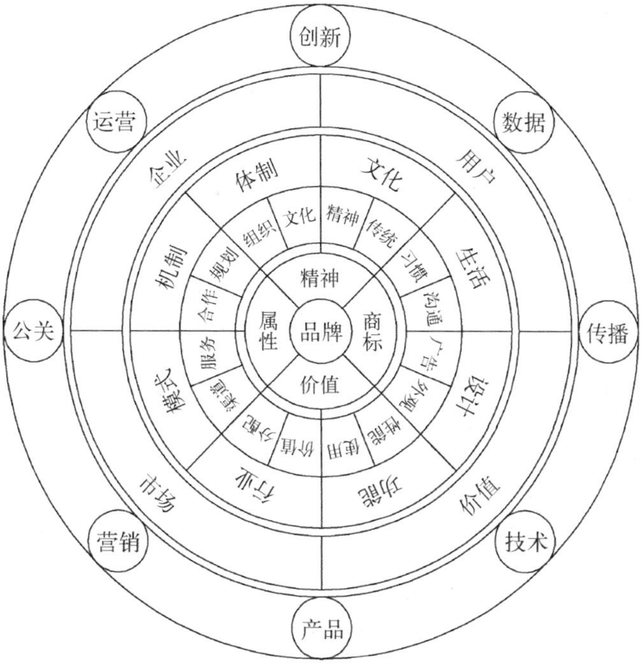

图 1　品牌系统

品牌是一个系统。这个系统由五大系统相互作用而组成,分别是:品牌驱动系统、品牌开发系统、品牌延伸系统、品牌形象系统、品牌运营管理系统。

(1)品牌驱动系统,(Spirit Logo Attribute Value,SLAV),又名斯拉夫,即品牌的内核,是企业精神文化、内在修养、顾客价值的综合体现,是整个企业品牌形象的基石。品牌驱动系统的构成包含:品牌商标、品牌文化内涵、品牌概念、品牌产品文化,品牌内核通过这四个方面形成具象传达给消费者,最终在消费者心中产生完整的品牌印象。

(2)品牌开发系统(Brand development system),即品牌规划,是在品牌驱动系统基础上建立起来的一套具有市场针对性的开发系统,将品牌的精神、商标、价值、属性四个方面的内容转换成具象的一个系统,是一个品牌在正式进入市场之前,必须具备的规划性步骤。

(3)品牌延伸系统(Brand extension system),即品牌发展,在品牌规划基础之上，通过对企业、产品、消费者、市场等的深入分析，在每个相互关联与协作的环节中，进行品牌多角度延伸和拓展，使品牌的有关因素具体应用到各个方面，从而链接起品牌能够到达的整个外形环境，这种延伸方式是对品牌资产的策略性使用。

（4）品牌形象系统，即品牌外形，包括创新、数据、传播、技术、产品、营销、公关、运营这八大体系。品牌外形是在品牌定位、规划、发展过程中形成的一套系统化科学化的生态循环系统，该系统具备自我修复、检测、评估等生态系统功能，能有效地协调品牌整体运作。

（5）品牌运营管理系统（Brand operation system），即品牌运营，是把品牌从无到有，再到市场的整个过程中的理论实现落地化的运营机制，表现在投资、规划、发展、开发、优化、监督、检测等各环节的战略性运营，动态地存在于品牌发展与构成的各个时期和各个子系统板块。

在以上五大部分中，其中品牌的八大组成部分，是与品牌密切相关的企业内外界的信息的总和，我们将其进行了详细的归纳分类，以便于品牌在整体系统的运作中产生最大价值。这些信息纷繁复杂，代表了人类文明、社会生活、科学科技、精神物质等方方面面，在此基础上提炼出有利于品牌发展的八个部分。

（1）创新，是品牌的生命力。时代在发展，社会生活的各个层面都在进步，人的本源诉求的标准随着文化的不断发展与演变，也变得越来越高，对创新的追求是人的精神本源中好奇心、探索欲使然，因此一个品牌想要获得消费者的认可，在创新上必定要下一番功夫。

首先，产品要创新。品牌的产品如果不创新，企业就会一直停留在同质化、重复性、低水平的残酷竞争阶段，难以符合市场的发展和消费者诉求的提升。苹果掌门人史蒂夫·乔布斯在一次演讲中说道："1984 年，我们推出苹果机，它不仅改变了苹果公司，也改变了整个电脑行业。2001 年，我们推出 Ipad，它不仅改变了我们欣赏音乐的方式，也改变了整个音乐产业。今天，我们要重新发明手机。"创新思维是企业发展不竭的动力，与苹果有着强烈对比的是索尼，两者都是定位高端，产品质量一流，颇具体验性，但索尼就是走不出售卖硬件的俗套，在潮流与创新上停滞不前，成了其发展的枷锁。

其次，围绕产品创新的前期，一系列过程中都需要有创新，才能支撑起创新产品的面世。在数据调研上，如果不创新，不更新，不以消费者市场的最新诉求为标准去实现产品功能、产品体验、产品文化,就难以打动消费者。在传播过程中,如果不采取新颖的沟通方式、沟通渠道、沟通内容,只能是老方一帖,无法突破就无法有新的效果。技术合作、技术研发、技术生产等技术领域内,没有新的技术知识、技术力量,配套不了新产品的技术需求,就实现不了新产品的面世。在营销环节里,传统的营销方式如果不寻求创新,到达不了消费者心里,刺激不了消费者的购买欲,产品再好也只能在市场中淹没。另外,在公关层面、企业运营管理层面,都需要创新才能助力品牌的良性发展。

不管是围绕产品,还是围绕品牌和企业本身,品牌的八大组成部分都需要与时俱进,以思想创新、理论创新、实践创新、传播创新为核心出发点去经营这八个部分,相互作用、相辅相成,才能合力、均力把一个品牌做得有声有色,领跑在市场前沿。创新是品牌的生命力,是在这个动态变化发展的市场经济中能够顺应时势的必然之举。

(2)数据,是品牌的方向盘。大数据之所以在近几年迅速蹿红,有赖于互联网、物联网、移动设备、云计算的迅猛发展,在这样的时代下,人类每分每秒都在产生巨大的数据量。大数据为品牌提供了强大的准确度,从产品最初的设计,到终端营销,都可以通过大数据进行分析。借助大数据,对数亿网民与品牌产品相关的请求进行大数据挖掘,对消费者的生活习惯、消费能力、文化水平、沟通倾向等方面做出准确的预估,形成行业指数和分析报告,了解消费者需求。有了数据分析,产品得以创新,就能激发消费者新一轮的消费需求,而消费者的强劲需求,能再一次促进企业去做大数据进行新的创新,以此循环往复。

可以说,通过数据分析,使创新有了依据,使技术更加精准,使产品的研发更有方向,使营销更符合消费者的心理,甚至在市场上能依照数据分析进行定向传播。例如,以缩小范围的做法来针对某一类人群,如细分成女性、26岁、中等收入等,基于大数据的分析,可以使营销推广做到一对一的定制化服务。

总而言之,品牌的数据部分,是品牌得以准确发展的重要依托,是把控航向的方向盘。数据越准,人们就越认可,越能支撑起消费者大脑里对品牌的印象,产生更准确的接受度和适应度。

(3)传播,是品牌的基础。品牌如果不能到达消费者的印象里,就没有品牌的意义,就无法实现传播的效果。品牌的传播,是让更多消费者大脑里产生对品牌的印象。以前,大众对品牌传播的理解,更多停留在广告的层面,以为只是通过广告语、平面或影像形成的画面,达到品牌传播的功能,以为广告做得越多,品牌就越响亮。在文化越来越普及并提升的现如今,每个人自身已经具备了各种文化的融合,形成了对这个世界更加丰富的客观认知,品牌的传播就必须符合消费者的本源诉求,才能实现最好的效果。因此,对品牌传播必须要有新的理解,除了广而告之的宣传,更应该注重其"沟通"的内涵,懂得和消费者的诉求沟通,除了广撒网的聚众传播外,在沟通中分析出消费者的消费心理、生活条件、文化层次等特征,进行针对性的分众传播,例如,建立高端、中低端的定位传播等。另外,在创新、数据、技术、产品、营销、公关、运营各个领域的工作中,懂得使用本源性的有效沟通,才能盘活整个品牌系统朝着良性健康的方向发展。

(4)技术,是品牌的形成因素。品牌的每个构成部分中,都需要技术,每个构成间的相互衔接,也都需要技术。品牌是由最核心的品牌斯拉夫发展而来,斯拉夫的开发,包括后期的创新、产品的生产、传播的运用、营销的进行、软件的管理等,甚至整个品牌系统的运作,都需要靠技术来实现。

不管你有没有意识到,技术已经深深影响着人们的日常生活,21世纪以来,计算机网络技术、电子信息技术的突飞猛进,电脑、手机成为人们的生活必需品,改变着人们的生活方式,也改变着人们的文化。在品牌打造的过程中,已不仅仅是做一幅海报、拍一个广告那么简单了,需要有各种技术的应用,如大数据采集与分析技术,互联网推广、应用技术等,实现把相对优质的产品和品牌传播到受众面前,受众的生活方式和文化改变了,品牌传播的技术需要跟上或更超前才行。

总之,技术如果跟不上,品牌的核心精神就得不到理论和实践的发展,产品自然落后,数据得不到精准提取,品牌各个层面的工作都难以为继。可以说,技术是品牌各个点能够组合起来的关键点。

(5)产品,是品牌的支点。品牌要推出市场,必须有一个具象的产品与消费者达成联结,产品有多好,受众就有多广,品牌就有多好。产品划分定位越清晰,消费者就会越理解和越容易接受。在产品自身的规划、开发、延伸等体系上做得越好,品牌的空间就会越大。一款好的产品面世,需要品牌系统中另外几个部分的全力配合。

好产品需要创新,以满足消费者对于产品时尚、文化等的心理诉求,需要通过大量数据的调研,得出精准的产品定位。研发、生产、销售等流程也有赖于数据的支持。另外需要和消费者产生沟通收集诉求，需要技术的支持，还需要公关在前后期的配合，以及企业管理的分分钟到位。反过来，好的产品也有利于品牌其他工作的展开。在营销上，在面对消费者时，好产品是品牌系统中最有话语权的代表，是品牌的支点。

（6）营销，是品牌的发展根基。是企业盈利最重要和最直接的一步。在产品出来后，通过营销，投入市场，送到消费者面前。营销方式、营销手段、营销途径等的选择与营销的效果紧密相关。

营销需要创新的思维，新市场经济体制下，企业的发展态势表明，营销也需要全球化，创新营销是开拓国际市场成功的关键。营销的对象是消费者，随着知识经济不断发展提升，市场个性化需求日益增多，消费者的需求是企业经营的最高目标，要适应市场竞争的新要求，就要建立创新营销策略，运用大数据的精准定位和分类，利用传播的技能，配合公关合作渠道的通路，再通过集这几大优势于一身的创新营销，去进行产品的市场营销，将品牌优势和品牌形象一举推到公众视野，这就是品牌系统中的营销魅力，大大减小产品被消费者认知的阻力，激发消费者对产品的美好联想，增进消费者对产品的亲和力和信赖感。

（7）公关，是品牌的保护伞。公关的主要工作在社会合作、法律意识、责任担当等方面。公关能及时、有效去处理品牌有问题的部分，保护品牌不受危机的损害。市场经济下的自由竞争，除了存在机遇外，竞争带来的风险，及品牌自身在市场中的不到位，如产品的质量问题、产品售后的纠纷问题等，都需要强有力的公关组织进行危机化解。公关保护得越好，品牌就能发展得越健康、越理想。而公关要想对品牌保护得好，就需要不断提升，公关没有固定模式，也就是因为这样，才更需要在公关方式上进行创新，在公关谈判中要懂得沟通，在技术、产品和营销等不小心出现问题的时候，要懂得综合使用品牌系统的整体力量去进行危机化解。

（8）企业，是品牌的运营组织。也是品牌的所有者，或称托管者，它创建和管理着品牌的整体运作，企业运营得越好，品牌就会越好。企业的运营管理深入于数据、传播、技术、产品、营销、公关之中，有效的运营管理能增强每个体系的运作效率，能使体系内部的权责分工清晰、明确，能协调每个体系间的相互配合。

由以上分析不难看出，《品牌八星论》是一个将品牌发展成逻辑严密、使企业和市场无缝衔接的系统的理论，它是基于对市场、对企业、对整个人类文明和文化综合考量后所形成的结果。文化的发展所呈现出来的社会现状，以及对人类的影响，使得企业不得不从文化的本源去思考如何发展品牌、做大市场。上文我们提到过，品牌是由一个核心精神指引，由内向外发展而来的，与文化的概念相通，品牌的整体，其实就是一个完整的文化。而这其中的八个组成部分，也各自拥有自己的文化。那么，我们可以从另外一个更具象的角度来理解，如果把品牌看成是一个团队，那么这八个部分就是八个人，应着（斯拉夫）共同的价值观和信仰，组合在品牌这一团队里，这八个人各自拥有专业特长和对这个客观世界的认知，换言之，他们本身也是一个文化。在未来科技与文化为重的新兴时代里，人与人，即文化与文化的相互融合、相互协作、相互作用，形成的团队力量，是最具有执行力、创造力和竞争力的，也是一个品牌、一个品牌所在的企业，在面对异常激烈的经济浪潮中，最需要具备的力量之源。

可以说，《品牌八星论》是未来全球经济市场中，企业发展重要的指导理论。

第四节　新传播理论体系下的品牌文化及其作用力

前面讲过文化的概念，文化在现今社会的重要性已无须多说，而品牌，在从它拥有核心驱动力的那一刻起，其实已经形成了一种其特有的品牌文化。品牌文化可以理解成是企业在长期生产经营的过程中，为企业全体人员所认可，并推崇的文化中，对外部市场产生作用力的那部分文化，简单来讲，它是企业文化的对外部分。企业文化是品牌文化的根基，是品牌文化作为企业文化派上"竞争市场"的"战斗代表"，在汇集了外部市场方方面面的信息后，融合新的文化，开发和延伸出众多信息支系，并通过不断优化整合，形成了创新、数据、传播、技术、产品、营销、公关、运营一共八个可以涵盖企业配置和企业发展中所需的组成体系。再经过品牌的运作，市场的磨合，将这八个体系的内涵反馈回企业文化，使品牌文化的根基更加强大稳固。

新时代市场经济体制下的企业竞争，是文化的竞争，具体到实处，就是品牌文化的竞争。城市广告牌、交通工具、传统纸媒、电视、互联网、移动终端新媒体等媒介渠道里，各式各样的品牌信息星罗棋布于市场中，充塞着人们的眼球，但是,其中有多少是真正起到了能被人们记住并产生好感的"宣传"作用的呢？深思这一问题,我们可以发现,大部分的品牌广告,充其量只是一种宣传。在新兴时代里,广告宣传势必要被"新传播"所取代。

新传播理论体系下的品牌广告,是要和具备了新时代文化特征的消费者有效沟通,才能收获品牌想要的被认可和被接受,从而产生购买力的效果的。换句话说,品牌的本源诉求是被消费者记住,并产生良好的印象,消费者的诉求是发自精神本源的诉求,即所关注的品牌能够在物质和精神两个层面都适合自己的一种综合感受。这种无形的东西,只有通过品牌与消费者双方有效的沟通,才能达到尽可能完美的统一,即诉求对称。而这种诉求的对称,也可以说是文化的对称,是双方文化的核心在起着指引性作用。一个品牌,不可能在对外宣传时直白地说"我们是什么样的文化,我们适合你",只有将文化融入创新、传播、技术、产品等细节之处后,在对消费者进行一个具象的产品的传播时,让消费者通过这一具象,感受到具象背后的精神文化的部分。当消费者能够感受到时,品牌的传播才具有意义,品牌的文化才真正发挥了其作用。

品牌文化自品牌诞生之日起就已经存在了,只是每个企业对品牌文化的重视程度以及经营的好坏有差别,因此,其产生的作用力也有差异,但这始终逃不脱以下几个方面的作用,这是品牌文化自身具备的特性,因品牌文化是在企业文化对外发展的基础上产生的,因此,它首先具有企业文化最核心的功能,并在此基础上有新的增加。

(1) 整合。品牌文化的整合功能,是指它对于协调品牌所在企业的全体成员的行动所发挥的作用。一个企业中不同的成员都是独特的行动个体,他们基于自己的需要,根据对情景的判断和理解而采取行动。品牌文化是他们之间沟通的中介,如果他们能够共享一套品牌文化,那么,他们在工作中就能够有效地沟通。

(2) 导向。品牌文化的导向功能,是指品牌文化可以为人们的行动提供方向和可供选择的方式。通过共享文化,行动者可以知道自己的何种行为在对方看来是适宜的,能引起积极回应的,并倾向于选择有效的行动,这就是品牌文化对员工行为的导向作用。

(3) 维序。品牌文化是在企业文化发展的基础上通过经验的积累,经过比较和选择,认为能被市场和消费者合理认知并普遍接受的产品和文化。品牌文化的形成和确立，意味着某种品牌价值观和行为规范的被认可和被遵从，这也意味着某种秩序的形成，而且只要这种文化在起作用。由这种文化所确立的秩序被维持下去，这就是品牌文化维持秩序的功能。

（4）传续。从世代的角度看，如果品牌文化能向新的世代流传，即下一代也认同，共享上一代的品牌文化，那么，品牌文化就有了传续功能。

（5）塑形。品牌文化拥有形象塑造功能，品牌相当于是企业对外的一个窗口，优秀的品牌文化能够通过与外界的接触，起到向社会大众展示企业规模、精神风貌、思想内涵、管理风格等方面的作用，能给企业带来美誉度和市场占有率。

（6）协调。也即品牌文化的润滑功能，在品牌文化的作用下，企业员工在为塑造同一个品牌形象的使命感推动之下，增强了团队意识以及维护形象的意识，由此，能够形成良好的文化氛围，使其主动互动交流，形成人际和谐环境，相关活动也可协调展开。

这里我们举一个企业实例，来看看全球知名集团海尔是如何体现品牌文化的部分功能的。

海尔品牌文化的核心是创新。这一文化被全体员工所认同，它是在海尔发展历程中产生，并逐渐形成特色的一种品牌文化。围绕这一核心诉求，可以看出实践中的海尔，在品牌当时的组成部分中，都充分考虑到了创新这一层面，这使得海尔文化本身也在不断创新和发展。员工的普遍认同和主动参与是海尔品牌文化的一大特色，这种品牌凝聚力在海尔企业的经营中起到了异常重要的作用。在导向上，海尔以"创中国的世界名牌，为民族争光"为目标，使得每个海尔人都把企业的发展，品牌的荣耀，和员工个人的价值追求完美结合在一起，规范着自己的工作态度、言行举止和生产要求。

1985 年，有一个著名的"砸冰箱"事件。当时有消费者向海尔反映：海尔电冰箱有质量问题。首席执行官张瑞敏听闻此事，突击检查了仓库，发现仓库中不合格的冰箱还有 76 台。在召开紧急会议商讨如何处理这个问题时，有人提出，可作为福利处理给本厂的员工。但张瑞敏却做出了一个令人难以置信的决定：召集全体员工开会，把 76 台冰箱当众砸掉，并且，得由生产这些冰箱的员工亲自来砸。要知道，在那个年代，别说"毁"东西，企业就连开工资都十分困难，这样的做法在很多人看来是疯狂的。

但张瑞敏明白：如果放任这些产品不管，对于海尔的品牌文化将具有毁灭性,又谈何创新。他始终基于企业文化的核心精神,以生产为民族争光的产品为导向来规范企业、规范自己、规范员工,他要告诉大家不能姑息这种不合格的产品,否则,未来将会出现更多带有缺陷的产品。于是,他用实际行动震撼了所有人,伴着一阵巨响,砸醒了海尔人的质量意识,砸醒了海尔人对于品牌文化的忠实拥护之心。至于那把著名的大锤,海尔人已经把它摆在企业的展厅里,让每一个新老员工在参观时都牢牢记一遍。它已经成为海尔人生产经营中对质量高标准、严要求的一种导向性标志,更是一个世界级品牌文化正在向世人诉说它的作用力。

海尔的实例只是对于品牌文化作用力的管中窥豹。从东西方文化整合世界文化一体化,到文化在企业中的重要作用,无不彰显着文化对现代文明发展的巨大推动力。科技为宠的时代已经稳定发展稳步前进,文化的时代正呼啸而来,从许多大型企业大打"文化"牌已可窥见一斑。"服装文化""美食文化""居住文化""汽车文化""旅游文化"诸如此类的文化产生,强烈凸显了文化厚积薄发的能量。大到国家的政策制定需要文化沉淀,小到普通百姓家庭的建立需要文化的融合,企业,作为全球经济活动的主要参与者,毋庸置疑需要文化的渗透和推动,品牌身为企业重要的构成,文化对品牌的影响更为深远和巨大。企业经营者只有深刻了解并重视品牌文化的重要性,才能在品牌经营中合理、有效使用文化,将品牌打造成一个浸润着深厚文化的整体的系统。

新传播理论体系下的品牌文化的建设和发展,在新时代市场经济体制下的企业竞争中,起着至关重要的作用,品牌文化只有获得越多消费者的认同,产品才能越畅销,品牌才能越被认可,企业才能长足发展,不被市场淘汰。

传播实践篇

第五章　企业传播在新传播时代中的演变

第一节　传播在时代演变中的地位

　　传播，简单的理解是指社会信息的传递或社会信息系统的运行，是人与人之间、人与社会之间，通过有意义的符号进行信息的传递、接受或反馈活动的总称。传播活动最基础的配置有三个，即传播者、媒介和受众。信息是传播的内容，传播的根本目的是传递信息。

　　传播者又名传者、信源，是信息传播链条的第一个环节，是传播行为的引发者。在社会传播中，传播者一般以个人的形式出现，如面对面的人际传播，也有以组织形式出现的群体传播、大众传播。基于传播者在传播活动中的特殊位置，决定了它所具备的信息量、信息质量、素养标准等，会直接影响传播的效果。媒介最为首要和最为主要的功能是助力传播者传播信息，是使传播者和受众者发生关系的人或事物。媒介通过向受众提供信息来实现自身的价值，满足其传播的意愿，在它与受众之间还存在意见领袖和舆论权威两个构成，对于受众者能否准确接收到传播者的信息，起着非常重要的作用。

　　当前，是互联网、移动终端技术不断创新的时代，是一个信息爆炸的时代，我们周围充斥着越来越多的信息。在普通大众的印象里，信息传播从电视、电台、报纸、杂志等传统形式，发展到纯粹以发布信息为主要行为的网络平台，到具有实时效果的社区论坛、个人主页、微信微博、语音视频直播等，仅有短短的几年时间。可以说，随着社会发展，生活进步，传播已经存在于人们社会生活的每一个细节中。传播如此普遍和重要，为了更好地理解它，运用它，我们有必要回顾一下传播的发展史。

传播是一种行为，在人类历史的进程中，传播伴随着每一个文明的进步而产生着新的变革，它和人类的思想、行为、文化是同生同长的，并且相互影响，相互促进。从应用的角度来看，人类传播的历史大致说经历了以下几个阶段：

一是肢体传播阶段。这一阶段无从考证，只是在一些古老的艺术及民族遗留的风俗中得出的，加上现在的人也会借助肢体动作来表达一些难以诉说的含义，才有了这一推断。因此，在语言出现之前，人类的传播方式应该是类似于眼神、手势、表情等现在称之为语言传播的辅助传播手段的肢体动作，但是，这种方式的传播原始又缓慢，只能表达简单的意思，无法实现较好的传播效果，不利于文化的传承。

二是口语传播阶段。人类为了更好地生存，需要劳动换取衣食，科学家发现，人类长期的劳动促进了大脑的发育和思维的产生，使人逐渐具备了形成语言的生理条件和意义要素。语言传播是人类传播史中的一大进步，是传播发展的第一个里程碑。首先，口语传播比肢体传播有了更大的表达空间，除了可以表达具体的、可感的信息外，还能表达抽象的、感性的意思，能脱离物质环境，随心所欲地交换生活中的一切信息。其次，传播的距离和范围扩大了，人类可以带着信息去往各地，并向不同的人进行信息的传播。再者，语言的积累，保证了知识信息的积累，新信息的不断传播，使人类可以在原先知识的基础上创新知识，在共同生活、相互交流中，通过这种方式，人类文明得以一代又一代地传承和发展下去。

三是文字传播阶段。文字是逐渐产生的，在人类还只是以家族的形式一起生活时，语言传播尚能应付日常的交流。但随着氏族和部落的形成，语言的局限性就体现得比较明显了。于是，人类开始尝试使用实物来进行人际间的交流。如结绳、刻契，并逐渐通过在石头、木头、竹片、树皮、动物皮等媒介上面画画以进行交流传播，从画到象形字再到文字，这种能够保存下来的信息，使得思想和知识的保存、积累也越来越容易，政治、宗教、艺术、科学、医学、大自然等的知识都可以记录在案了，人类再也不需要在脑海里进行对文化的世世代代的记忆和传承。思想得以用文字的形式保存、积累和传播，促进了社会组织和社会文化的重大变革。

四是印刷传播阶段。中国的汉朝发明了纤维纸，唐朝有了雕版印刷，宋朝有了活字印刷；西方近代德国人发明了金属活字印刷机。印刷术的出现，在传播过程中实现了信息的大批量复制，极大地扩大了信息分享的能力，使传播更加批量化、大众化,拓展了文明普及的范围。

五是电子传播阶段。印刷传播的兴起,促成了报刊等媒介的问世和流行,传播的进度明显加快。1844 年,电报在美国首先诞生,随后传真、电话、广播、电影、电视等电子传播媒介的应用,突破了传播的空间和时间限制,就像通信线路由开关控制,一经打开,充斥能量,消息即可以四处传播,各地相距再远也能如毗近邻,互通有无,也为文明的世界性发展奠定了基础。

六是网络传播阶段。网络传播是人类传播史上的一个飞跃,20 世纪 70 年代初出现个人电脑,20 世纪 90 年代出现计算机网络,21 世纪初以通信技术为基础的无线移动出现,个人的思维方式、行为方式因网络交互而得到了长足改变,文化浸润的途径、方式、内容、程度都随着传播技术的发展实现了越来越多的可能。

从传播的发展史不难看出,传播对于人类文明的进步起着潜移默化的作用,人类文明在精神指引的基础上,有了初步的、模糊的思想理论,在社会劳作、实践中交流传播,从而形成了文化。文化通过传播得以不断成型、不断延伸、不断丰富,直到今天的世界文化大同时代,无处不见传播的应用。另一方面,社会科技和社会文化的日益发展和创新,也反过来不断影响着传播在方式、技术、语言、策略上的改变。可以说,文化和传播是具有不断相互影响、相互促进式的、密不可分的关系,它们共同推进了时代的变迁与发展。

"文化"现象在传播中的关系如图 2 所示。

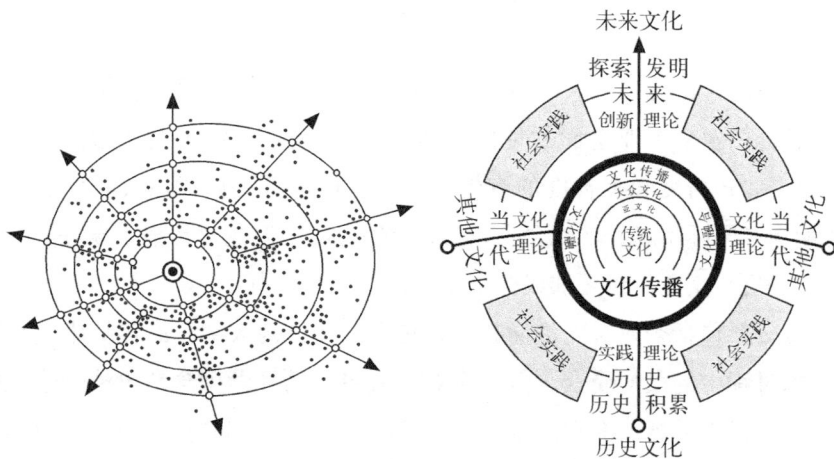

图 2　"文化"现象在传播中的关系

在对文化的发展与演变进行一系列的总结和分析中，我们已经解析出，在文化的发展历程中贯穿了以下四大部分：精神指引、思想理论、社会实践、传播传授。随着人类文明的不断进步，文化体现在社会生活的各个方面，文化不仅仅是人类这一生命体的专有物，国家有国家的文化，企业有企业的文化，家庭有家庭的文化，商场有商场的文化，而且还有汽车文化、酒店文化、厨房文化等，但凡合理存在的一切人、事、物都是具备文化的，传播自然也有传播的文化，文化这张大网已经覆盖到了地球的每一个角落，这是时代发展的必然现象，是在组成文化的这四大部分的核心地驱动下形成的合理结果。因文化本身的源头不一样，载体各异，发展路径、发展速度、发展因素各有不同，导致了各种各样的文化产生，文化之间的差异性、立体性、复杂性普遍存在。随着时代的变迁和世界文化大同时代的到来，使得如今的传播也要建立在符合文化发展特性的基础之上，做出新的理解，这才能符合新兴时代下的传播需求。

第二节　"企业"传播在新经济中的作用

企业一般是指以盈利为目的，运用各种生产要素，向市场提供商品或服务的组织。企业是社会发展的产物，作为组织单元的多种模式之一，是按照一定的组织规律，有机构成的经济实体，是社会的微观组织。企业传播，顾名思义是通过产品、服务、媒体、现实行为等，向大众正确传达企业的形象、存在意义、目标、行为及活动，是以企业为中心，对企业整体进行的具有整合性、反馈性的相互传达活动。

在成熟的市场经济国家中，企业传播为众多企业广泛应用，它能为企业整体及企业各部门提供专业全面的传播规划和服务，是企业维护企业形象、品牌形象，提升企业知名度和美誉度的有效手段。全球经济一体化，各国企业竞争激烈，都期望在国际市场经济舞台上，有自己的一席之地，通过传播手段，能实现把企业推上舞台，企业传播更加成为企业经营中的核心内容。

企业传播包括企业对内传播和对外传播。在这两大部分的传播中，企业员工是传播过程中的最初受众。每个企业都有自己的经营理念和价值观念，以作为企业日常行为的规范准则。在企业内部，从领导层到普通员工，都需要将其作为生产生活工作的核心准则，在此基础上深入行动，实现企业内部管理的整体性、规范性、有序性。因此,企业对各个层级的内部员工,包括与企业利益休戚相关的合作伙伴等的培训颇为重要。条件允许的企业,会设有专门的培训中心,开设各类培训课程,聘请专职人员进行培训,使企业员工在价值观理念一致的基础上,专业知识、工作能力、见世面,甚至精神文化,都能达到更高水平的统一性。通过有系统的培训和教育,不仅可以向企业每一位员工传达企业各岗位的各项管理制度,还能将企业精神理念文化等无形价值渗透进每一位员工的心中,后期通过企业员工的言行传达给外界,进行企业的对外传播。

　　企业对外传播时,由于受众者是企业外部人员,无论从关系利益上,还是感情上来讲,密切程度都很欠缺,因此,企业在对外传播的方式、语言、策略、内容、形式上都需要和企业内部员工的传播形式有所不同。可以通过企业促销、展览、赞助等活动手段,来建立企业的社会责任感,来塑造企业产品的创意魅力,来展现企业品质和技术的实力,从而在受众者心目中构建起良好的企业形象。

　　新时代市场经济体制下,值得一提的是,把企业的社会责任作为新时期企业文化整合和再造的重要内容,将成为国际企业发展的趋势。企业在对外传播的过程中,不虚假不夸大的传播态度是首要前提,企业是否诚实地为受众者提供到位的服务,是否表里如一地为受众者提供优质的产品,都关系到企业的精神文化和整体形象的建设。

　　企业的对外传播,另有一项重点,就是对企业识别的传播,即企业外观形象设计符号的传播,如LOGO、企业或企业产品形象标识,它是属于视觉识别系统的范畴,是企业精神文化、价值理念、经营状态等内在精神层面的外在表现。产品是可触摸的、服务是可体验的,而这样一种企业代表性极强的符号,必须能够促使受众者对企业产生积极的联想,才能产生它的价值,因此在推出这一传播时,需要满足几点原则:① 要充分体现企业内涵和外延的一致性;② 在实际对外传播工作的展开中,商标、招牌、标语牌等的制作,或者比如展厅的布置等,都要有严格明确的标准,以形成企业形象对外时的一致性,使受众者一看到就能感觉出企业识别中的与众不同之处。这种对"与众不同"的要求,使得企业传播在识别这块上,内容就要尽量的创意性。但往往很多专业人士,在编故事、整词汇进行创意的过程中,忽略了思想力和洞察力,忽略了作为传播受众者的心理诉求,做出来的东西,无法给传播受众者带去理想中的企业形象印象,就很难再使他们更加全面和深入地去认识和理解企业。

　　世界经济一体化时代已经到来，不管是企业还是别的组织，如果不能与外界环境达成互动交流，去芜存菁，只是固守于自己对世界的某一种不变的认知，就无法与时俱进，无法融入主流氛围朝良性的、大趋势的发展方向前进，企业要想在世界经济这一舞台上站稳脚跟，切不可忽视国际经济与文化等的诉求标准，只有在与世界经济文化达成一致，互通无障碍的前提下，才能实现企业更好地在世界经济大环境下发展，而这种互动和交流，只有依靠传播的力量，高效的沟通才能最优化地去实现。

　　上一小节中我们提到，在时代发展的进程中，文化几乎无孔不入，形成了世界性全球性的文化大网，国家、企业，甚至到个人，都越来越重视文化在社会生活中的重要性，而文化的特性中又是包含了传播传承的功能。企业传播要管理好内部的人员和日常，要经营好对外的形象展示和产品及服务的销售，一方面要深刻认识传播的必要性，另一方面要懂得解析传播的要义，新时代市场经济体制下的传播，已是一种文化的传播，是一种新的沟通文明。

第三节　新时代"企业"传播理论

　　人类从铁器时代开始，经历机器大生产、蒸汽机、电气化、自动化，再到信息化时代，时代不断变迁是人们有目共睹的事实，企业是时代发展的产物，是人类文明进步需求中的重要组成元素。在文化的贯穿下，每个时代的企业传播在时代演变中的模式也是一路有据可循。发展到现在，企业传播需审时度势，进行综合考量，找准传播的核心诉求，加以分析、实践，才能适应新时代下的市场经济。

　　以前企业做传播，常规思路之一是先策划事件或举办活动，写新闻通稿，依靠与媒体朋友的公关沟通，召开发布会或发稿，最后以新闻报道的播出和稿件的发表及转载来衡量传播效果为终止，认为这样就算完成了企业的传播流程。常规思路之二是做广告宣传，制作广告宣传的图样或者音频视频，投放到报纸杂志、电视电台、展厅高炮等以实现对企业的传播。但是，在当前社会形势下，这样做的传播效果微乎其微，即使稿子发到报纸头版或门户首页，都不一定能产生太大的影响，即使广告铺天盖地也不一定能换取经济收益。究其原因，是传播在文化的不断发展中悄然改变着它的部分属性。以前的传播是一种信息单向传播的过程，只需要考量向外传送、播出的内容即可，而现在传统媒体日渐被新媒体（例如微信公众号、服务号、电商等)取代,企业的许多传播行为结果都可以迅速数字化,迅速产生信息的反馈。社交媒体、自媒体的兴起,文化认知的不断提升,使得企业传播从单向传播转变为了双向传播。从前,只是企业单方面向外界传播信息,但是新时代文化发展趋势下,形成了双向传播的绝对必要需求,即传受双方要相互交流、共享信息,保持相互影响、相互作用的关系,以便于传播形成更加优质、优效的效果。除此之外,企业传播还有几个方面逐渐发生了转变:

一是在企业传播平台上,从大众媒体转向传统网络媒体、平面媒体,再向移动媒体终端、自媒体等新兴网络媒体转变。

二是在企业传播渠道上,从依靠外部媒体渠道转向企业自媒体。在传统的观念里面,一旦想到传播,首先想到的是搞定媒体。事实上,企业应该认清一点,传播的新闻内容不是媒体生产的产品,而是企业自己的产品。简单来说,媒体只是企业新闻产品的营销商,而不是生产商。在如今媒体如林的时代里,搞定了这家媒体,还有那家媒体,搞定了那家,还有别家,希望通过拉关系的做法获得媒体好一点的报道是不符合实际的。可以很明确的一点是,既然生产优质新闻才能搞定媒体,那就必须搞定自己,做一个有社会责任感的企业,做一个对消费者和对公众负责的企业。

三是在企业传播内容上,一部分企业从依赖第三方帮助制作传播内容,转向企业内部自己创造传播内容,比如以前企业请专门的广告策划公司制作相关产品,而现在很多的企业开始在内部组建文案策划团队。在社会信息量庞大、受众无所适从的时候,每一家企业文化成熟、品牌形象和未来发展整体规划完善的企业都可以将自己打造成优秀的媒体(像企业微信公众号、企业电子杂志等),进行对外传播。

四是在企业传播对象上,从面向消费者转向面向公众。从企业产品销售而言,面向消费者没有错,但是企业的传播如果也只是面向特定消费人群,那这种意识就错了。这样的想法只会堵塞了企业传播的渠道,甚至收缩了市场。企业要面向公众,把美好的东西传播给公众,才能引起好感,才能有机会进入再一次的传播。

另外,企业传播已越来越实现多种渠道的组合,敢于设想、敢于尝试的企业传播者,基于市场的需要,跨越不同团队实现不同职能优化运营,将活动、媒介、广告、新闻、展会、搜索引擎优化、员工关系等,通过技术把这些渠道贯穿起来,实现不同传播渠道的灵活组合。

以上这些,是企业传播在当前时代下技术性外显的部分,是时代发展的潮流趋势,但透过现象,我们更应该注重到其背后的内容,运用本源性思维去思考和理解,才能更好地经营外部环境。

我们知道,企业传播的过程是传播者到媒介到受众,不管是作为企业传播方,还是用户群受众群,生活水平、文化水平、精神需求都在不断提高,各种各样的文化混合浸润进每个人的生活中,形成了人们对客观世界的一种认知。新兴媒介的广泛运用,类似于微信公众号、个人微博、个人主页这种自媒体,以及斗鱼等直播软件越来越风靡,使得每个个体都成了传播的主体,并且爆发出比传统媒体更强大的传播威慑力。原因有四:一是自媒体的传播主体多样化。自媒体的传播主体来自各行各业,不同区域、不同人群,群体覆盖面广;二是自我操纵性强。传播主体在接收到信息后,可以根据自己的目标和喜好自主决定是否接受传播内容,自主操控是否将信息进行二次传播,自主把关进入二次传播的信息内容;三是细分人群能力强。自媒体能实现最大化吸引并聚拢潜在客户,且只吸引那些对内容感兴趣的人,指定性强;四是人群共振效应强。围绕自媒体聚集起来的人群是基于共同的爱好和关注点,进而形成一致的集体行为,影响力强大,能创造重要的商业价值。

因此,传播主体的个体化是这个时代传播的一大特点,而文化大众化的形成已是不争的事实,每个个体都已成为文化的个体,可以说,传播也即是文化的传播,是人与人之间信息相互认知融合的过程。同理,新时代下的企业传播,可以说就是企业文化的传播。是传播者把代表企业的精神思想、价值观理念、产品和服务的文化等,通过媒介传播给受众的过程。受众同样是具有文化的群体或个体,口口相传也好,利用自媒体渠道传播也好,不管通过任何方式进行的再传播,都是一种对文化的沟通过程。而传播的媒介,同样随着文明的进程在发展,媒介是一个专有名词,指的是信息源和信息接受者之间的中介,是物质实体,起到了承载信息的作用。作为社会环境中的一部分,媒介文化是人类社会物质文明和精神文明发展到一定阶段时,适应整个社会信息交流的需要而产生的。新时代下的媒介文化,与传播者的文化,受众的文化,三者之间的相互关系共同组成了"新传播",企业"新传播"即是新时代市场经济体制下的企业文化传播,企业在传播方面的核心竞争力,除了取决于综合使用各种传播渠道外,更取决于对企业传播者自身,对受众,以及对于连接两者的媒介,对它们的文化是否理解到位,实践到位。

第四节　新传播视域下的传播转变因素

"传播"在人类文明发展过程中,是文化发展的重要环节之一,承担着"传承"文化的作用,文化得以延续和发展是人类文明发展的一种表现。随着世界经济一体化格局的形成,互联网及信息技术的快速发展,信息产业和文化产业已开始形成对传统产业的导向作用。由于物质世界极其丰富,人们已开始形成对精神世界诉求的转变。随之,新兴市场经济中各类新兴产业陆续到来。同时,世界各国正在借助文化产业的发展,结合传播技术的不断提升,而使"传播"已不再是一种社会信息现象,而是一种社会生活方式,人们对文化的信息由需求转变为诉求,这种现象既是发展而来的,也是从本源中开发而来的。新时代的来临,各种新现象不断地推进着时代的发展,"传播"已成为产业化的态势也再一次敲醒了时代前进的钟声。"传播"也成了企业发展、品牌发展中不可缺的组成部分。由于"传播"还处于从萌芽到兴起的过程中,其演变方式及过程也较为复杂,演变战线也呈现纵深态势,企业在运用"传播"的实践中,除了要加强对新兴传播方式的理解和应用,同时也需要对新传播的转变因素以动态发展的角度去理解和思考。从"传播"到"新传播"的转变,大致可以归纳为以下几个因素:

1. 世界文化交融促进了"传播"文化的演变

在世界经济一体化格局下,国际文化交流与合作日趋盛行,若要把世界地图缩放到近距离,世界地图就如同一幅画卷,而此时地图中那些国家、地区之间的分界线已显得不再那么重要,甚至微乎其微。时代在进步,人类文明充斥着整个地球,谁也不知道这股文明的势力来自何方,又或者是会再去往何处,留下来的只是数不清的各式各样的文化节点。人类如同沐浴般的沉浸在世界文化的大澡盆中,又如同在广阔无边的文化森林中相互穿梭,总之,世界文化已经渗透到我们生活中的方方面面。之所以形成这种现象,除了人类对文明本源诉求的渴望,也归功于文化的交流、互动与传播。

2. 国际文化经济促进了"传播"领域的拓展

有必要先解释下什么是文化经济,文化经济在经济学中属于实体经济,是文化知识产权所有人通过实体或网络非实体工具，在现实生活和虚拟的网络空间中创造的产品，具有实体的和非实体的特点。文化经济的诞生，反映出社会的巨大发展，社会财富的大量增加使多数人进入了"过剩经济"时代，这一时代的特征是，人们用于物质生活的开支所占比重越来越小，更多的开支转向文化消费、休闲消费的方向。整个国内、国际社会，都进入了这样一种具备文化特征性的时代，其触角伸向了有形与无形的各个角落，传播不管是作为传统意义上的理解，还是作为文化传承的部分去看待，随着文化经济的迅猛发展，自然会随着这股势头，在越来越深广的领域里发挥其作用。

3. 新兴市场经济促进了"传播"自由的实现

市场经济是一种经济体系，又称自由市场经济、自由企业经济，在这种体系下，产品和服务的生产与销售是由自由市场的自由价格机制所引导，处于发展中的新兴市场经济，正在由原先的传统市场经济向新兴市场经济转型，这个过程中需要依赖传播的力量，连接起社会、市场、经济、企业等一系列构成市场经济环境与主体的各种元素，在这个向市场经济逐步转型的过程中，开放程度不断扩大，社会环境与文化等方面都需要融合，这个边融合边逐渐进入纯粹自由市场的过程，为传播提供了自由的发展空间。

4. 高新科技促进了"传播"技术的发展

随着人类文明的不断进步，人类诉求标准不断提高，在对物质文化初步满足之后，人类又开始转向精神文化的层层晋级，再在精神文化的支配下，不断创造更优质的物质来实现精神的更高层次的追求，以此形成人类文明的发展，高新科技就是人类文明不断发展的产物。我们知道，传播是随着人类文明一路发展而来的，两者同声共气，相互促进，不可分割。在每一个人类文明进步的阶段，传播的技术都与那一阶段的文化背景、社会形态、技术技能等休戚相关。从最早的非语言传播，即我们所说的肢体语言传播，到口语传播，到文字传播，到印刷传播，再到电子互联网等大众传播及当前流行的新媒体传播，无不是时代背景之下的社会科学技术促成的传播技术。因此，高新科技的发展毋庸置疑地推动了传播技术的发展。

5. 社交方式促进了"传播"自体的改变

上面我们说高新科技促成了传播技术的发展，在这一改变下，微信微博、个人博客等自媒体开始被越来越广泛应用，甚至已经成为新时代人人必备的个人媒体。人人都可以在自己的互联网媒体上自由自在地发声,通过文字语言、视频画面、图像画面等形式传播自己想要传播的内容,以此进行社交活动。传播主体逐渐的不再是以国家、政府、企业、媒体等为主的特定的组织或个人,而是实现了传播主体公众化、个体化。自媒体传播这种最新型的社交方式的实现,源自于科技的力量,但最根本的原因还是文化,文化普及、文化大同。每个个体都是文化体,文化的本源诉求之一就是传播,与传播本身的基础性功能正好不谋而合,使得传播自体在随着时代演变、社交方式演变、文化演变的同时,拥有了更加强大的传播力量。

综上所述,新传播视域下的传播转变因素,除了以上社会发展客观事实下所形成的因素外,究其本质原因,仍旧逃不脱文化的影响。

第五节　企业文化传播：企业对内和对外传播

企业文化传播,分为内部传播和外部传播,广义的理解,其核心目标是对企业文化的整体内涵和组成要素进行全方位的推广和扩散。其中企业文化内部传播,又分个体传播和组织传播。个体传播,是指企业里面对企业文化有共同认可的员工,通过自己工作中的言行传递企业文化的相关信息,去对周边环境和人产生好的影响;组织传播,是指企业通过举办一些晚会、演讲、评选等具体的活动,通过完善内部资料、广播电视、橱窗专栏等,通过建立健全相关管理机制体制等,来宣传和推广企业文化。

我们说,新传播理论体系下的传播,即文化传播,是人与人之间文化信息相互认知融合的过程。新时代下的企业文化传播,严格来讲,对内的传播,是企业中个体与个体之间的文化在一个共同的企业文化为背景的前提下,相互之间进行感染;对外的传播,是企业文化的传播者以企业文化为宗旨,结合自身的文化,与外界的个体文化或组织文化进行对企业文化的宣传和推广。企业文化传播,实际就是多种文化传播过程中的碰撞。

1. 企业文化对内传播

企业文化的对内传播,实际是通过培训、教育、宣传等手段,对企业内部领导层及员工进行企业内部的文化灌输。一来可以传承和发扬企业文化;二来可以凝聚人心,为全体企业人树立标准,导向行为,规范行事,便于管理;三来是对企业文化的不断形成和完善起到辅助功能。可以说，企业文化的形成、积累、发展都与企业文化对内传播有着非常密切的关系。

文化的传播是双向的，两种文化之间的沟通交流，在一定时期内，会表现出较高级的或较强势的文化处于传播的主导地位，而相对较为低级的文化处于吸收的地位。如，一个员工新到一家企业，抛除员工与企业价值观已相契合的因素，因为需要工作和一份收入，员工个人的文化会在一定时间段内，具有目的性地主动去接受企业文化的传播，将企业文化内化，重构个人文化素养，达成和企业文化一致的精神方向和行为准则，从而能够更好地留在企业发展。另外，比如员工和员工之间关于企业文化的传播，他们基于同一个较高级的文化（企业文化）为主导，在一家单位里共事，但是他们各自对企业文化的理解，是他们自身的文化和企业文化相融合后产生的新的认知，他们本身的文化存在差异性，那么他们之间的沟通和交流，也会存在差异性和层次性，在方向上同时并行，在层次上相互交错。

这样的情况下，企业文化要如何与员工的文化相融合，企业又要如何实现员工与员工之间的文化相融呢？企业文化对内传播想要收获理想中的效果，需要加强对企业文化的建设和完善。企业文化的精神指引需要足够有向心力、凝聚力，思想理论要有足够的说服力、可执行力，落实到社会实践中要有足够的影响力、让员工产生信赖感，从而实现传播时，员工能够被企业文化这一较高级别的文化彻底征服，死心塌地去传播企业文化，而不是人前搭台，人后拆台。

这是最高层次的精神文化信仰的同化，在还达不到这种完全文化同化的情况下，企业非常有必要制定一套正规化的、行之有效的规章制度，来对企业内部员工进行内部传播。制度的传播，有利于维持企业内部的秩序，制度的约束可以让企业员工暂时放下他们的主观认知，虽然是被动性地使他们遵循企业文化，但从大局观着想，有利于企业的统一管理，有利于传播的一致性和到位性，制度面前人人平等，让制度说话，能使每个员工调整到制度管理下的最佳状态。

传统的企业文化对内传播，一般来说有以下几个方式：一是宣传企业发展过程中的正能量事迹、故事和案例等；二是将企业文化用标语、口号等形式加以表达，让员工牢记背诵；三是企业管理者提出的对员工的行为要求等；四是通过企业文化的培训、考核和奖励，制定相应的机制并实施；五是企业举办一系列活动、颁奖典礼等，刺激员工的积极性。新兴时代下，企业文化的对内传播，应充分考虑到员工本身具备的文化，以及员工的本源诉求。从本源出发去征服对方的自身客观条件，只有在这种情况下的相互联结，才是最可靠的，当两种文化相融合的部分越多，产生的凝聚力就会越强。因此，企业在宣传过去的事迹、故事和案例时，在高挂标语、高喊口号时，在对员工的一些行为加以约束和要求时，在制定考核和奖励机制时，在举办一些刺激性活动时，最好仔细想想，是否与员工的文化相融合，是否符合员工的本源诉求。对本源的诉求，是一个人最真实的部分，而人的本性中，对自身价值的实现诉求又是最无可怀疑的。

当前，一部分真正懂得企业文化传播要领的企业经营者，已经将企业文化传播的首要放在对内部员工的有效传播上，了解员工的个体化差异、文化背景、真实需求，并尽量予以关怀照顾，为他们创造机会发挥自身实力，在企业文化的引导基础上，让他们充满对自身价值实现的满足感。因为他们深知，只有"自家人"文化向心力一致，成为企业价值观的忠实信徒、企业精神的践行者，没有弄虚作假，没有散漫怀疑，不会一盘散沙，然后才有资格去向别的员工传播企业文化。在进行企业文化对外传播的时候，才能形成一股巨大的凝聚力量，如军队上阵，势如破竹，精准有力地进行传播。同时，在接收到这样的企业文化传播时，员工自然会更容易全力以赴，因为他们在实际工作和接触中对企业产生了信赖和信仰，而这种个体文化对企业文化，文化对文化的相互尊重和信仰，所产生的凝聚力才是一个企业最需要的传播效果。

香港某内衣品牌是以健康科技、潮流时尚、人文关怀等为设计元素的健康内衣高端品牌，企业效益相当显著，究其原因，它以产品质量为企业品牌的支点，赋予产品"以人为本"的文化内涵，做足了这两点基础之后，在企业对内传播上的做法，可以说是其成功的一个巨大因素。这个企业将每一个产品销售人员都当作自家人去关怀，首先，形成团队的凝聚力，在企业文化、经营方式、销售方法上的传播传授及时到位，使每个销售人员都能在有爱的氛围里，以最快的速度学习到知识，享受到销售成功所带来的价值满足感。这样，团队在向外进行企业产品的传播时，就形成了强大的力量，助力企业的销售业绩不断上涨。

由此可见，当企业文化对内传播在源头收获了理想传播效果，使得员工对企业文化高度认可并接受时，企业员工之间因为共同认可的文化相对强大，他们相互之间就会更好相处，更易推进工作。同时，也为企业文化对外传播奠定了坚实的基础前提。

2. 企业文化对外传播

企业是社会的一个缩影，企业文化是社会文化的一个组成部分。企业文化对外传播，需要通过有效的传播活动，把特定的文化信息、价值理念传递出去，以影响其目标受众和各利益相关者，使他们认同企业的文化、理念，使企业在社会公众心中留下一个美好的印象，以期达到树立企业形象、提高企业竞争力的效果，同时，也具有推动社会精神文明建设，促进社会文化进步的作用。传统的企业文化对外传播途径有三种：企业文化的主动输出式传播；企业文化的示范性传播；企业文化的交流合作。市场上绝大部分的企业文化传播，均为主动输出式的传播。

我们知道，企业文化传播由传播者、媒介、受众等几个基本部分组成。传播者最初的源头是企业及企业员工，他们通过传统媒体、新媒体、移动终端等渠道，依赖各种媒介将企业文化进行传播，在传播过程中产生的受众者，有可能成为新的传播者，通过渠道媒介进行下一轮的传播，这种不断延伸式的传播，当然是企业最想看到的结果。那么我们需要探讨的问题就来了，传播如何才能实现这种不断传播下去的发展态势呢？

与企业文化对内传播的原则背景一样，时代发展到如今，新兴市场经济体制下企业竞争无比激烈的现实状况下，文化的作用力体现在社会生活的方方面面，作为社会环境的微观组织，企业重视企业文化，作为社会环境的重要构成，每个人身上具备了多种多样文化汇集的产物。这些人有的跑到企业里成为企业的一分子，使得企业在本身具备文化的前提下，还要融合这些人的文化，从而不断优化企业文化，再通过这些人将企业文化传播出去，实现企业在市场中的发展目的。

企业文化要传播给受众，和上文中提到的企业要将企业文化先传播给企业员工的道理是一样的。无论传播者将企业文化说得多好，企业文化交流活动做得多轰动，都不应忽略受众所具备的文化基础及本源诉求。正因为受众存在多样的文化差异性，使得企业文化传播的方向和层次不可能齐头并进。任何一个人或组织，对外来文化的吸收总是要根据自己的感受、需要和判断进行选择，吸收的文化元素，随着时间的流逝而更新、演变，于是构成了文化传播与吸收过程中各具特色的时间与层次序列。在传播者和受众的文化对接中，受众对于外来文化的选择和吸收，也是遵循着较为高级的文化占据主导地位的特征，因此，除了传播内容要受欢迎,传播者的个人文化魅力、文化素养也需要加强提升。换句话来说,传播者只有实实在在地从受众的本源需求去思考问题,符合更大范围受群众的物质文明和精神文明的双向需要,企业文化传播才能实现理想的效果,企业文化被认同和接受的可能性才会比较大,而这种认同度和接受度对企业持续发展的稳定性具有非常重要的作用。

第六章　企业文化对内传播的转变

第一节　企业文化对企业自身传播的转变

随着中国经济的发展,国际经济环境的促进,中国已经进入新兴的市场经济模式下,根据市场的现状来看,传统经济模式的转变,已经不光是单方面对企业有提升的要求,而是根据新时代、新市场经济的整体环境要求,要全面提升企业的各方面,中国企业唯有适应未来新兴市场经济需求标准,同时具备国际市场经济发展战略眼光,方能在未来经济活动中找到新的疆土。中国当前大部分企业还停留在传统经济模式中,同时试图适应新的经济模式,围绕企业自身进行转型升级。但是由于新兴市场经济的快速到来,加上互联网经济的突然涌入,使绝大部分企业不具备新兴经济的适应能力,在企业各方面发展中面临着众多困难。即使是积极自我提升,但也是有心无力。因此在这样的整体经济环境下,企业要满足"稳定"和"发展"的双重诉求,是企业面临的最大困难。很多企业也因此苦思冥想,是从稳定中求生存,还是在发展中求突破,单一的"稳定"思维,企业将无法适应未来的市场环境,单一的"发展"又充满着风险与困难。如果要同时满足"稳定"与"发展",对企业来说貌似在完成不可能的任务,而形成这样的理解的原因有两方面:一方面,未来市场经济对企业的标准产生了"规模化""产业化""资本化""系统化"等需求特征,对一般企业来说这种新的标准,促使了企业要从多角度、多层次进行转型升级,而这个转型的过程中对各方面的专业要求不是企业能一时解决的。另一方面,随着社会发展,互联网、高新科技、文化等新兴产业的快速融入,以及人们生活方式的转变,人们诉求的不一,形成了新的发展标准,在各方面产生了全新的需求标准后,导致了传统企业在企业发展方面很难有快速的突破。这两个方面的现象,综合起来,导致了企业对团队的要求、人才的结构等都产生了新的要求。企业要同时解决"稳定"与"发展",对人才的组织是至关重要的,换而言之,无论企业要稳定还是要发展,首先要解决的都是团队的问题。

前文中已经提到,企业文化对人才的组织及对企业内部的全面管理有非常重要的作用,能够凝聚团队人心、规范团队行为、维持团队秩序、传播和传承团队价值,无论是精神文化价值还是所创造的产品与服务价值,可以说企业文化是有效解决团队问题的关键。在市场经济下的企业是围绕四大部分运转的,分别是企业、用户、市场和产品,那么企业团队就会由四个方面构成,分别是企业内部运营团队,及企业面向用户、面向市场、面向产品的团队,企业要解决团队问题,首先就要解决企业内部团队的问题,只有这样才能确保基础稳固,然后,向外发展。企业要想对面市场,必然要是从自身先出发,如何协调企业内部团队,发挥团队的作用价值,形成对企业各方面人才的需求配置及岗位职责,是考验企业领导层、管理层的能力的重要体现。我们都知道,团队是由人才组成的,对人才的配置又是多方面的,企业要把多方面、多样化的人才整合到一起,形成统一的价值观,也是企业在发展过程中对企业文化建设的一种投资行为,这种投资的有效性在于解决企业未来各环节之间的协调作用。随着社会的不断发展,人的文化水平、文化构成、文化诉求不断提升,对文化信息的采集、分析及理解方式的不同,导致企业在人才组织过程中对传播企业文化有了新的转变。传播是一种围绕人展开的活动,新的社会活动决定了新的传播方式,企业运用新的传播思想,增强传播的作用,不但是企业文化在企业发展中的实效体现,也是企业在发展过程中适应新时代的一种思维的转变,也可以说是企业在"稳定"和"发展"过程中找到了新的方法和新的出路。

企业"传播"对企业来说是一种无时无刻不在发生的事情,也形成了"传播"方式的多样性,教育、培训、会议、演说、公告、宣传、广告等,只要是企业都经历过这些,伴随着新时代的到来,新的传播技术的产生,传播习惯的改变,使人们开始产生了对传播诉求的转变,传播方式也开始发生了变化,下面重点介绍关于"传播"对企业文化内部传播的一些转变特点。

1. 企业文化要提升制度化的管理

过去企业的内部传播,多半是以教育、培训、会议等形式对理论思想、技能知识、推广宣传等方面信息进行企业内部传播,更大程度取决于企业领导人或管理层的临时起意,说召开就召开,没有形成制度化的体现。在企业还没有形成系统化的管理前提下,这种临时传播的方式存在于众多企业的日常经营中。经相关科学调查显示,这种毫无思想准备之下的培训或会议效果并不明显,这与人的大脑对临时事物的适应度和接受度有关。尤其是教育培训类的会议,知识点密集,只有在做好充分的思想和心理准备后,在面对新的知识点时,大脑才会有相对敏锐的应激反应、足够大的应用空间和平稳的应对心态。企业在进行企业文化内部传播时,出发点总是希望企业内部团队接收到的每个信息点,都能产生最大的作用。而这种无规律的说传播就传播的做法,除了显示出企业日常流程的无序外,更达不到理想的传播效果。团队在工作中忽然被抽身出来参与培训或会议,培训和会议的效果达不到,工作的进度受影响,可说是得不偿失,甚至还会引起企业员工的不适应、不认同反应,对企业文化来说是一种破坏作用。新兴市场经济体制下的企业,对企业内部核心运营团队的传播和管理有着极其重要的枢纽作用,是企业一切后续工作得以正确、有序、快速展开的关键,专业化、系统化、规范化的经营运作是企业必备的条件,否则,根本无法满足企业稳定及发展的诉求。因此,企业文化内部传播首先应体现在传播制度化的转变上。企业应根据企业内部运营团队的实际情况,合理、科学、系统地制定实施培训或召开会议的计划,制定成相应的制度,以合适的方式及渠道提前告知相关人员,做好充分的参与准备、思想准备,实现传播效果的最大化。

2. 企业文化促进关注语言精准度

新时代环境下,物质文明和精神文明与时俱进,经济、科技、文化等均以产业化的态势向前发展,延伸出各种各样新的文化,每个人身上都汇集了复杂多样的文化信息,构成了交错及丰富的文化体,有了更具分辨性、思想性、主动性、选择性等的主观认知,因此,围绕人展开的传播再也不适合用从前的单向传播方式。从前,企业在进行内部传播时,只是一种宣传和告知的行为,有什么决策,有什么交代,通知下去,广而告之即可,充满了教条式的意味,在这个人人都主观意识趋于强烈的时代里,这样的方式越来越难具有说服力。因此,传播在新兴时代里的功能越来越需要用"沟通"来体现。企业在进行企业文化内部传播时,也要深谙沟通之道,语言是沟通的桥梁,合适的语言表达能使沟通起到意想不到的效果,可以说,新时代下,沟通语言化的转变是企业文化传播转变的一大特点。我们知道,沟通的最终目的是要与对方产生理想中的沟通效果,沟通要有实效性才有意义。只有满足了沟通的实效性,才能使企业在内部传播时准确到位、产生实际效果,这就需要从企业内部团队成员的心理出发。前面提到,时代发展到如今,人人都已是一个丰富的文化体,文化的融合、文化的作用潜移默化地影响着人的心理,促使人对于外界人和事物的沟通、诉求发生了转变。企业对内部团队的沟通,在语言上既要使团队感觉到沟通的内容是他们喜欢的,也要使他们感觉到沟通的事件是行之有效的,还需要从他们的精神层面上去考量是否能够满足他们的精神诉求,能否实现他们的自我价值。新时代的企业文化传播已从传播语言的转变发展到了实效沟通的转变过程,人对实效沟通的标准已达到感性、理性和精神三重合一的标准之下,企业在员工内部传播或沟通过程中对语言的转变是形成新传播方式的有效转变。

3. 企业文化推进重视分享化平台

互联网科技高速发展,世界文化趋于大同,在这样的时代背景下,现代人面对迅速更新且不断膨胀的文化信息已经从原先的出于对学习、工作和生活的实际需求,变成了一种精神上的诉求,人们对于文化的吸纳与传播是一种原始驱动的本能。基于互联网条款下的电视、电脑、手机,无论在哪里,网络把世界拉到了人们眼前,人们在捕捉各种文化信息的同时,也已经产生了传播分享的诉求。在传播分享中满足外界带来的认同感和认知度。企业在进行企业文化的对内传播时,除了本身要具备与时俱进的分享化意识,还应该深刻地认识到现今企业团队构成中的每个个体的分享诉求,从内部团队的诉求出发去开展传播行为,是一切传播得以成功的关键。具体展开来说:一方面,企业要具备分享化意识,通过各种可以被分享的形式,与企业内部团队形成一种自由平等、互通有无的关系意识,而不是高高在上的指点和指派;另一方面,企业在向内部员工传播企业文化时,可组织团队成员自行组建围绕某一不违背企业稳定与发展目标的主题分享例会,让他们自由分享,在分享中互相沟通彼此的文化信息,这样,一来能共享知识学问,提升团队的知识文化水平,也是对企业文化整体提升的一种补充。优质的团队是企业文化对外传播时,良好形象的展现方式之一;二来能满足团队成员的文化信息分享诉求。诉求满足所产生的精神动力是一个企业最需要的内在原动力,因为它能转化成超强的执行力。可以说,企业文化传播分享化的转变,是对企业文化的有利补充,是展现企业精神文明的一个方面。

4. 企业文化修正发展互动化理念

我们说传播的主体是人，因此要从人的各方面特征综合来考虑如何进行传播才是最好的。人有思想，有行为，有主观，有客观，人与人相互之间产生关系才构成和推动了我们现在的社会，这种产生关系的过程，是一个互动的过程。在互动中，信息有了交换，再通过不同的互动进行传递扩散；在互动中，文化之间相互碰撞、融合或者影响，从而产生新的文化架构，再不断在下一次的互动中进行新的延伸及重构；在互动中，经济、科技、网络、自然环境等才得以长足发展，形成我们现在所处的新兴时代。再者，据心理分析，人在互动的过程中，不但可以加强对自我认知的主观性，还可以在互动的过程中通过比较来意识到自己的不足和问题的所在之处，进而推进员工进入一个反思的过程，这种自然的自我意识性成长，对企业培养人才，组织团队，是很有利的一种传播方式，而不是去阻止企业员工私下议论，害怕其形成分裂企业文化的舆论，这种行为不但有点掩耳之势，还颇有点小人之心，对企业文化的思想统一毫无益处。过去的企业在传播过程中很少重视企业内部的互动与交流，才导致在企业员工层面很难形成一定的共识，时间越长，对企业文化的分化就越严重。所以，互动化的传播方式，对企业传播过程具备修正性的意义。

5. 企业文化引导重视活动化内涵

人类属于群居生活的群体，共同的生活活动是群居文化的一种特性，普通人没有谁能够离开社会成为一个单独的个体去生活，这也是人的社会属性的自然表现。互联网时代，社群概念被搬上了网络，众多在现实生活中找不到共同活动的人趋之若鹜，在网络社群里找到沟通交流的存在感和满足感。这是基于人作为群居性动物的本源诉求。过去，企业在谈到如何传播企业文化时，会说搞活动，但那种活动多是以福利性质为主，比如，企业内部组织春游、三八妇女节聚餐、圣诞节举办一场派对等，这种活动虽然每次吃的不同、玩的不同，但是形式始终单一，企业的出发点始终没有改变，那就是通过"搞活动"这一行为，为员工提供一些福利，以此希望员工能够安心留在企业里发展，最终实现企业人才组织的稳定性。这样的活动方式确实能给员工带去福利和愉悦的体验，是值得提倡的，但是，这种活动并不属于真正意义上的企业文化传播行为。新市场经济体制下的企业，要想形成更好的稳定性与发展性，要想具备更专业、更强大的企业内部组织团队，在原先活动的基础上就需要有相应的提升和创新，才能在活动中得到最优质的效果体现,而不是把活动单一的定义为企业的娱乐活动。要从人群居的本源出发,在为内部团队带去福利的前提下,以沟通实现存在感、满足感、认同感、价值感等为核心举办传播活动,这种企业文化传播活动化的转变,可以起到综合性传播的作用力,对企业文化内部传播具有强大的推进力。

第二节 企业文化对用户内部传播的转变

由于时代的发展,在各类经济的共同促进下,人们对物质生活的追求也发生了一系列的转变,已不再是对物质的单一诉求,而是随着物质的丰富,逐渐开始转向对精神诉求的转变,这种由物质和精神共同组成的文化诉求,在市场经济的作用下,其需求空间伴随着每个人的成长而增大,同时又在共同诉求的参与下,产生了极大的经济膨化现象,从而导致了受众用户心理的极大转变。我们都知道用户是企业的最终受众目标,企业要有所发展,最终都要回归到用户本身。对用户现实需求的了解和把握,能够让企业在面向用户时,准确到位,提供所需的产品或服务,增强企业和用户无缝对接的可能性。简单来说,就是企业推出的产品或服务都是用户需要的,那么,企业的市场占有率和经济效益就能实现最大化。新兴市场经济体制下,传统企业越来越难做,最主要的问题是抓不住用户,究其原因是随着社会不断进步,各种产业百花齐放,市场开放性强,同类产品泛滥成灾,用户的选择空间急剧增大是现实可见的因素,而另一方面,用户心理诉求的转变则是最大的隐形因素。用户诉求的转变是文化发展的作用力体现,文化带着它的广泛性、复杂性、立体性、交叉性等特质,开始渗透到人的认知中,在人们参与社会活动,进行生产、生活的过程中,其在本身具备的文化基础之上,又不断有新的文化与之相交融,形成了人独特的文化综合体,因此,在此基础上所表现出来的人的诉求,融合了社会中各种信息、各种文化。企业要想从广泛的人群中发展出更多的受众用户,就需要从用户文化进行探索。这就要求企业文化在对内传播时,针对企业团队中面向用户的这支团队,培养对用户传播的实战能力。

前一章中曾经提到,企业文化有很大一部分是围绕用户的文化和生活所建设起来的文化,虽然用户不会主动告诉你他们需要什么产品,但是用户的文化和生活存在于整个现实社会,作为用户文化,其中,文化意识形态中包含了未知和已知的文化,清晰和模糊的文化,因此,存在着主动诉求和导向诉求。同时,在大众共同诉求作用上也存在参照诉求或是模仿诉求。企业要想被用户认可和接受,首先要对用户的各类诉求从感性层面、理性层面、精神层面形成立体的文化信息,从而进行传播。另外,结合用户在追求物质生活中的活动习惯,以满足其真实需求为依据,围绕真实的生活信息进行文化植入和传播。随着人类的进步和发展,大众群体的文化生活越来越丰富多彩,在世界文化交流和文化信息扩散作用下,企业所面临的用户在文化生活诉求上有了很大的转变,尤其是互联网信息产业的快速发展大背景下,用户在文化互动、生活方式、消费习惯等上面产生了巨大的变化,从而形成的在沟通、交流、传播中存在了新的特点。企业在新的传播时代只有符合这种传播特点才能满足实现对用户的传播效果,同时,也是要求企业在企业文化传播中,对企业内部员工以围绕新传播特点,加强企业面向用户团队的传播能力的培养过程。

　　"用户"传播对企业来说是企业进入市场之前和之后都必须存在的一种行为,企业对于用户传播方式在"传播"的整体框架中是基本一致的,但也存在一定的特定方式,这种特定方式集中体现在用户和企业之间存在一定的阶级关系,其传播过程中所表现出的心理活动现象不同于其他传播方式,同时在新时代传播方式和过往传播经历的双重作用下,导致了传播诉求的转变,下面重点介绍关于"传播"企业文化对内用户传播的一些转变特点。

　　1. 企业文化要提升真实化认知

　　不管是企业在推销产品时,还是用户在购买产品时,大家都会说到一句话,即"货真价实"。但自古以来,用户对于"真实"的需求总是远远高于企业自我标榜的"真实",原因是两者的诉求出发点不一。过去,在制度相对不够完善、尚有漏洞的市场环境里,企业要想谋取更大的利益,在产品材质、工艺加工等环节会相应缩减原料和技术等成本,因而口中宣传的"真实"总会大打折扣,这就使得用户在一次又一次对商品的信任中完成购买行为,却又一次次尝到与事实不符的心理落差,继而对整个市场的产品失去了第一时间的信任。在物质文明和精神文明的不断进步中,信息渠道越来越多,加上用户文化水平的大幅度提升,大大增强了用户对产品的甄别能力和对企业诚信与否的认知能力,而用户内心对真实标准的界定和对真实信息的渴望,又因文化的不断影响,比以往更加强烈。在这样的新时代现实背景下,企业文化传播必然要朝向真正的真实化转变,否则根本无法在高度文明发展的今天与用户达成良好的买卖关系。用户的甄别力、认知力和对于真实信息的高标准诉求，是新时代市场经济体制下企业文化对内传播过程中，需要企业与企业员工达成一致共识和认知的，企业要为员工树立起严格的用户沟通标准，一切以真实为基础，真实的产品推荐，真实的广告宣传，真实的活动举办，真实的情感互动，以心换心，从而挖掘出用户的真实诉求，这就势必要求企业员工以真实去面对用户。新兴市场经济体制下的企业竞争更加激烈，做不到表里如一，并与用户发生真实的关系，迟早会被市场经济的生存法则所淘汰。而对企业内部员工进行真实化的文化传播，也是对员工思想与处世的一种正面的熏陶。

2. 企业文化要具备双向化理念

企业文化在对内进行有关用户文化的传播时，首先要再明确一点，即新时代下的传播具备沟通的概念，且用户已不仅仅是以前所理解的消费者，而是涵盖了产生消费实际行为的消费者，以及一大部分可能产生消费行为的潜在消费者。用户作为企业产品和服务的直接受众，是否能够接纳这种传播理念，关系着企业的经济效益，甚至生死存亡。过去传统市场经济体制下，企业只管生产产品，并将产品卖给用户，把市场更多地理解为渠道，对产品更多地理解为商品，企业传播也只是进行单向的广告宣传，把企业的形象、广告语、标语等广而告之就算完成了传播。企业的这种传播认知导致了企业文化对内在进行用户方面的传播时，也只是强调要如何打广告让更多人知道，如何在产品销售完成后做好售后服务，仅此而已，这种单向传播的模式在信息相对闭塞、文化层次相对较低的时代里还能行得通。但是，随着社会进步、文化发展的速度越来越快，市场产品琳琅满目，用户诉求一再更新，这种对用户的单向传播再也无法潜入用户的内心，传播双向化转变是新时代市场经济体制下的必然之举。也正因为如此，在进行企业文化对内传播时，需加强对员工的新"传播"意识的培养，使员工意识到要以用户为本，进行用户调研，用户所反馈回来的真实诉求是指引企业做出产品调整、传播调整的关键依据，教会员工如何进行用户沟通，如何收集用户诉求，如何在新市场经济体制下使用新的传播方式才是应该采取的正确策略，而不再只是教授他们如何卖产品，如何进行售后服务，企业员工和用户通过真实的沟通，及时产生用户信息反馈，以便企业迅速进行战略调整。

3. 企业文化要重视心理化认同

过去，曾经有人预测，说 21 世纪是心理学的世纪。暂且不管预测是真是假，纵观现实,现代人的心理和以前相比,确实发生了非常重大的改变。其中一个原因是文明的发展进程,推进了人们内心的觉醒,人们接收的信息越多,在内心还没有一定的分辨、接纳与承载能力时,就越容易产生无形的困惑和压力。由世界经济一体化、国际文化逐渐渗透、融合等因素带来的信息爆炸现象,给现代人带来更多文明的同时,无疑也造成了更大的、隐形的、心理层面的沟通需要。用户作为企业争相争取的受众目标,在各类文化驱使和信息干扰下,对于要购买的产品越来越充满了选择困难症,企业产品如果不能到达用户的心里,不能第一时间在心理上给用户一定的认同感和坚定感,就很难在市场上生存下去。因此,企业文化对内传播时,应不断加强企业文化传播心理化的转变,以培养员工素质为主,让员工懂得从用户的心理需求角度去进行用户沟通、疏导、消除疑虑,使用户在心理上对企业产品产生认同感,从而提高用户购买产品的决心和幸福感。有研究表明,人们在生活当中消费的最终目的不是实用价值,最终的目的是快乐的感觉,幸福的感觉,满意的感觉,幸福、快乐、满意都是一种心理感受,让用户在消费中体会到幸福的心理感受,从而对企业产生拥护和跟随,无疑是对企业最大的支撑力。这些都有赖于企业在进行企业文化对内传播时,需要提醒员工重视的方面,这也就要求员工需具备一定的心理洞悉能力及心理分析能力,对心理洞察力、分析力的培养能有效地提高用户调研的精准度,从用户的心理感受出发,潜移默化影响其心理认知,走进其心里,用户心理层面上毫无困惑的接纳才是最终打开销售之门的关键。

4. 企业文化要贴合情感化诉求

过去物资匮乏的年代里,人们在购物过程中,基本只是考虑产品本身的价格、性能、实用度等外在的物质部分。随着社会的发展、文明的进步、经济的崛起,产品选择余地越来越广,人们的购买能力越来越强,使其对于精神文明的诉求也越来越高,更多的是渴望从产品中体验到一些内在的附加值,这是物质文明与精神文明相互作用下的自然规律,单一的产品外在部分的呈现已经越来越难以满足用户的精神需求,这是人作为情感型生命体的独特表现。但是,用户又不会将这种内在的情感化的诉求直接传达给企业方。传统市场经济模式下的企业,已经习惯了从产品或服务的本身去考虑市场需求,如果不能与时俱进地对用户文化正在发生改变的事实有一定的认识,是很难从原先的思考模式和经营做法中跳将出来的。因此,企业自身首先需要意识到,新时代下,用户的文化水平、认知水平以及产品选择余地等都具备综合性地提高,这需要企业从新的角度为用户提供服务。也因此,在进行企业文化对内传播时,不得不要求员工注重情感化的转变。企业要通过不定期的培训或会议,对员工进行与用户在沟通层面的交流技巧及交流素质的培养,要员工明确、单一地对用户进行产品推广和用户沟通,不能只看到用户表面的需要,要懂得如何通过用户外在的需求看到其内在的情感诉求,也要有能力在与用户进行情感的沟通中(如用户调研、用户体验),预测用户外在需求的可能性。换言之,用户的这种双面表达,是新时代文化作用力下的传播产物,也只有这种外在产品需求和内在情感诉求相结合的表达,才更加接近真实。企业文化对内传播的这种情感化转变,是新兴时代下使沟通更具时效性的关键。

5. 企业文化要打造精神共鸣

撇开物理现象的解释,"共鸣"是指两个或者多个人在思想上或感情上的相互感染,而产生的情绪。企业文化传播共鸣化转变,顾名思义是指企业在进行企业文化传播时要使传播对象在思想或感情上产生感染,并引发企业所需的理想中的情绪,情绪有其不可思议的作用力,是促使人发生行为的推动力,企业能使传播对象(即用户)产生理想的情绪,那么,企业的传播或销售目标就完成了一大半。我们不止一次提到,在物质文化与精神文化不断提高的当下,人们的诉求不再是单纯的物质满足,对于精神、思想、情感、价值等的内涵诉求,已经越来越多地支配起人们的日常生活行为,企业的传播或者企业所提供的产品,如果不能挑动用户内心诉求的那根弦,从而产生共振而发声,就很难支配用户的关注和购买行为。过去企业的传播,多数只停留在感染消费者的程度上,广告循环播放,产品不断强调实用性,以期用不断传播"输出"的方式,达到让消费者受影响、受感染的效果。面对现下文明已然达到一定高度的用户,这种感染性传播已经进入不了用户的心里,撩拨不动那根心弦,就无法针对现代用户的文化特殊性产生理想的效果。因此,企业在对员工进行企业文化传播过程中,要使员工深刻意识到在服务用户时产生共鸣化的必要性。企业要提高员工的知识面、文化素养、对人对事的感受力,等等,用户是各种各样文化的综合体,反映着各种频次的内心弦音,这就需要企业员工具备听取不同内在声音的能力,把这种能力反映在产品的开发上、用户的沟通上、文化的传播上,用户感受到了思想与感情的共鸣,对产品产生关注,从而形成的认同感和购买力,才是企业真正需要具备的价值与保障的效果。

第三节　企业文化对产品内部传播的转变

世界经济在工业革命、信息革命、科技革命、能源革命等作用推动下，为人类创造了丰富的物质基础。在这个过程中，人们不断地提升了物质诉求标准，人类之所以具备这样的物质条件，一方面归功于世界和平年代的大时代环境，另一方面也归功于人类无与伦比的创造力。人类通过大自然一切可以使用的资源及各生产要素（土地、劳动力、资本、技术和企业家才能），通过各类技术实现组合与生产，创造出极为丰富的物质世界，同时，创造人类围绕社会生产、生活等延伸出的精神世界，以经济的形式表达其物质和精神的共同财富。人类文明是在物质文明和精神文明的相互作用、相互推动下所形成的，这也可以说明人类追求财富的过程中，是存在物质和精神双重诉求的，两者之间无法单一地、独立地存在于经济体中。人类的精神文明会随着物质文明的进步而进步，同时又会在精神文明的进步下，对物质文明产生新一轮的诉求过程。从时代的角度来看，现在，社会已经发展到了物质文明极为丰富的年代，从而触发了对精神文明诉求的本源能量。这种能量开始汇聚并爆发，而又是在世界文化的交融下，以及新兴信息产业、文化产业的共同作用下，人类已经进入了对精神文化的高度诉求时代。过去在物质条件并不富裕的前提下，大众对单一物质的追求相对强烈，文化只能作为物质的一种辅助手段或附加产品，大众对文化的诉求并不强烈。随着时代的发展进步，从当代社会发展与所展示出的现象来看，这样的时代已经悄然离去，新的时代已经拉开正式开场的序幕。文化已经不再是对物质的辅助作用，而是在时代的背景下开始对物质文明的发展起到了导向的作用。放眼全球经济，从国际市场到国内市场，到处都充满了文化经济的新兴力量，传统产业已没有优势，这是不争的事实。文化产业由过去是传统产业的辅助产业开始转向了导向产业，文化经济将推动新一轮的时代发展。由此，在传统产业体制下所生产的物质和精神产品都将被新时代文化产业带动下所生产的物质和精神产品所取代，直到下一个新兴物质文化时代的到来，而在这个充满物质和精神双重追求的时代中，人类对财富的理解发生了巨大的改变，社会的发展已经处于一个正在追求高品质文化生活水平的时代中，同时又处于等待下一个更高文明的物质文化时代的过程中，由此，高新科技、智能科技等新兴科技已经开始蠢蠢欲动。作为企业，能否在这样的时代环境下，对未来发展产生联想,能够开发和生产符合这个时代下的产品或服务,是企业在产品研发、生产、销售过程中必须要具备理解力的一个层面。

随着新兴经济的兴起,在信息产业和文化产业的强大推力下,大众已不再是追求单一的物质生活,而是在物质追求的基础上强化精神的本源诉求,由过去对享受单一的物质条件所带来的生活优越感的诉求,开始转向现在渴望享受物质和精神生活的双重诉求,由此产生了对高品质物质追求的心理和对高品位文化诉求的心理。随着大众文化生活水平的提高,在国际文化大环境的影响下,受众对产品和服务有了更高的要求和选择标准,这强化了受众对文化的感性心理,对物质的理性心理和对精神的感召心理,这对引起受众价值观、人生观的改变,起到了根本性的作用。同时,在互联网产业的快速发展下,所引起的信息传播、文化诉求、产品选择等都有了综合性转变,进而使人类社会在生产、生活、工作、学习等各领域都产生了相应的变化反应。如果说这种现象是一种时代能量爆发后的能量场,那么,人类文化诉求的本源就可以理解成是一个庞大的"时间炸弹",丰富的文化纵横交错网则形成了巨大的"信息爆炸网",而"互联网"则可以说是点燃新时代的"导火网""互联网"持续引爆的过程便是因文化而展开的烟花大会,就像我们如今所看到的这幅场景。我们也可以将这个内在机理理解成企业是燃放烟花的人,而企业的产品便是因文化而交集所形成的烟花筒,用户便是这场盛会的欣赏者。换言之,企业现在销售产品的行为就如同在卖烟花,这样一个过程,对于我们了解企业文化传播具有深刻性的思考意义。

前面说到过,企业最终是要面对受众的,受众对产品的诉求性转变决定了市场的需求侧,作为供给侧的企业来说,如何贯穿产品的开发、生产、销售过程,是当下企业供给侧改革的主要目标。作为企业,供给侧改革是为了适应新兴市场经济而设定的一种结构性调整策略,那么,供给侧改革又包含哪些内容呢,改革的重点是什么,改革的起点又是什么呢。大家都知道"万事开头难",这也说明了万事的难点就是万事的重点。换言之,"开头"便是重点。因此,改革的起点才是真正的重点,企业要改革,如果连起点都找不到,这样的改革又或者是转型最终就会是个"空响炮",响声很大,但落地无声。企业要满足用户产品的需求,随着用户对产品诉求的转变而转变,其围绕企业产品开发、生产、销售等一系列环节都要发生改变,而围绕产品的每个环节都是从人开始的,因此,企业围绕面向产品的团队必须要开始转变。这又回到了我们前面所提到的团队对企业的重要性了，企业对面向产品团队的培养与提升，又是企业文化在"对内传播"过程中的重要体现。下面重点介绍关于"传播"企业文化对内产品传播的一些转变特点。

1. 企业文化要提升价值化认知

前文中我们提到过，市场经济是一种资源配置机制，是由供给侧和需求侧共同组成的，又随着新兴市场经济的兴起，市场经济的特点已不是传统意义理解上的"供"与"求"的关系，随着新兴经济的加入，新兴市场经济已经转变到"供需"和"分配"的层面当中。新兴市场经济的主体是需求方，需求方主导着市场经济的配制，供给方的主体已大部分转变到需求配制的供应能力体系中，同时又与其他经济参与者共同导向需求方市场，是扩大需求方市场的一种组织方。由于这样的市场资源配置关系，导致了企业在产品的开发、生产、销售等环节中都要以用户为对象，而大部分传统企业只是停留在围绕自身的生产要素，通过组织现有生产要素而进行的一种产品组合的行为，并不是围绕用户需求方诉求标准去组织和运营生产要素的。这种组织生产要素的思维方式，极大地阻碍了企业对需求方诉求的产品各元素的组织能力。由于不能很好地满足用户需求度，而企业又要生存，所以，形成了企业对产品过分强调"廉价"的理念，进而对产品的理解局限在"利润空间"的思维模式中，这就进一步恶化了市场的配置关系，与新兴市场经济及国际市场经济背道而驰。很多企业经常说"企业首先要解决吃饭的问题"。即使是有相当规模的企业也还停留在这样的思维中，最后发现企业一直都是在解决吃饭的问题，而企业的"饭量"又应该如何评估呢？企业连饭都吃不饱，又怎么谈发展呢？从单一的角度，听上去也存在一定的道理，但是从现实发展的角度来剖析，从市场经济资源配置的角度来理解，这样的思维毫无疑问是过时的。时代在进步，企业能够办好得好，能否生存下去，都是由需求方来决定，如果不充分组织需求方所诉求的产品元素，企业不但没有发展，甚至连生存都难维系。而旧思想下的传统企业现在还能在夹缝中继续生存的原因，只是因为管理者运用了一些运营手段，所产生的暂时性的利益。而企业如果想在新兴市场经济体制下长远发展，生存下去，必须具备一定的创造价值的能力及供应市场的能力。新兴市场经济模式的转变，用户文化诉求的转变，市场资源配置方式的转变，形成了对产品价值理解的转变，这是时代所造就的现实结果。需求方所需求的产业不能再单一的理解为产品，而是一种对价值需求的理解。把对产品"利润空间"的追求，转变成对产品"价值"的追求后，在实际生产中，一方面市场的容量变大了,因为这种理解不是建立在产品需求量增加的基础上,而是产品的价值空间提升了,如果我们这么理解,就能看到新兴市场新的发展空间。另一方面,新兴市场经济体制下的产品要求变高了,产品的价值提供标准变高了,那么,对企业的要求也相应变高了。通过对这两方面的综合理解,企业面向产品的团队如何改变对产品"价值"的思维,是企业文化对内传播时提升团队产品理念的核心思维。企业对产品团队的传播转变为追求"价值化"的标准,推进了这一标准下,其他各方面传播特征的转变。

2. 企业文化要重视专业化品质

随着社会生产力的提升,物质世界的丰富,用户方出现了对产品极大的选择自主性空间,对产品的诉求心理也产生了新的变化。同时,在国际市场经济发展的推动下,越来越多的高品质产品涌入了用户方的眼球,用户对产品的诉求标准早已建立在国际标准之上,从而导致用户需求方对高品质产品的选择有了很大的扩展空间,进而形成了对产品在使用功能、外观特点、产品文化、产品包装等方面都有了综合性的理解。用户在选择产品时,已不再是从产品的单一角度去接受,而是从综合角度来对比衡量产品与其自身的适应度。从这里可以看出企业在做产品的时候,对产品的综合标准提高了,这种对产品诉求的提升,也可以理解为产品专业度提升的过程。同时,在这个专业度的范畴中又包含了产品多方面的专业特征。从产品的使用功能角度来看,用户对使用性能、效果有了更高的要求,这是产品在技术上的一种专业程度的体现。另外,产品从辅助功能的角度又分为产品的外观和包装,这是产品在艺术上的一种专业程度的体现。根据对国内大部分企业的分析来看,因为过去只是运用自身条件的生产要素对产品进行组织,而忽略了类似于艺术、美术等这些重要的生产要素,因此不能很好地运用美术、艺术等方面的专业知识或技能,增加其产品的综合价值,就算有,也大部分停留在模仿和抄袭国际上比较好的产品设计的水准上。另外,就是对产品文化的理解,文化这个复杂而又难以定义的概念给中国企业带了长期的困扰,文化是产品内在的重要体现,也可以说是产品的灵魂所在。随着大众文化水平的提升,在国际文化的洗涤下,用户的文化专业度在一些方面甚至会超越企业这个生产大型文化的工厂,这种严重的文化不对称现象,充分体现了中国企业在产品组织生产要素过程中并没有很好的运用"文化"这一强大的附加元素。新时代来临,随着主力消费群体的转变,未来的消费主力群体——新青年的文化水平、生活习惯、消费习惯早已不再是过去传统理解的范围，其消费观念所形成的对产品的综合性价值评估标准均已达到了国际水平。也许，目前他们还不具备一定的消费能力，但他们心中却具备了国际化标准的消费诉求，一旦能力达到，他们马上会选择心中诉求已久的产品，而企业不能很好地提前对产品做出调整，就会很难适应新兴消费群体的选择意愿，这就会使企业迅速进入被动的状态，即使到那个时候再去进行调整，所付出的代价将是不可估量的。

3. 企业文化要打造个性化服务

前一节中，我们提到，新的用户群体随着文化水平、生活方式、消费习惯的转变而发生着对产品需求要素发生变化，在这个过程中导致用户群体对产品的选择性除了产品的综合价值，另一方面还在于产品与用户之间的适应度与体验度，这种在产品与用户之间建立的意义——对应的过程，是企业无法回避的客观现实存在。用户通过对产品的初步价值评估，很快便会形成对产品的适应度和体验度的再次确认，最终才会依次选择产品，这种从产品综合价值评估，再到体验和适应的过程，形成了新的购物方式的循环。而我们可以很明显地看出，这种新兴购物习惯的形成在逐步地扩大，对传统企业来说是比较难以适应的，所投入的精力和成本对传统企业来说是无法承受的。而事实已说明了这一现象的存在。现在市场上具备优势竞争力的企业，在增加用户产品体验度和适应度上都有较为专业的分析和运营计划，而这一现象一方面体现了企业在产品投入市场之前的综合专业性要求越来越大，另一方面也体现了用户对产品加入了个性化的选择这一特点。因此，企业在面向产品团队时，如何培养团队在产品所有环节都能提供满足用户个性化的服务需求是提高企业竞争力的有效法宝，也就是使企业产品团队围绕开发、生产、销售、服务等过程中形成与用户点对点的链接，进而建立用户对产品，对企业，对品牌的忠诚度。

4. 企业文化要提高艺术化水平

社会的进步与发展，与人们的文化水平是息息相关的，人们对物质和精神的共同追求是建立在一定的文化诉求水平上的，而这个文化诉求的界限就是人们的生活态度，生活观念。随着时代的发展，人们的生活观念及态度也有了很大的转变，生活中融入了更多的文化元素，如品味、时尚、乐享、激情、奢侈、情调等，所表现的生活态度及观念也呈现出形形色色表象，而这个过程又是变化不定的，无法准确地找到其规律，与此同时，生活也充满了戏剧性和娱乐性。但是，通过仔细研究，可以看出,人们整个生活的过程中都能共同接受一点,那就是对生活中美好事物的在意境和思想方面的追求,而这个对美的意境和思想的追求,则是对艺术的完美情感表达。艺术是用现象来反映现实的,但是比现实更有典型性的社会意识形态,充分展示了艺术对生活的应用价值,这种艺术的应用价值对企业来说是有效提升用户认同度的一种补充,是增强企业与用户之间黏合度的有效措施,同时也是提升企业形象的有力手段,因为企业形象表达着企业的生活态度与生活观念,是企业情感化的一个演化过程。因此培养企业面向产品的团队在企业文化"传播"过程中艺术化的转变是极其有必要性的,也是增强企业文化情感度的一种重要手段。

5. 企业文化要注重体验化认同

前面提到,用户已经具备了对产品进行评估后形成体验的购买习惯,而这个体验的过程又是多面性的,是对产品价值化、专业化、个性化、艺术化等方面形成的一个全面的"传播"过程,而这个体验化的传播过程是对企业产品推广和销售过程中的综合性产品价值的一个监测过程,这个"体验化"的传播过程既是对外的,也是对内的,对外体现的是用户的认同度和接受度,对内则是产品团队对产品的指导性理念。

第四节　企业文化对市场内部传播的转变

世界经济一体化大格局已经形成,但是,世界各国之间在市场经济模式上,在共性基础上,都还存在一定的个性区别和个性特点,不论是美国的自由市场经济模式,还是西欧和日本等的导向型市场经济模式,以及中国等国的社会主义市场经济模式,国民经济都是市场经济的主体,而进出口贸易和能源产业作为国民经济的两大支柱,意味着进出口贸易对国际市场经济的影响是不可替代的。同时,国民经济的组成在市场经济活动中有很大一部分来自民营企业。换言之,国际经济环境与民营企业的发展有着不可分割的联系,这也说明,不论什么市场经济模式,它的上游还是国际市场经济,由此,在新兴市场经济体制下市场的诉求标准是建立在国际标准之上的,企业对市场的传播,实质上已经成为国际市场诉求下的一种传播标准。那么,企业在传播的整个过程中,以整个团队来衡量企业组织的话,也意味着企业各阶层都要具备相应的国际眼光或国际化标准。正因如此,新兴市场经济也使得更多企业开始大规模转型和升级,陆续进入资本化、规范化、产业化运作模式中。随着这种大规模的企业转型升级,国家宏观调控,实现供给侧改革,大大促进了企业之间合作的紧密性和持久性。再加上来自市场需求侧的诉求转变,人们的诉求标准已达到了相当高的标准,甚至已经与国际标准接轨,这也使得市场经济对法制的要求变得尤为迫切,对权、债、利的界限也划分得更加细腻,以此所形成的新兴市场环境将会变得更为规范。在这样的规范结构下所产生的对企业的规范是首当其冲的,对企业员工的素养建设也变化更为重要,企业在加强企业文化建设过程中,如不重视企业素养建设,那么,这样的企业或是企业文化相对于市场而言,既没有优势也没有抗风险能力,也就是说,对企业的未来发展是非常不利的,企业的生命力也大打折扣。

随着人类世界文化的交融,信仰文化、国家文化、民族文化、地域文化以及各组织及个人文化的差异所形成的巨大认知差异,既给市场经济带来了无限的空间和活力,也带来了相当多的冲突和矛盾。企业在运用好市场中活力空间的同时,也要排除市场中的冲突和矛盾,那就需要企业加强两方面的协调作用力了。一方面要充分了解各文化之间的差异关系和受众在文化诉求中的需求关系,给企业自身打造足够容量的价值容器;另一方面还要加强企业自身企业员工的文化素养建设,提升团队化解市场文化冲突及矛盾的能力,为企业尽量减少后期发展过程中所产生的对企业不利的文化因素。以此配套企业在市场经济活动中的企业文化建设,更为重要的是,在企业参与经济活动时,要与市场各经济体进行良好的传播,而这种对企业文化传播的过程就是一种企业价值累积的过程,是巨大的无形资产。"市场"传播对企业来说,是企业在市场经济资源配置下的一种规范性行为,随着企业与市场之间各参与者的关系越来越紧密,在整个市场资源配置的过程中各环节都有相应的参与组织,并且这些参与者之间的差异也有很大程度的不同。因此,企业在"市场"传播过程中所形成的传播关系也有所不同,这种传播关系又存在着相互的作用力,也是一种共生的关系,传播得好,是双赢,传播得不好,就是相互损害。通过对市场经济企业的传播特征进行分析后,可以看出,新时代企业在市场中的传播方式也发生了较大转变,而这种转变是决定一个企业未来在市场活动中能否立足的关键性因素。下面重点介绍一下企业文化"传播"对市场传播的一些转变特点。

1. 企业文化要适应国际化舞台

我国当前正处于新兴市场经济体制下,即社会主义市场经济转型期,这个过程是中国企业迈出国门,与国际市场相融合的一个过程,通过国际市场,组合生产要素,实现产品销售,以获取最大利润。种种现实因素都要求企业在生产、销售、管理等各个方面都要向国际化的标准靠拢,才能在国际市场的大环境中站稳脚步,和谐发展。因此,企业对企业内部面向市场的团队在进行企业文化传播时,应着重注意企业与市场密切相关的团队国际化转变。如在市场合作方面,因新兴市场经济体制下,企业的市场合作方来自国际范围内的某个地方,那就要求企业员工需要具备国际化的语言能力,对国际形式有一定的认知水平,尤其是对国际文化要有足够的了解,这有助于市场合作的顺利进行。前面我们也多次讲到文化的作用力,与世界各地的文化相融得越好,越有认同感和接受度,就越能产生沟通双向性的效果以促进合作成功,因此,涉及市场合作、企业合作领域的员工,拥有国际视角,懂得在世界范围内有效配置资源,将是企业的一大优势。另如,在市场服务方面,企业需要鼓励员工、培训员工拥有全球化服务思维模式,不断加强跨文化整合的能力。总之,企业在对内传播有关市场的企业文化时,必须使员工懂得以国际化、规范化来要求自己,深入了解合作方、服务方所处当地的政治、经济、文化因素,并以尊重、包容的态度融入当地的社会文化及环境中去。在不同国家多样化的社会、政治、经济、文化环境中,制定并实施有效的国际化战略,是企业在企业文化传播国际化转变过程中的重中之重。

2. 企业文化要建构商务化模式

高新技术不断发展,世界经济一体化,全球文化大同,新时代下的这些背景、现状,使得市场中无论是信息传播、技术传播、产品传播还是文化传播等,其手段及方式都发生了变化。通过成熟的网络应用方式,全球各地企业间已经能够实现双方不见面就进行各种相互活动,消费者在网上购物,企业合作在网上展开,洽谈、交易、支付等国际商务行为广泛实现,这种商业运营模式在新兴市场经济体制下将不再只是属于一些先行企业的操作方法,而是所有企业都必须要适应的一种新兴运营模式,否则将无法跟上新兴市场经济发展的步伐。新兴市场经济下,一方面,由于信息量剧增,企业在市场中所面对的客户地位发生很大的改变和提升;另一方面,信息传播速度的加快,改变了企业内部价值流[①]的整合方

---

① 价值流是指从原材料转变为成品,并给它赋予价值的全部活动,包括从供应商处购买的原材料到达企业,企业对其进行加工后转变为成品再交付客户的全过程,企业内以及企业与供应商、客户之间的信息沟通形成的信息流也是价值流的一部分。

式。以上这些改变，无论电子商务运营模式的广泛使用，还是企业整个价值体现环境的变化，都对企业内的变革提出了新要求，企业只有及时对原来的商务模式做出改变，才能更好地适应国际经济形势的变化，如让企业员工学习商务礼节，提高商务社交的口才，注重商务形象，运用国际商务化的方式方法。为了有效符合国际市场大环境的整体气质，提升企业在新兴市场中的企业形象和竞争力，企业文化传播商务化转变很有其必要性。

3. 企业文化要完善礼仪化制度

过去由于市场环境没有形成国际范围内的统一化，企业之间的相互竞争和相互表现都处于一种相对无序的状态，企业在市场中的传播也只是相对单一的由产品，或服务，或广告等搭建起来的形象单薄地进行传播，没有形成系统性和立体性。企业作为各种文化的综合体，与人这一文化综合体存在一定的共性。过去，大部分企业只具备了一副简单的"皮囊"，缺少了应有的表现良好文化气息的行为，也即是我们所说的礼仪的缺失。企业文化传播礼仪化的转变，不仅是企业本身应具备的一种素质，也是相对于新兴市场经济体制下的大环境来说，必不可少的一个转变，一个企业具备完善的礼仪制度，是企业职业化、规划范和国际化程度的标志。企业要通过对内部员工进行礼仪化的传授，通过礼仪思想教育、礼仪知识传授，开展培训、练习等实质性课程，使员工懂得在新兴市场活动中的基本礼仪，不仅能反映出员工自身素质，而且能折射出员工所在企业的文化水平和经营管理境界。在快节奏的信息化时代里，人际沟通的方式和频率也发生了变化，完善的礼仪表现能保证员工在新时代市场人际交往中的良好状态。国际化市场环境下，企业涉及的领域也逐渐扩大，业务过程中所需要的交往也逐渐增多，无论是国内还是国际企业间的交流，都成为未来的可能。好的礼仪关乎人格，更关乎国格，无论国门内外，一个企业除了要具备精湛的专业技能和科学的管理水平，还必须了解如何在国际市场大环境下与其他参与者相处的法则和规范。这就要求企业自身的礼仪文化建设达到一定的高度。礼仪化的转变能够助力企业顺利地走向更广、更大的舞台，能够使员工与员工、员工与外界更好地交流、交往，树立自身形象的同时，反映企业形象，这能够给企业的发展和员工的事业提供推进力。

4. 企业文化要注重社区化规划

企业是市场经济活动的主要参与者，企业的一切活动都是在市场上进行的，在市场上完成价值的转换,赢取企业想要的经济利益。在传统市场经济主导下,由于活动范围单一、有限,活动规则不成体系,导致很多企业已经习惯于一种散漫式的、旧经验式的经营。如广告一股脑儿地往市场推,产品一股脑儿地往市场放,不顾收效,多数是打网捞鱼的心理。新市场经济体制下,市场融合了国内国际范围,经济活动扩大至全球,企业如果没有一套行之有效的对市场的认识和规划,盲目地往前冲,结果只会伤害自身元气,也得不到市场反响。随着社会经济文化的不断发展,作为企业在市场上转换价值、获取利益的对象,受众或者说是用户,正在因文化认知地不断增长而发生着本质性的变化,当整个新兴市场经济融合了更为广泛的受众群,企业对于利益目标的锁定就更需要精准的归类,对整个市场就要进行系统的规划,这样才能够在国际经济大舞台上分寸不乱,有的放矢。在这一现实背景下,企业文化传播社区化的转变可说是时代发展的趋势。社区的概念并不陌生,是若干社会群体或社会组织聚集在某一个领域里所形成的一个生活上相互关联的大集体,是社会有机体最基本的内容,是宏观社会的缩影,就好比一个村,一个生活小区。在互联网发展越来越成熟的今天,网络文化越来越完善的新时代,社区在网络无国界、聚集快、传播远等特点下,发挥了其强大的功能,将社区传播这一形式作为企业传播的方向,需要企业在培养员工对新形势下的网络社区有充分的认识,通过社区化的实际参与行为,对社区化的信息进行导向性地分析,进而在社区意见领袖及舆论权威的信息体系影响下,形成文化信息,从而产生社交传播作用。因此,企业在培养面对市场团队具备应对社区化的"传播"技巧,是企业文化配套营销体系策略性的培养手段。

5. 企业文化要提升道德化建设

物质文明和精神文明虽然是相互促成,相互推进的关系,但是随着经济迅速发展的今天,两者之间,在一定时间、一定范围内,逐渐呈现出了一定的差距。精神文明相对于经济发展的速度,呈现出相对落后的现状,社会风气存在着不少问题。市场领域内,道德失准、是非混乱、不讲信用、欺骗欺诈等时有存在。很大一部分原因是企业在经济活动过程中,以盈利为首要目的,为自己私欲谋取更大的利润,钻市场秩序的空子,忽略了企业道德文化建设,从而形成了越来越大范围内的市场阴影面,影响了整个社会风气。企业是社会的微观组织,企业又是市场经济的主要参与者,因此,市场经济环境的洁净氛围,很大程度上需要依赖企业自身的整顿。对于企业和市场而言,虽然有知识产权、法制经济等制度存在,但企业如果没有从自身根本上去重视这个问题，而是寄希望于外部环境自动调整来呈现一个良好氛围，那就过于理想化了。企业要想在新兴市场经济环境中长久地、稳定地发展，就需要共同培养出一个良性健康的市场生态环境，每个企业都有义务形成良好的风气，共同建设市场和社会的道德风气。企业是社会的企业，企业发展离不开社会、离不开个人，企业对企业内部员工传播道德化的转变，也是对员工道德建设的一个过程。如员工面向市场的一切活动，都应该使用道德化的语言。道德，即自然生发的感情，用自然的、真实的语言进行对外交流与处世，不使用阴谋、手段、套路，不浪费，不剥削，不夸大其词，不虚假行事，以国际化为企业发展的目标，以道德化为企业修身的标准，通过传播道德化的转变，提升企业文化素质，提高企业员工修养，最终在国际市场上形成良好的企业形象。

第七章 企业文化对外品牌文化的传播转变

第一节 "创新"在品牌文化中的传播转变

一、文化"创新"思维的提升

> 想象力比知识更重要,正因知识是有限的,而想象力概括着世界上的一切,推动着进步,并且是知识进步的源泉。
>
> ——爱因斯坦

爱因斯坦说过:"想象力比知识更重要,想象力是一切进步的源泉,也包括知识。"从这句话中也可以看出,想象力对人类文明、社会发展、企业生产、群众生活有着强大的推动进步的作用,而"想象力"同等于"创新"的意思。换言之,"创新"是一切进步的源泉。由此看来,"创新"对人类的进步、社会的进步、生活的进步、企业的进步,都是至关重要的。

党的十八届五中全会中提出:"坚持创新发展,必须把创新摆在国家发展全局的核心位置,不断推进理论创新、制度创新、科技创新、文化创新等各方面创新,让创新贯穿党和国家一切工作,让创新在全社会蔚然成风。"实现"十三五"时期发展目标,破解发展难题,厚植发展优势,必须牢固树立并切实贯彻"创新、协调、绿色、开放、共享"的发展理念。可见,从国家意志层面来看,"创新"始终占据着重要的位置,"十三五"规划纲要也明确提出"深入推进大众创业万众创新,把大众创业万众创新融入发展各领域各环节,以其鼓励各类主体开发新技术、新产品、新业态、新模式、打造发展新引擎"。

创新是作为企业发展的新动力而提出的，但"创新"这个词在我们大众看来并不陌生，甚至到处都可以看到类似"创新"的口号和标语，从历史伟人到名家名人、从著作丛书到教学教材、从国际视野到国内动态，从新闻时事到街边广告，所见之处，数不胜数。从这么多信息当中也证明了大众对"创新"这个意识的客观认同，至少目前，还没有从大众层面听到反对"创新"这个词的。"创新"的意识无论从时间还是范围都已经在各阶层中推广开来了，那么，也就意味着"创新"已经被千百万次地重复过，而"创新"这个词在人的意识中也呈现出感性的一面，马克思曾说过，"任何感性意识在千百万次的重复过后，就会褪去意识的形态和外衣"。这个时候有人就会问"那这不是矛盾了吗，你又要推行创新，又要说明创新已经失去了意识的形态"；也有人会问"我现在不具备创新的意识是因为我还不够重复吗"；可能还有人会说"有形态的意识是本源意识，还是没有形态的意识是本源意识"。其实，哲学的本质是一个"反思"的过程，这个"反思"的过程取决于你意识停留在哪个层面上，停留在单一的层面上是很难真正找出事物的本质意义的。同时，也可以看出当代对"创新"的理解有一定意识形态上的偏差，这种偏差又集中体现在每个人对客观世界及主观世界认知差异的体现上，这也是本书在"理论创新篇"中为什么去强调和重申"文化"的定义。这是因为，社会在进步的同时，文化在其各种产生的环境下变得越来越复杂。大家对文化信息的意识形态存在着巨大无比的认知差距，而这个时代大家都处在一个高度文化密集的环境中，在这个密集而又复杂的文化信息环境下，"创新"作为意识形态很容易被大千世界所遮掩。在这种情况下，如何理解"创新"所要表达的真正含义，又如何打开对"创新"理解的思维枷锁呢？从文化的角度不难看出，可以从事物的两面性去思考"创新"的意识形态，因为人类不管在何种文明进步中，所呈现的本源诉求是共同而一致的，所以，只要以文化的本源思维去理解"创新"的本源思想，就能找到真正的"创新"所带来的精神能量，而不是作为一种口号或只是起到对意识性进行提高的作用。同时，社会的发展，人类的文化水平已经达到对精神本源的探索时代，以文化的"本源"思想去理解事务，是符合这个时代发展现状的一种思维方式。

前言中已经提到，文化是由四个部分贯穿的：精神指引、思想理论、社会实践、传承传播。文化推动着人类社会所有领域的发展与进步，是人类物质和精神信息的总和,以文化的角度去理解"创新",是符合人类文明进步特征的,由此看来,对"创新"的理解实质上是一种对"创新"文化的理解,同时,从企业文化对企业发展所发挥的作用的角度上看,"创新"文化也是企业文化建设的一个重要组成部分,一个企业如何具备创新的能力或如何具备提升创新的能力,在于如何将创新转变为创新文化去理解,从而融入企业文化核心理念当中,而这个从创新到创新文化的传播过程也是企业文化传播与构建的过程。

根据上面所述,文化有四个部分的贯穿,同理"创新"从文化这一角度去理解也存在四个部分的贯穿,从人类社会大文明方向来概括"创新"的话,"创新"具备着本源、文明、进步、同化等力量元素。同时,这些元素都来源于社会文明进步的发展过程中,而文明的本源就是人的本源诉求,那么"创新"的本源追根到底还是以"人"为本。引发出对"创新"文明、进步、同化等方面的理解,这也意味着随着新时代的到来,"创新"唯有以"人"为本,同时具备文明、进步、同化的作用力的前提下,才能称得上是"创新"。反之,以其他类似于聪明智慧、谋略手段、技巧计策等角度是无法真正领略到"创新"所产生的真实体验。随着人类社会的不断进步,社会已经发展到一个文化高度密集的时代,人的本源诉求已经被开发成一个很庞大的体系,也就意味着"创新"可以从人类本源诉求中的任何一个角度出发,去实现创新的目标。前提是以人为本,那么"创新"的原素材其实是取之不尽,用之不竭的。

二、"创新"传播思维的延展

> 领袖和跟风者的区别就在于创新。创新无极限!只要敢想,没有什么不可能,立即跳出思维的框框吧。如果你正处于一个上升的朝阳行业,那么,尝试去寻找更有效的解决方案:更招消费者喜爱更简洁的商业模式。如果你处于一个日渐萎缩的行业,那么,赶紧在自我变得跟不上时代之前抽身而出,去换个工作或者转换行业。不好拖延,立刻开始创新!
>
> ——乔布斯

"创新"来自人类,来自社会,所以,创新是文化的广泛性体现。从企业文化对内和对外的两部分来衡量,"创新"是属于企业文化对外的部分,也就是说,"创新"属于企业文化中品牌文化的一部分,所以品牌系统中第一个体系便是创新,同时创新也包含着"创造""创意"的意思。"造"是一种技术，"意"是一种思考，那么"创新"更多的可以理解为是一种技术的创新和思考的创新。那么，当代市场经济体制下的企业所需求的创新，可以理解为是科技的创新和文化的创新。中国作为世界四大文明古国之一，文化的力量在中国具有明显的优势特征，西方则主要表现在科技的创新，现在国际市场中也可以反映出，各国都在加强文化建设，以求提高未来的经济综合产业效益。如何能够高水平地将科技创新结合文化创新，是下个时代的经济参与者在市场中能否胜出的必要条件。那么，如何发挥好中国各领域各类文化的作用，也是中国企业考虑未来发展的一个方向。如何面对未来国际市场的竞争，融合国际文化信息也是企业在创新领域里所要思考的问题。"创新"是人类文明的本源诉求，可以作为对文明的探索，也可以是一种领悟，同样，也可以作为一种计划。那么，从文化发展角度去理解，一切作为精神指引的本源诉求都可以在一定客观认知条件下形成思想理论，在精神指引和思想理论具备的前提下，就可以通过社会生产和生活完成实践，最后再填充到传承传授中去，文化是人类在文明进步过程中不断增进的。换言之，"创新"从成为意识形态的那一天开始，就找到了人类对"创新"的本源诉求，这种"创新"的本源诉求在文明进步的作用下便开始形成了文化。同时，这种文化的外部环境决定了企业对外品牌文化的传播与构建，也是企业对"创新"传播的一种理论构建环境。

企业对外的传播，是建立在外部环境基础上的，是对外部环境的理解基础上进而产生对外传播的理解，是企业在传播过程中首先要建立起来的思维，这也是运用传播学对受众发挥作用的理论体现。同时，在理解"创新"的基础上，实现"创新"理论的形成，是企业在传播"创新"中对传播内容的传播与构建的过程。以"创新"理论围绕本源、文明、进步、同化等方面进行理论构建，在"创新"传播过程中是具备实践性指导意义的，同时，也是企业对"创新"传播的一种实践应用思维。

"创新"是企业的新动力，企业的最终发展是获得市场更多的需求认同，从而对市场进行有效的价值供给，并以产生经济效益为最终目标的。因此，"创新"作为企业的新动力最终也是以需求方的认同为服务目标的，这也就是说，"创新"要具有同化市场的作用力，并要建立在需求方认同的目标基础上的，而不是故步自封的创新，自以为是的创新，对"创新"的评定要有明确的标准尺度。反之，在没有明确的标准下所理解的"创新",最终只会是自欺欺人或是形成对市场盲目乐观的主观意识,进而导致不利"创新"的发展,不利于企业的发展。

"创新"要以"人"为本,创新也来自于"人",要提高企业的创新文化,首先要发挥好一个企业"人"的方方面面,从内部组织到各阶层员工,在所有方面都要进行倡导和培训。围绕企业团队的分工分配、岗位职位、技能专业等企业发展、生产管理方面的经验特点,在企业核心发展理念的基础上,拓展"创新文化"的核心导向,并在导向的基础上,结合企业发展特点和具有实践落地作用的创新理论,形成创新文化的主体文化,同时,在应用创新文化理论的实践过程中,归纳总结真实、有效的创新文化理论,不断地补充、完善、修正、应用创新文化理论,直至和企业核心发展理念形成相对统一和协调的关系为止。

企业文化传播是从内向外发展,又是从外向内推进的综合性传播过程,企业文化是企业领导层、管理层、基层及企业所有员工层面可以共同参与的。领导层可以从哲学本源、市场大环境、国家政策等方面融合创新文化理论,从管理层的企业治理、企业管理等层面发挥创新管理经验,从企业员工在社会生活、实践中所形成的创新、创意想法等,以企业文化建设为目标,对已形成的制度文化、团队文化、企业精神文化等方面加以补充。建设企业核心文化、创新文化对企业来说是一种新的挑战,也是企业在发展过程中相对苦恼的地方。如何动员企业员工去对企业的发展产生创新意识,除了企业核心文化应具备很强的影响力之外,还需要对其进行思维性地拓展与开发,虽然落实起来也存在一定的难于操作性,但是,随着社会的进步,有不少企业在管理经验上已经具备了一定的管理方法。一个企业在现有的管理基础上能产生实用有效的管理方法是比较成功的事情。以人的意识为指导,发挥企业员工的精神作用,是一件很难的事情,何况是在中国本土文化认知差异明显的环境基础上,想要以意识指引企业发展会显得格外力不从心。大部分企业在实践管理过程中也表示,"管人是最累的""人是最难管理的""人是最不靠谱的""员工能做好手上的具体工作已经很好了"……的确,很多企业领导人就是抱有这样的主观意识,所以,给自己管理企业增加了难度,总觉得这是无法完成的任务。导致企业在企业员工思维层面大多采取置之不理的态度,体现到实际工作中,就会由于员工缺乏思维意识,而又产生困惑,无奈之下也是只能在私底下众多埋怨,尤其是企业在发展阶段或是企业经营碰到问题的时候,这种现象更是屡见不鲜。毫无疑问,这对企业凝聚力、团队协作力及企业素养来说是没有好处的，其至还会给企业领导人带来更多的烦恼。而当今社会，事实上也有一些企业已经有效地解决了企业员工在素养层面和思维创新层面的管理问题，提出了行之有效的解决方法。通过社会调查，这些相对成功的企业在"创新"力的体现上，都是在"创新"的基础上，运用了较好的传播方式。

三、"创新"对传播的转变特征

随着人类对进步的渴望，新事物、新现象、新理论的推陈出新，企业作为当代社会经济发展中经济活动的主要参与者，对人类的进步与发展有着不可忽视的作用，同时人类在进步中对本源的渴求也是一种文明的现象。因此，企业围绕人类社会发展，以文明的视角作为指引企业未来发展的方向，既是符合自然发展规律的，同时也是符合企业发展规律的，只有在文明前进的道路上发展企业的"创新"的思想，才能在"创新"上发挥强大的能量，才能给企业带来无限的活力与发展空间。通过对"创新"理论的科学构建，并从文明的视角对其进行传播，才能达到"原汤化原食"的作用，在团队和方法的双重作用力下，在企业目标一致的基础上，发挥"创新"背后无限的潜力。

企业文化传播既然是从内向外发展，又是从外向内推进的传播过程，那么"创新"文化也会存在两种传播的现象，一种是"创新"围绕企业团队、企业员工等组织需求所产生对企业的一种推动作用；另一种是"创新"围绕社会大众，市场用户等信息需求所产生对企业的一种反应作用。企业在"创新"传播上如何形成对内和对外在传播关系上的和谐，取决于企业对"创新"传播思维的转变程度。通过对社会及企业综合研究，结合现代传播特征的实际现象来看，"创新"在传播过程中主要有四方面的转变特征。

1. "创新"对传播的本源性思维是以人为本的思维

随着社会发展，人们对文化的诉求越来越还原其本源性，文化在人类精神层面上有着其特殊意义，是人类区别于大自然其他生命体的本质特征。并在人类文明进步的同时，不断的从心理上开发出对自然的本源诉求，其意义是深远且值得赞美的，这种自发性的本源诉求，诠释了人类无限的创造力，同时，也诠释了人类对未知领域无限的求知欲。不论这种本源的力量始于何时，又来自何因，总之，这股力量一直存于所有人类的本性之中，存在于对时间和空间，对精神和物质，对现实和理想的相交领域里。"创新"是人类文明发展的本性使然，而如今

"创新"已应用在围绕人类社会生产、生活中的各个领域内。随着人类文化水平的不断加强，对"创新"的理解已经不再停留在原始的求新思维中，而是扩展到文化生活的文明探索中，科学发明、电子科技、人工智能等成了新时代的"创新"主流。对"创新"的应用，也已不只是停留在物质生活的提升之中，而是更多地提升到对生命、生活、生理更大程度上的需求进步之中。对"创新"的认同，也不只是停留在超越他人的崭新一面，而是延伸到与其内心及思想共鸣的一面。"创新"的本源性转变，并不是理想主义者的主观意愿，而是时代的发展，文明的进步，文化的提升所导致的。同时，也是企业在发展过程中顺应时代的必然之路，如何通过"创新"改变企业在新的道路中稳步前进，如何在国际市场经济竞争中取得优势，是企业走到了"创新"本源性思想转变时候所必须要考虑的问题了。

　　企业在围绕"创新"发展的理念中，对用户、传播、技术、产品、营销、公关、运营等领域构成了综合性的文化体系，以围绕核心价值观在企业统一文化的前提下发展适应企业自身的"创新"文化、"创新"理论、"创新"应用及"创新"传播，以及通过"创新"本源性传播思维，完善"创新"传播理论，实现传播作用。"创新"对传播的本源性思维是以人为本的思维，因此在促进企业文化对内和对外传播时，对接受度的提升起到了重要作用。

　　2. "创新"对传播文明性的转变

　　随着新兴市场经济的快速兴起，国际市场经济的引力下，人们物质生活水平的提高，对文化选择性空间的增大，同时又在逐步脱离旧社会的文明体系，人们对物质生活和精神生活越来越重视，人们对生活的要求从消费生活转向了文化生活，在这样的整体环境下，对新事物的理解和追求产生了很大的变化，社会在创造物质和精神文明的同时，更加注重物质和精神的质量，从而引起了对生活品质的广泛性地诉求转变，对情感的理解有了巨大的获取感。与此同时，又在文化的推动下，人与人之间文化的交集中，增强了情感的附着力。近几年，"正能量"似乎成了大众口中的常用语，这也说明人们对美好事物的追求是被大众所广泛认同的，由此说明，在新时代中，"文明"已产生了新的体现。与此对比，过去有很多企业为了提升企业经济效益，对企业组织生产中各环节也提出了传统模式下的"创新"，但是，在实际运用过程中，总是一味强调强制性的规矩、制度，从而限制了"创新"的发展，有的甚至还会采用较为极端性的"创新"理念，以为这就是通过"创新"而产生对企业降低损失的效果，久而久之，企业团队不停地产生人员流失现象，从而产生的损失更大。这样的"创新"在过去也许还有点用，但是在新时代的背景下，已经决然失效了。主要原因是人的文化层次在不断提升，对文明的诉求有了主观意识，当人们发现"创新"不具备文明性的特征，对"创新"的适应度就会下降，也就起不到真正的"创新"效果了。而从实际中看，在新文明的逐步成长中，不具备"文明性"特征的事物，更容易受到大众的排斥，甚至连企业团队也会予以排斥。对于中国这个有着几千年伦理道德思想的民族来说，也许不能阻止不文明的现象，但从内心中并不愿意看到或接受这样的现象。对当下还存在诸多不文明现象，是由于大众虽不愿参与，但却又任其发展所导致的。从人类社会发展的普遍角度去理解，无论国际还是国内，大众对广泛性的文明共识还是一致的，这既是人类先天的本源诉求，也是后天逐步发展所产生的。文明对于各地区来说，还存在着巨大的差异，但未来文明的方向是不会改变的。因此，企业在"创新"中，对文明性的传播也决定了企业未来发展的方向和空间。"创新"对传播的文明性思维是把握未来方向的思维，在促进企业文化对内和对外传播时，对未来适应度的提升起到了重要作用。

3. "创新"对传播进步性思维是综合拓展的视角

"创新"在经过本源性、文明性的转变后，最终，不难看出，"创新"还是要为社会服务的，因此，"创新"对社会的实践应用是对"创新"的实用性理解，不实用的"创新"不能算是真正的"创新"，而"创新"对社会在生产、生活中实用的本质便是"进步"，并且围绕社会的进步已经渗透到各行各业、各领域、各范围中。市场经济是一种自由竞争的机制，其竞争性表现出来的特点也是围绕进步所产生的，进步是发展的成果，民族、国家、地区、企业、事业、个体等都有对"进步"的诉求。同时，人们不管是对自身的需求，还是对外部环境的需求，对进步的诉求也变得越来越大，越来越多，对具备进步性特征的信息也表现出极大的欲望。"创新"对进步的使然，是社会发展的使然，从企业到个体，对"创新"的理解都是围绕进步所展开的。信息时代所带来的海量数据，社会发展的迅速无比，也使人们对进步的理解从过去的小范围扩大至更大的范围，并且幅度越来越大，对进步的空间要求也越来越大，这充分说明了对"创新"所带来的进步思想，已经形成了广泛性。由于这种广泛性的理解在信息高速流通的时代里，已经形成了传播性的特征，也因为这种传播性特征的体现，使人们对"创新"的理解产生了更高的要求，因此，企业要满足对"创新"的实践，对进步性的理解是非常必要的。之所以很多企业倡导"创新",却感觉不到"创新",反而更像是口号,实质是因为"创新"对进步性的要求变高了。换言之,在新时代下,"创新"无论作为广告语也好,还是作为企业文化宣传也好,企业在提倡"创新"的同时,等同于对企业各方面进步有了更高的标准,如果这种进步达不到理想的效果,那"创新"的实质效果也就消失了,说严重一点就是名不符实,这对企业文化建设来说,并不是什么有利的做法,更不用提对企业文化的传播了,这种对传播实效性的不对称,只会导致企业丧失了"创新"的能力,这种说得很"创新",却做得很保守的现象在中国企业中也是随处可见的。因此,企业要想发挥好"创新"的力量,必须要加强对"创新"进步性的传播。

4."创新"对传播同化性思维是受众交融的基础

前文中我们提到,"创新"已形成广泛性的传播。这就说明,"创新"是一种广泛性的认同思想,从文化的四部分要素也可以看出,能形成传播效应的实质是具备指引、理论及实践作用的"创新",又从文化的本源理解来看,认同是一切文化得以传播的基础,而从认同到传播的过程,其本质含义是一个文化同化的过程。"创新"作为新时代广泛性传播思想,其传播的过程也形成了"创新"的同化性的转变。过去,大家对"创新"的理解大部分停留在对他人的一种称赞或是认可的层面,认可其"创新"的信息内容,并对其"创新"部分形成一种口碑。而新时代,大众对信息的理解更多地转变为文化信息。换言之,就是对"创新"的内容提出了新的要求,并通过"创新"的理解所形成的感知性意识,来衡量"创新"的标准,其本质是对"创新"思想的同化过程。通过一些社会现象也不难看出,大众对"创新"的理解产生了更多的争议,有的人认为,这个产品或是服务,又或是其他任何社会信息,是比较具备"创新"性的,但对另一部分人来说,这不算什么"创新",对其标准也很难争出个所以然来,原因是因为"创新"中的信息对受众的同化力是有高有低的,被同化作用较强的群体,就表示比较认同这种"创新",并愿意对其进行传播,被同化较弱又或是没有被同化的群体,就表示对这种"创新"并不认同,相反也不愿意对其进行传播。通过以上的理解,结合社会现象,可见"创新"已形成传播同化性的转变特征,也是未来企业在构建"创新"理论中所要添加的传播思想,并围绕"创新"传播中的本源性、文明性、进步性、同化性等时代特征,融合企业核心文化理论体系及品牌文化理论体系构建与传播"创新"思想,为企业在内部团队及外部受众相交融的基础上发展"创新"文化,实现对"创新"的传播实效作用，为企业在未来的发展过程中真正带来创新的原动力。

第二节 "用户"在品牌文化中的传播转变

"在每一天的工作、生活及休闲娱乐中，用心经营这一次的生活体验——煮一次好咖啡，服务好每一位客人，创造一次美好的星巴克片段。"

——星巴克

一、"用户"思维的转变

人们对"用户"的理解存在一定的差异。在这里，我们所说的"用户"，实际是我们广义理解上的"消费者""顾客""客户"，或者说是"客人"，为什么要用"用户"这个概念来代替他们呢，这是有原因的。在本书前面的章节中，我们已经非常明确地提出，新时代市场经济体制下的企业文化，已经不只是停留在对当代社会产物的意识形态反应，而是已经随着人类社会的文明进步，提升到了人类对社会本源的探索过程里。作为资源配置机制下经济活动的主要参与者，企业发展随着社会发展已经上升到一个新的高度和标准，与之相对应的市场的"受众群"，也已经不能用传统意义上的"消费者"来理解其实际所起的作用了。"用户"首先体现在一个"用"字上，企业所生产的产品或者提供的服务要想产生价值，是以人的使用为第一前提的，"用户"即使用者的意思，是新形势、新环境下的企业真正要服务的群体，而非只有产生消费的群体才是企业的受众。

传统市场经济体制下，中国企业只是围绕资源和社会的分配进行生产销售，以实现盈利为目的，更多是关注产品的生产和销售本身，强调企业发展目标和利益最大化，而当时的用户诉求还只是停留在对物质财富的追求上，人们只有切实需要才会去关注和消费这个产品，因此，当时的用户纯粹只是消费者。企业要想获得更大的盈利，只要生产出符合消费者生活生产需要的产品，满足资源配置体系下的市场供求关系即可。影响消费者行为的因素也相对单一，主要受到制度和经济的制约，消费者对企业的作用力还只是表现在这两种因素制约下形成的购买力上。对企业来说，消费者纯粹只是消费者，只是商品买卖的一个对象而已，买则卖，不会形成一种对消费者的过于关注，不会从消费者的角度来反观自己，更加不会想到通过消费者的状态总结出对企业发展有利的做法。随着社会不断进步,新兴科技的兴起,世界范围内的信息唾手可得,加之文化水平的大幅度提升,人们越来越懂得分辨和筛选出自己的物质和精神需求,尤其对精神文明的诉求越发明显,使得中国企业在生产、经营和销售过程中,很难按照以前的老路子来继续开拓市场了。新兴市场经济的突如其来,机遇临门的同时,也为没有做好十足准备的中国企业带来了紧迫感和危机感。在国际市场环境里,与国际企业经营理念的碰撞和磨合过程中,中国企业开始把发展方向引入到了解客户需求、提升顾客的认同度上。越来越多中国企业经营者开始意识到,企业拥有消费者就是拥有一切,失去消费者就会失去一切,企业的受众也不再仅仅是形成购买力的消费者,而是更大范围的用户。新时代下的用户,其本身所具备的丰富的文化特征,对于企业的发展呈现出越来越强大的作用力。

首先,用户作为企业经营的受众目标,是企业一切生产经营活动中价值转换的对象,新时代下的用户是融合了多种多样文化的综合体,无论见识、眼光、智慧、能力等都因时代和环境因素的不断提升和成长,在精神上有更多的觉醒,本源诉求上也得到了更多的开发,更注重追求和实现对精神本源的满足,因此,用户对企业产品或服务的精神诉求,对企业的生产经营具有指导性作用。

其次,用户的精神诉求一旦形成,就会对企业提供的具象的产品或服务有一个筛选过程,从而从市场众多的同类中选择符合自身诉求的产品或服务,换言之,企业一旦挖掘出用户具有指导性意义的精神诉求,就能在产品或服务的定位上最大化地根据这一诉求来进行匹配性生产,与用户需求匹配得越好,产品或服务自然就越受用户喜爱和欢迎。

再者,经济、科技、文化等发展日新月异下的用户,不再只是单单满足于具体的产品或服务的内容,对于承载产品或服务的载体同样有了配套的要求,比如以什么样的技术呈现产品,以什么样的活动推广产品,用什么样的形式购买到产品等等,用户对文化生活中所涉及的技术和内容有了的集成性的需求,也是企业应着重关注的地方。

最后,随着新媒体、自媒体等在大众生活中的普及,信息技术的发展,互联网的推进作用下,提供了有利的技术支撑,从而形成了主动扩散信息的内在渴望,进而引起当代人的分享心理,这种心理随着社会文明的发展而体现得越发明显,用户使用到的产品或服务如果没有扩散性分享的价值,将很难得到用户的欣赏。

综上所述,不难发现,作为文明构成的主力军,人类在文明不断进步,直至迫切需要探索社会本源和人类本源的当下，与企业经营发展密切相关的"用户"，本身就担当着企业了解市场本源诉求的把关人的角色。用户的文化正随着社会的进步和文明的高度发展而呈现出对物质的高标准，和对精神的高要求，企业对"用户"的定义和态度，可以是对文明的一种探索，也可以是推动企业发展的一种策略，而从文化发展的角度去理解，"用户"作为最大的本源诉求输出口，其本身已经构成了精神指引的核心作用力，再结合"用户"对客观世界的认知，包括对实际生活的需求和对现实市场等方面的理解和判断，形成理论，并实践到社会中去，可以说，"用户"在特殊的市场机制下，其自身已经构成了一种文化，而这种"用户"的文化最终传达给企业的是用户本源的诉求，依照这个诉求的本源所开发的产品和服务，才是一个企业真正应该给予这个市场中为用户最大化认可的产品或服务。相比过去只是拿消费者当产品换取经济价值的对象，新兴市场经济体制下的用户显然对企业有了更多具有新时代特征的作用力，换言之，即用户文化的作用力。

　　企业想要抢占更大的市场份额，就要面对市场无情的竞争，而竞争优势归根结底来源于企业所能为用户创造的价值。新时期下用户思维的转变及用户文化的形成，意味着围绕用户展开的一系列行为都需要有相应的转变，如此，企业才能沿着新兴市场经济下的轨道更准确的发展。

二、"用户"传播思维的提升

　　用户对企业的重要性已经众所周知，它可以说是企业品牌发展的方向盘，新兴时代下互联网、物联网、移动设备、云计算技术的迅猛发展，使得每分每秒都在产生巨大的用户数据，借助大数据，对用户对产品相关的诉求进行挖掘，能对用户的生活习惯、消费能力、文化水平、沟通倾向等方面做出准备的评估，形成行业指数和分析报告，最大范围和程度地了解用户需求。有了对用户的分析，对产品或服务得以创新，就能激发用户进行新一轮消费的需求。可以说，通过用户分析，使创新有依据，技术更加精准，产品研发更有方向感，营销更符合消费者的心理等等，甚至在市场上，也能按照用户的数据分析进行定向传播。总之，用户是企业品牌得以正确推广的重要标准，是定位企业发展方向的方向盘。用户分析越准确，产品或服务就越容易被认可，越能形成用户大脑里对企业和品牌的印象，产生更好的适应度和接受度。

星巴克现任总裁舒尔茨曾有过类似这样的表示：最强大、最持久的品牌是在企业和用户心中建立的，说到底，是企业内外形成的一种精神联邦，是利益共同体，这种品牌的基础相当稳固，因为它们是靠精神和情感，而不是靠广告宣传建立起来的。但现实中，"顾客至上""用户为先"的标语和口号式的传播，常常只是被企业当作宣传的手段，企业虽然知道用户是企业稳定可持续发展绝不可或缺的重要资源，但很少去思考如何将自己的产品和服务去和用户产生关联，让用户得到最大程度的满意，进而起到一传十、十传百的传播效果。

前面我们说过，企业文化对外部的作用力，即品牌文化作用力，是引导企业创建一个能被大众市场接受的企业形象，用户的适应度和认同度，共同组成了企业文化的被接受度，而企业文化的被接受度，取决于企业文化有没有集合更多人对客观世界的认知，即是否更多地考虑到用户的文化层面。简单地讲，就是投其所好。文化是时代发展过程中的必然产物，时代在进步，文化本身也因为时间、空间、维度、领域等的不断更新变换而出现越来越复杂的存在形态，人们因为对文化信息捕捉能力的不同，生活环境的不同等因素，造成各个体间对这个世界的认知差异，形成了不同程度的个体文化。但有一点是一致的，那就是每个具备对世界有客观认知的人都存在一个本源诉求，这在文明发展中是毋庸置疑的。企业也有企业的诉求，企业作为以盈利为目的的社会组织，必然要想方设法提升企业规模，扩大生产合作，实现在资源配置诉求下的供应力和供应价值，只有这样，企业才不会被新时代市场经济下的竞争环境所淘汰。寻找目标用户的诉求即寻找人的本源诉求，和企业自身文化中的本源诉求，将这两种本源诉求相互结合去规划企业的生产、经营和发展，才能保障企业跟上国际市场的步伐。

随着人们生活水平、文化程度不断地提高，人们的物质文化和精神文化日益进步，消费需求不再仅仅停留在获得产品物质层面，更多地转向对精神和心理的追求。换句话说，人类对精神文明的本源诉求一直没有丢，且随着社会进步、文化创新，对精神的本源诉求处于不断扩大的过程中，在物质文明饱和的新时代市场经济体制下，人们在产品的使用过程中，开始以对精神文明的诉求作为一个产品的标准，对产品标准的衡量也就相当于是对企业的衡量。

以星巴克为例，其成功的经营理念在于牢牢把握住了用户的这一心理，在为用户提供物质需求的同时，建立了非常人性化的体验过程，使用户在店内消费时，除了购买到咖啡的美味，还享受到美妙的休闲时光，增强用户体验，把用户体验过程中的感受放在产品或服务的第一位，这是极为人性化的，符合用户精神本源诉求中的要点，把意识形态中缥缈无状的感觉引导到实实在在的消费体验中，为用户创造感知价值，满足其心理需求，通过达到用户精神诉求值的体验，用户便会用高度的忠诚来回报这种体验。这种体验服务是企业抓住用户心理需求的其中一个表现。企业经营就应当如此。新时代市场经济体制下，企业遍地丛生，而用户是每个企业争相争取的资源，企业的持续有效发展有赖于用户数量的不断累积，以及用户对企业产品或服务的忠实拥护。用户文化已然形成，作为企业经营者和企业文化建设者，深入了解市场用户的需求，从用户在社会生活中、消费习惯中、社交沟通中的思维的转变，解析出用户文化在精神指引、思想理论、社会实践、传承传播这四个方面的具体需求，就能从中总结出企业对外传播过程中传播思维应有的转变。

三、"用户"对传播的转变特征

随着人类社会发展的进步，人类对文化生活的追求变高，新的生活方式、生活习惯、购物习惯不断的呈现，企业作为社会的微观组成部分，对社会生活及文化的融合度有着重要的意义，企业是生产文化、组织文化的创造者，同时也是社会文化的组织者和传播者。企业围绕人类社会文化生活，以用户文化作为指引企业对需求方的理解，既符合广泛性用户需求，同时也符合企业团队群体需求，只有在用户文化的需求信息中，增强企业对"用户"的理解，才能对"用户"的真实需求把握得精准有效，才能给企业在需求方市场带来更大的供给力和经济效益。通过对"用户"数据的精准分析，并以用户文化的角度对其传播，才能达到用户满意的理想作用，在数据匹配的精确分析下，在企业团队与用户之间形成良好关系的基础上，开发潜在"用户"的巨大空间。

既然企业文化既是从内向外发展，又是从外向内推进的，同时企业团队也可以理解为微观的用户群体，那么，由此，我们可以推论出，"用户"文化对企业文化来说也会存在两种传播的现象，一种是"用户"围绕企业团队、企业员工等组织需求所产生对企业的一种整合作用；另一种是"用户"围绕社会生活、产品服务等信息需求所产生的对企业的一种导向作用。企业在"用户"传播上如何形成对内和对外在传播关系上的精准程度，取决于企业对"用户"传播思维的转变程度。通过对社会及企业的综合研究，结合现代传播特征的实际现象来看，"用户"在传播过程中主要有四方面的转变特征。

1. 加强对"用户"的指导性传播

过去,企业在向外传播产品时,多用广告宣传、活动造势、网络推送等一系列灌输性、教条式的充塞视觉和听觉的传播方式,不管用户接收的效果如何,只是一味用盲目向外扩散的方法进行传播。随着文化的不断发展,人们所接触的知识领域、文化层面以及外界种种的人和事物,不断激发了人对于探索和求知等的本源诉求,这是人类天生具备的一种能力。对于用户市场来说,世界文化大同时代的来临,文化信息量激增,信息传播速度快,用户对信息的获取渠道、获取速度、获取量都不是过去的时代能同日而语的。正因为各种各样信息汇集在一起产生了"乱花渐欲迷人眼"的社会现象和市场现象,使得用户在面对信息、产品和服务的传播过程中,更多的是渴望能得到一种指导性的帮助,指导性是基于信息复杂现状下对信息辨别的需求导致,也是人类对传播文明的本源诉求,一切积极的具有指引性、导向性的传播,都是相对文明的传播,因此,传播指导性的转变是符合用户精神指引的诉求的,用户的这一对传播指导性的诉求,就是要求企业在对外进行传播时,需要不断加强企业自身对用户的指导能力,而企业指导能力的提升,对于企业内部组织和内部员工个人都是一种不断促进成长的过程,亦是企业文化不断充实完善的过程,是企业发展中重要的动力源。

2. 注重对"用户"的匹配性传播

文明发展到 21 世纪,人们的文化和生活水平都相应到了一个高度,文化和生活代表着人们的精神和物质,文化中又因为各种环境的作用使得各种形式的分类文化高度密集,在纷繁复杂的对知识和现实的接收中,人们成了一个个装载各种文化信息的载体,使得每个人都具备形形色色的认知,要从各种不同认知的用户中找准用户需求,即是一个匹配的过程,单就企业的营销举例,营销的产品内容如不能与用户的需求相匹配,在现今文明里用户对产品和服务所具备的高标准高要求之下,就很难达到营销的效果。人性中天生有感性的一面,这是人作为高级文明的代表所具备的特性。随着文化的发展,认知的加深,为了更好地适应社会、适应生活,人类不知不觉地于感性中融入了理性的思想,以求为了做出更好的判断和选择,以此形成当代人的处事特征。因此,无论在传播内容上,还是社交平台上,首先要考虑是否和用户所要的相匹配。用户对传播的匹配性转变,要求企业不能用传统的口号、标语、广告、宣传等形式,在进行用户数据采集中,和企业产品服务的推广中,用户需求诉求和传播内容方式——达成匹配,才能从层层文化的"迷雾"中真正实现传播的效果,这是用户传播围绕企业团队、企业员工等组织需求所产生的对企业的动力作用。从另一方面来讲,企业在不断完善对用户的匹配性转变过程中,用户结合感性与理性的双面认知,自然会选择出与自己匹配度较高的那家传播主体企业。这种传播匹配性的转变,是企业与用户双方诉求与利益的最完美统一。

3. 具备对"用户"的集成性传播

上文中我们说到,随着经济飞速发展,科技日渐创新,国际文化不断相融,这一时代背景下的用户不再只是单单满足于具体的产品或服务的内容,对于承载产品或服务的载体和技术同样有了配套的要求。比如在物质文化和精神文化相对落后的过去,人们更多的热衷于看纸质的小说,但随着高新技术的发展,更多的人开始满足于电影视频这种内容、技术、平台等相集成的传播方式。对于企业而言,就比如以什么样的技术呈现产品、以什么样的活动推广产品、用什么样形式使用户接受产品等等,产品的价值已经不单单是产品这一本身的价值,而是需要加入更多附加元素的价值,才更受新时代下的用户欢迎。用户对社会生活中所涉及的技术和内容有了集成性的需求,不但选择企业提供的产品内容,还会在技术等社会应用实践中寻求购买的价值,这是企业应着重关注的。这种基于用户需求的集成性的转变,对企业内部组织来说,需要企业具备完善的新兴领域内的技术应用、平台组织等,如新媒体、新文化、新现象、新模式等的组合运营,这就要求企业员工的配置上不应只停留在产品、营销等传统标配上,而应加入新时代的新鲜思想,创新思维,前沿技术,以达到集成性传播的需求。用户对传播的集成性转变,极大地提升了企业的综合性实力和整体性形象,是对企业内部力量的有利补充。对用户来说,也更愿意接受并传播这种具备集成性特征的产品或服务。

4. 重视对"用户"的扩散性传播

用户对传播的扩散性转变可从两个方面来讲,一是随着文化进一步发展,人们有了越来越丰富的对客观世界的主观认知,几乎每个人都是一个代表自己的文化体(包括用户文化),都有具备精神指引、思想理论、社会实践、传播传承的核心构成,这四部分构成不断完善增强的同时,也越来越激发出人本源中对于传播的诉求性,而传播本身的诉求是希望获得更多的认可和接受,从而形成更广范围的传播。另一方面,互联网高新技术的不断发展,大大改变了人们的生活方式和生活习惯,个人主页、博客微博、公众号、朋友圈等广泛应用,在网络技术的推动下,人性本源中对于信息扩散性的诉求得到了充分的技术和渠道的满足,有了网络技术的应用都不再单一的希望某个人来认同,都希望把自己掌握的物质信息、精神信息广而告之,扩散性地发布出去,从而获得更多的关注度、认同感,可以说在新兴时代下,绝大部分用户都已经建立了这种传播习惯。用户的这种对传播的扩散性转变,势必对传播信息有了更高的要求,因为在文化的作用下,用户对信息的鉴别能力越来越高,只会选择具有扩散性传播价值的信息去进行传播,因而企业在传播过程中,对内部组织和企业员工在产品与服务方面将提出更高的要求。企业要想在新兴市场经济体制下的激烈竞争中稳定发展,就要抓住用户这一宝贵资源,以满足用户的需求为主,用户满意了自然会帮助企业进行扩散传播,对企业的传播起到重大的助推意义。

第三节　"传播"在品牌文化传播中的转变

网络、媒体的介入,使我们知道的信息数量增加,知道的机会增多,使一些事实的真相很难被掩盖,它们的立体配合,使解决问题的方法更加公正、公平。

——央视媒体人　撒贝宁

一、"传播"思维的转变

传播是指社会信息的传递或社会信息系统的运行。信息是传播的内容。传播的根本目的是传递信息,是人与人之间、人与社会之间,通过有意义的符号进行信息传递、信息接收或信息反馈活动的总称。自人类诞生起,传播就已经存在,传播作为一个动词,存在于人类社会生活的各个方面,并且随着人类文明的发展不断演变,从最早的通过肢体动作传递信息,到语言文字的产生,到印刷术、电子技术、互联网技术的运用等,在人类文明地不断递进式发展中,无处不有传播的身影。人类靠传播进行知识、技术、文化等的共享和繁衍,靠传播建立起人与人之间、人与社群之间的关系,靠传播一步步地推进文明,同时在文明每发展到一个新的阶段,就会产生新的传播技术,以此形成相互促进式发展的关系,从而推动社会的进步与发展。

社会是由人构成的，就人类社会的大环境来讲，传播的作用力表现在对人的作用力和对社会的作用力两个方面。传播作用力的呈现方式，分为显性和隐性两种，显性的作用是立竿见影能明显感觉到的，隐性的作用使人不易觉察。从传播作用力的效果来看，有正负两个面。传播的正面作用，能维护社会稳定，使人身心安泰，传播的负面作用，则会有造成破坏力效果。值得一提的是，人类文明虽然总体趋势是进步的状态，但进步的过程中不乏因负面传播而造成的种种不良影响，只是这部分的负面作用在滚滚历史长河中，被代表光明的正能量传播压制了，或者说它们彼此之间是滚动着共同向前的，只是传播中光明的作用更强，这是人类对传播光明和真实的本源性诉求导致的。从传播作用力的应用来看，针对个人而言，分为对思想的作用和对交际的作用，对思想的作用是指传播活动对人的思想意识所产生的种种作用，对交际的作用是指传播活动对个人的人际关系所产生的种种作用。

传播活动对个人层面的作用力，是需要传播者亲身去参与完成传播的任务才能实现传播对个人的作用的，个人是社会中的一员，在这个到处充斥着传播的社会里，个人对外进行传播，无论是对其他个人还是对组织，或是对社会，都是一个与外界产生关系的社会化的过程，同时也是个性化的过程，因为个人作为传播主体，在传播的过程中，是带着自身的文化、气质、个性等特征的，所以，也是一个个人发现自我的过程。换言之，传播对个人的意义是既能使个人实现社会化，又能使个人保持个性化。

传播活动对社会层面的作用力，主要体现在社会的几大重要组织活动方面：一是政治作用，传播既能帮助社会政府机构发布信息、收集情报、规范市场、协调社会行动等，又能帮助人们了解政府相关功能、获悉新闻实事、监督政府部门运作、传达百姓心声、认识社会生活环境等。二是经济作用，传播能促进社会经济变革，推动社会经济发展。三是教育作用，传播从某些方面来讲具有教育价值，通过传播的方式可创造一种具体强烈教育意识的社会环境，在信息传播的过程中夹带知识的传播。四是文化作用，即在传播过程中可以直接创造文化、传播文化、享用文化。

随着人类文明的不断升级，文化经过无数次历史推进，在各个领域繁衍出各式各样的文化，文化无处不在，甚至形成了文化产业，整个文化的发展过程无不伴随传播的踪迹，发展到如今的新兴市场经济体制、新兴文化、新兴互联网高科技等共同组成的新兴时代里的新传播，已可定义为文化传播，而非过去的信息传播那么简单。前面我们说，文化因其本身具备的四个方面特质，即精神指引、思想理论、社会实践、传承传播，使其在人类漫漫历史长河中能够被传承下来的绝大部分都是精华而非糟粕，这是由于人性本源中对于精华部分的本能吸纳，对糟粕部分的本能排斥所引起。在过去文明程度还比较低的时候，人们所接纳的文化知识有限，人性中的诉求更多是停留在物质层面的追求与满足上，当文化在传播中不断繁衍升级，人类智慧的创造力越来越强，创造出了各种物质以满足精神的诉求，同时在精神诉求的作用力下，不断地开发出更新的物质创造力，这一物质与精神滚动式发展前进的过程，即是文化不断趋于饱满和扩大的过程。文化好比是一个圆，当这个圆越来越饱满的过程中，其中的精华部分的密度就会越来越高，人类文明就会呈现高度发达，当各种文化的圆越来越扩大，就会形成在人类居住的自然与社会环境中都是文化与文化在相互接触碰撞的状态，那么，它们中的传播已然成为文化的传播。在这种环境下，尤其是现在新兴时代环境下，结合人类越发进步的诉求，传播的本身也已是一种文化，因为它具备了文化的精神指引、思想理论、社会实践、传承传播这四个特质。传播是围绕人展开的，新时代文化熏陶下的人们的传播，对于传播内容的本质，在精神上更加求真，而不是但凡信息都会去接受，确定了传播内容的真实度后，在思想理论上还需和个人有融合度，相当于文化和文化的融合，即两者融合得越好，就越易被接受，直至在实践中被吸收，当人们吸收这种传播文化与传播内容后，再主动地往外进行传播，才是新兴时代下为人们所接受的新传播。

传播是企业发展的基础，当了解到新时代下人们传播思维的转变后，企业在进行企业文化和品牌文化的传播时，就需要从实际出发做出"传播"传播思维的转变。

我们已知新兴时代下的传播即文化传播，新兴市场经济体制下的企业传播，即企业文化传播，传播贯穿于企业经营的方方面面。企业内部需要传播进行企业文化对员工形成凝聚力，需要传播进行思想理论对员工的规范与导向，需要传播进行社会实践部分的落实与衔接，更加需要传播将企业价值进行推广扩散，完成企业的发展。传播作为企业外部组成的八大部分之一，是企业品牌的基础。企业品牌如果不能到达进入用户的印象里，就失去了品牌的意义。而让更多人的大脑里产生对品牌的印象，就需要靠传播来实现。过去大众对传播的理解多数是源于广告，认为广告做得越多，人们越耳熟能详，品牌就越好，而企业对品牌的传播，也只是停留在传播信息的层面，比如企业的产品，产品的名字，产品的广告语，产品的画面等看得见的技术。在文化越来越普及并提升的新时代，每个人自身已经具备了各种文化的融合，形成了对这个世界更加丰富的认知，品牌的传播需要符合人的本源诉求，才能起到传播的实效性。因此，新传播即文化传播应建立在"沟通"的基础上，沟通是人与人之间、人与群体之间，思想与感情传递和反馈的过程，以求思想一致、感情通畅。简言之，新时期下的传播，是文化与文化之间的相互沟通。以文化间的沟通来理解企业文化的传播，就需要跳出以往单纯的信息传播的概念，在传播思维上根据文化的特征进行转变。

企业文化对内的传播我们在上一章节中已详细讲过，品牌文化是企业文化面向外部环境的一种文化表现，其核心就是企业文化，是企业文化由内向外的表现。这一文化在面向外部环境时，融合了当下社会与企业发展密切相关的现状，以总结出八个部分缺一不可的组合，即创新、用户、传播、技术、产品、营销、公关、企业，来助力品牌的建设，但最后这八个部分都将由外向内补充企业文化。传播作为组合的其中之一，其实它更像是土壤，因为其他部分各自的运转和相互的衔接，以及整体的运行，过程中都离不开传播这一基础，就像自然界生命的孕育传播，都需要在土壤之上，它本身就是一个具备强大文化支撑的文化体，具有融合的作用。

二、"传播"对传播的转变特征

文化的发展促使人类社会不断进步，文化传播也伴随着时代不断变革。传播技术、传播媒介、传播语言、传播方式、传播技巧、传播策略，等等，每个时代都具有其鲜明的时代特征。人类文明通过传播得以更好的发展，这是社会进步与发展的需要，也是人类精神诉求的表现，传播，在当今文化高度发展的新时代中尤为显著。企业文化作为企业的核心组成，在新时代市场经济体制下，其传播必须跟随市场环境发展需求做出转变，在遵循人类对文化本源诉求之下，企业应当要求自身的企业文化在传播的语言、方式、技术、技巧、策略等方面重新解构组织，发挥"传播"在企业发展中的作用，为企业的稳定性、成长性、优质性起到促进作用。

根据企业文化传播既是从内向外发展，又是从外向内推进的传播过程，"传播"文化也会存在两种传播的现象，一种是根据企业团队、企业员工分配功能上的不同，而需要通过"传播"才能产生的凝聚作用；另一种是"传播"围绕社会大众、市场用户信息需求所产生对企业的引导作用。企业在"传播"传播上，对内和对外的传播关系上的紧密程度，取决于企业对"传播"传播思维的转变过程。通过对社会及企业综合研究，结合现代传播特征的实际现象来看"传播"在传播过程中主要有四方面的转变特征。

1. "新传播"需要提升传播的求真性

自人类诞生之日起，传播就在发生，在人类文明的整个发展历程中，每个阶段，每年、每月、每天，甚至可以说是分分秒秒都存在信息的传播，这些信息有优有劣，有真有假，有光明的也有黑暗的，错综复杂地遍布我们生活的空间中。在文明尚且落后时期，人们的文化水平还不足以分辨信息的真伪，错把假当真，把糟粕当精华，没有发挥对的信息的功能，一定程度上阻滞了文明发展的进程。随着时代发展，文化不断更新，个体文化逐渐成形且丰满，加上社会、经济、政治、文化、科技等全面发展的大环境影响，人们的眼界、思维、观念等个性化的特征越来越明显，对于信息是非、真伪的判断能力加强，更提高了对传播内容的要求。尤其重要的是，在国际整体文化氛围的影响下，个人文化促使人性本源中对于真实的诉求更加强烈，人们希望在纷繁复杂的海量信息中，找到真实的、有用的文化信息，这是人性中探索欲和求知欲的表现，也是新兴时代下传播文化本身应具备的特质，只有真实的才是构成文化的前提要素，一切不真实的都成不了文化，因为无法被传播。说到这里又必须强调一点，那就是每个人对于真实的界定是不一样的，每个人的文化代表的是这个人对于客观世界的认知，这种认知有客观的部分也有主观的成分，主观又因人而异，因此，人们对于传播求真性的诉求并没有一个绝对的标准。求真性，是在人们整体文化提升的基础上，出于人的精神本源里对真实的标准来定的。故而企业在进行企业文化传播时，无论对企业内部，还是对企业外部，都需要从两个方面出发，一是在物质的显性层面，企业提供的信息、产品、服务等都应是真实的，如此的传播理念就要求企业团队和企业员工应以求真的态度面对工作，这是新时代文化氛围里的用户对于传播是否可取的基础判断，即必须真实；二是在精神的隐性层面，企业所传播的企业文化、品牌文化，以及传播文化，它们在精神上需合乎企业内部员工和用户内心对真实的诉求。企业传播这种对传播的求真性转变，在企业对内和对外的传播关系上可以形成和谐和统一，能更好地促进新兴市场经济体制下的企业发展。

2."新传播"需要提高传播的融合性

过去大众对传播的理解，只是一个信息发出与接收的过程，人们对信息的要求相对也比较简单，只看信息对自己的工作、生活有没有实用性，有没有知识性即可。企业传播也只是将企业产品、企业形象、企业广告语等企业相对外显的部分传递给用户知道。可以想象那个时候的传播是偏机械化的。随着人们生活水平不断提高，政治经济等的繁荣发展，国家对于科技产业和文化产业的重视，使得文化普及率一路上涨，加上世界经济一体化，国际文化不断涌入，国际、国内文化以及两者相融后的新文化，及外界文化与个人文化相融后的新个人文化等各种文化，通过互联网衍生的新兴媒介渠道在人们生活中广泛播撒，形成了一片文化的田野。传播以人为主，人与人之间、人与群体组织之间的传播，成为名副其实的文化间的传播。文化的特质，包括精神指引、思想理论、社会实践、传承传播四个部分。可以说，求真性，是基于文化本源精神指引的作用，延伸到思想理论部分时，就需要传播具备融合性转变。可以这样去理解，新兴时代下的大部分人，在接收一种新的文化时，首先考虑其是否满足自身本源诉求中的真实性，当确定其真实性后，出于人性中对于外来文化或事物的筛选心理、认可心理、接受心理等心理层面的匹配活动，会有一个融合的过程，当认可度和接受度达到一定数值后，人们才会愿意去跟这种文化相融合。对于每个人不同的心理而言，能够相融就会显得真实，真实就会更加愿意接受，这是因为每个人对真实的界定是不一样的。了解了新时代下的传播文化的特征造成的其对传播的融合性转变后，企业在进行传播的过程中，就应更多地考虑企业对外的传播与用户在物质精神双方面的融合度，以及传播对于品牌其余七个部分的相互衔接上的融合度，只有优先考虑各方面是否融合的情况下，才能实现企业被新兴市场经济更加广泛的认可和接受。

3."新传播"需要加强传播的吸收性

"传播"对传播的吸收性转变，是上文"传播"对传播的融合性转变的下一步。新兴时代下的"传播"，已经不是一个简单的动词，而是围绕我们社会生活自然人形成的环境影响下，成为一种文化，即"传播文化"。当传递信息、接收信息、反馈信息的这个沟通过程成为一种文化时，就势必要求这一传播要具备一定的吸收性，因为文化在传播的过程中，只有被实践吸收使用，才能发挥其价值，换句话说，只有被吸收使用了，它才会真正具备价值。结合上一段内容可以得出，两种文化融合得越好，吸收就越强。新兴市场经济体制下的企业，由于竞争市场的忽然扩充和体制改革，使得众多企业手忙脚乱，尤其是原来只是一味做产品、做服务的传统企业，习惯了只从自身出发，把对自身的要求和标准停留在做好产品和做好服务的基础上，沿用老一辈"酒香不怕巷子深"的思想。虽然也主动去找寻市场，但是因为时代变化太快，在大家一窝蜂钻进新媒介的潮流中，也只能被动参与其中，进行传播，这种对"传播文化"知之甚少的情况下的做法，非但很难产生对用户的吸收效果，而且还是对企业资源的一种极大浪费。企业应该深刻地认识到，市场经济条件下，文化对企业的作用力是非常强的，也应更加深刻地认识到，新时代"传播"对传播的吸收性转变，是指引企业在对外传播时对价值能否成功转换的一种预见，当企业文化或企业的传播文化被融合吸收得越好，就代表这一企业在用户心中的黏性就越强，成为忠实用户。从另一方面来说，这种吸收性转变，对企业内部组织和员工也会产生更加强大的精神凝聚力和工作执行力。

　　4. "新传播"需要注重传播的自主性

　　随着社会的发展，文明的进步，人们生产生活的文化环境越来越广，文化氛围越来越浓，21世纪新兴网络与科技的飞速发展，加速了文化对人们的影响，每个人都成为融合了各种文化的文化信息综合体，这种综合性的文化特征，一来使人的内在越来越充实丰满，具备了更多的知识信息和内涵思想；二来更激发出人从本源出发中对分享信息的诉求，这种诉求导致了传播自主性的转变。加上新时代下，个人主页、微博、公众号等自媒体的使用，使得人人都成了自己的文化发声器，实现了以一传百的广泛传播能力。传播自主性，是"传播文化"四个部分——精神指引、思想理论、社会实践、传承传播中的最后一个步骤。企业文化对外传播，即品牌文化的传播，所能收获的最理想效果自然是希望得到用户对企业及企业品牌的关注度、认可度、接受度和融合吸收后，进行自主性的二次传播。新时代下的用户自身已经具备了分享信息的本源诉求，因此企业在传播中只要达到与用户文化诉求相匹配的、真实的、可吸收的企业文化、产品文化或传播文化，就能使企业对外的传播产生巨大的回报效果。而这种"传播"对传播的自主性转变，围绕企业内部而言也是一种人人自主、高效运营的体现，当企业内部传播和外部传播达成一致的和谐，以文化的角度和要求充分使用传播的功能，企业在新兴市场经济体制下的发展就能更有保障。

第四节　"技术"在品牌文化中的传播转变

科学技术是第一生产力。

——邓小平

一、"技术"思维的转变

技术，可以理解为，是人类在文明发展中，围绕物质和精神诉求的一种本源意识，以满足人类的需求或是愿望，通过探索自然、认识自然过程中累积起来的一种思想和知识，以形成利用自然和改造自然过程中的一种实践应用理论，从而形成"技术"的知识、经验、能力、理论等方面，从这个角度来说，"技术"是无形的。但"技术"又是具备着传播效果和传授功能的一种意识形态，随着社会实践过程中对技术的应用越来越广，分类越来越多，因此形成了我们今天对"技术"的综合性理解。从这个解释"技术"的过程中，可以看出，"技术"也是围绕人类社会生活，贯穿人类社会进步进程，从精神到理论到实践到传播的一个整体过程，我们前文中提到文化是有四个部分贯穿的，那么"技术"在当代文化水平的背景下，也可以用"技术文化"的思维去理解，同时，这样的理解也是符合当代文化认知水平的。与其相比，当代很多人所讲的文化技术、科学技术，只是对"技术"的一种分类理解，"文化技术"和我们所提到的"技术文化"是完全两个概念。

邓小平说：科学技术是第一生产力。"技术"是以提高社会生产力为服务目标的，"技术"有否突破，决定了人类社会发展的步伐，也是证明人类踏足新领域的象征，因为技术对人类的发展，社会的发展，企业的发展有着决定性作用，在文化水平相对丰富的时代，"技术"以文化的角度来理解是无可厚非的，因此，可以把"技术"以文化来理解，将其作为企业文化中品牌文化的重要组成部分，"技术"也是企业品牌从无形到有形的核心成形因素。在这样的前提下，如果企业只是把"技术"单一的理解为企业组合生产要素的"技术"因素，又或者是管理企业过程中要具备的一种"技术"能力是远远不够的。从当前中国企业的发展来看，各类企业都存在着多处对"技术"理解的不到位现象，集中起来，则表现为："技术"

开发面的单一、突破点的狭窄;"技术"的应用力薄弱,涉及面很局限;"技术"的功能性很落后,以及"技术"特点不显著等现象,同时对"技术"的教育、培训、传播等领域与西方国家也存在着比较大的落差,这就带给大众我国生产"技术总不如国外"的广泛评价。随着国际市场经济竞争力的增强,国际市场经济的再次兴起,各领域新兴技术的快速发展,中国企业如不调整对"技术"理解的思维,是很难在未来更激烈的市场经济竞争中有立足之地的。

"十三五"规划纲要中一再提到"大众创业,万众创新",很大程度也是在提醒企业要加大对"技术"革新力度。随着国际市场经济在世界各国中逐步渗透,中国已走上了国际竞争的舞台。中国要实现民族富强,首先在创新力上要具备国际水准,"技术"作为创新发展的核心动力,在这个时候也体现得尤为重要,为了加强国际合作,促进国内经济增长,从国家意志层面也表示了重视度。如果说"创新"是促进发展的动力系统,那么"技术"就如同在这个"动力系统"上再插上一对翅膀,说直白一点儿,其实是中国企业已经到了不飞不行的地步了。根据调查显示,已有大部分企业完成了"技术"性转型升级的过程,在互联网产业发展的推动下,未来有75%的企业将以网络技术作为配套技术基础,这是时代所造成的必然趋势。但同时,国内企业由于对"技术"性理解的不全面,盲目地跟风和转型,把"技术"过分的依赖于互联网技术的单一层面,也造成了成批量的互联网企业倒闭,中国企业正是这种对事务理解的不全面,而忽略了其他领域中"技术"的发展,"技术"作为改造性工具,是企业在进步过程中,改造企业的一种方法或手段,但绝不是依赖。

通过对以上"技术"的理解,回归到我们应该如何理解"技术"的思维中。我们之前提到过社会是人的社会,市场是人的市场,以人为本的客观认识是不会改变的。同时,企业也是人的企业,企业最终也是为人类服务的,是以用户为最终活动目标的,企业在思考企业发展中的"技术",也要回到"用户"的角度来思考。我们已经知道,随着国际经济的发展,用户的诉求已经是建立在国际诉求标准之下,如果以"用户"的角度来思考"技术",首先要加强对"用户"的理解,前文中我们对"用户"已经阐述的很明确了;其次是围绕"用户"对技术的精神诉求、理论诉求、实践诉求和传授诉求等方面,加强对"技术"的全面性理解。在过去,传统经济模式中,对"技术"的理解与应用,还局限在工业制造技术、电子工程技术、软件信息技术等常规的高新技术领域内。随着时代的发展,围绕"技术"的开发、应用、功能、服务等领域越来越大，企业对"技术"的依赖性也变得越来越强，企业在寻找技术突破点的时候总是把目光聚焦在新时代一些高新技术领域内，而这些高新技术领域以国际视野的角度来看，中国与国际市场存在一定差距。如美国的军工技术、日本的电子技术、德国的工业技术、印度的硅谷技术等。过去，中国很多企业为了体现自身的技术优势，提高企业市场竞争力，大多以模仿国外高端技术为开发目标，同时，也以移植国外技术来扩大在国内市场的影响力为策略手段。随着互联网产业、信息产业的快速发展，在国际市场经济的背景下，中国新兴市场经济也逐步迈向国际化，真正的国外技术开始大幅度地向国内涌入，相比之下，原来企业所仿照的国外技术，在市场竞争中就没有优势了，也因为技术知识产权等方面所引起的商业纠纷在最近几年发生频频，一大批国内企业纷纷表示，高新技术产业也并不好做，原因是新兴市场经济对经济的权、责、利界限已划分得更加明确，加上大众对"技术"的诉求标准仍然是国际的标准，一旦其具备消费能力，首先选择的还是国际诉求标准下的"技术"产品，这对国内企业在未来发展中是很不利的因素，因此，企业在未来市场中面对"技术"这一环节的突破，是企业发展必须要具备的思维，同时加强企业对"技术"的传播是企业真正发挥"技术"力量的前提条件。

二、"技术"对传播思维的提升

前面已经提到，文化是可以实现传播的，能形成传播的文化才算得上是文化，而文化又具备着导向、整合、维持、传续等作用。因此企业对"技术"以"技术文化"来构建是企业文化建设的过程，而这个过程能得以有序持续的发展，有赖于对"技术"的传播过程。通过以文化的思维方式来理解"技术"，是符合当前受众的实际需求的，这种以"技术文化"思维所形成的理解方式，也是未来新兴市场经济中需求方的诉求特征。同时，在满足企业对"技术"的开发、应用、培训、服务等领域，以技术文化作为构建企业文化理论的一部分，配套企业文化建设，为企业在内部团队及外部用户中实现更有效的"传播"，提供了全新的思维方法。"技术"也是一种文化，"技术文化"是企业文化中品牌文化的重要组成，"技术"既是品牌的组成元素，也是品牌得以成形的因素，加强企业"技术"传播是企业在未来发展中实现自我提升的有利途径，是企业在创新发展中改造企业的基础能量，也是企业"传播"过程中必不可少的环节。以用户的角度来理解"技术"，用户诉求的是符合自己心意的"技术",并不在意是国际的还是国内的,用户在使用"技术"的过程中,围绕自身的生活习惯、生活方式,诉求与自身相匹配的"技术",其目的是以提升生活品质为衡量标准的。从这些方面来理解"技术",高新技术或是新兴技术只是用户对"技术"诉求的某一方面,并不代表全部。事实证明,很多奢侈品品牌或是大多数知名企业,在"技术"上并不是很突出,"技术"对他们来说只是一种辅助工具,他们的产品或服务是以配套满足用户需求的前提下所设立的,并不是主观强加上去的。近年来,较为流行的"绿色"技术,其技术特点是有机、自然、环保,而并不是有多少科技融汇其中,也有类似于"健康"的技术,强调的是以安全,适应人体生命功能为前提的一种技术提倡,这些"技术"都是符合用户市场心理需求的,从这方面角度来理解,"技术"是永无止境的,同时也是没有明确方向的,只是围绕企业发展在核心定位的基础上,所延伸出的一部分功能,而围绕企业的核心"技术"都应该是原创的,对"技术"的原创,是企业满足用户市场的应用前提,也是未来市场经济中对企业的一种新标准。

　　企业要满足内部团队在"技术"的开发、应用、功能、服务等方面的培训及提升,在于企业如何建立正确的"技术"理论,并通过正确的"传播"达到企业内部各团队之中,与此同时,以"原创"技术,以及围绕"原创"体系所构建的系统"技术"理论、技术知识,通过对用户进行传播,满足对用户的诉求。前面我们提到,用户的"技术"诉求,来自用户四个方面的内容,精神诉求、理论诉求、实践诉求、传授诉求,这也正是文化的四部分所形成的用户诉求因素,只有从这四个方面的综合理解,才能真的找到用户对"技术"的诉求特征。从精神诉求层面来理解,用户存在着对提升生活品质的本源诉求,以及国际标准下,新的文化生活引导下所形成的潜在诉求心理,从这一角度来看,用户对"技术"的精神诉求,是在国际文化生活的标准下所产生的,同时满足企业在未来市场中,以原创"技术"的标准来衡量的。那么企业在传播"技术"的过程中,就不是单一的以行业领先技术或是单一的高新技术为"传播"标准了。我们又从理论诉求层面来理解,用户在认可某种"技术"的前提下,存在着对生活中其他方面"技术"的应用心理。比如说,有的用户习惯了智能化的"技术"产品,那用户必然存在对生活中其他产品"智能化技术"的应用心理渴望和需求。又比如说,有些用户认可了具有"绿色技术"的产品,那就必然存在着渴望对生活中其他产品加以"绿色技术"的应用心理。从这一角度来看,用户对"技术"存在着巨大的潜在应用诉求。那么,企业在传播"技术"的过程中，也要提升关于"技术"的应用性传播。总之，企业传播关于"技术"方面的信息，除了在"传播"上运用符合当代市场环境的传播方式和传播语言，同时也应加强对"技术"方面的传播内容，这是企业在"技术"传播过程中，应具备的转变思维。在形成新时代背景下以企业对"技术"上的传播思想，结合企业核心文化理论体系，构建和扩充企业文化体系及传播体系，是企业在"技术"层面上综合提升的有效措施。

综上所述，企业从"技术"的思维及传播思维的转变，围绕企业文化对内和对外双向传播的融合特性，在企业核心文化体系基础上，构建传播企业"技术"文化，是企业与用户之间在"技术"方面沟通交流的桥梁。新时代，信息的高速流通，如何有效的掌握用户信息，收集和整理用户"技术"诉求特征，建立清晰有效的"技术"传播语言及传播方式，是企业在"技术"传播之前要准备的工作重点，其工作重点又集中体现在用户文化生活中的诉求表现。随着人类文化生活的丰富，用户的文化生活不停地产生变化，对用户在"技术"方面的诉求也很难进行准确捕捉，但从社会现象及用户对"技术"的诉求规律上来看，也存在着明显的特征，并且这些特征又集中体现在文化信息的"传播"过程中，因此，从用户对"技术"在传播过程中的转变特征来捕捉用户诉求，是符合用户真实诉求的，以用户的真实诉求建立企业在"技术"方面的传播转变，是符合企业未来"技术"传播规律的。

三、"技术"对传播的转变特征

人类的本源诉求是一个不断探索、不断开发的过程。技术的进步伴随着人类不断地进步，技术的进步也是人类文明的一大具体表现。从石器时代到青铜时代、从铁器时代到蒸汽时代、从原子时代到信息时代，技术的进步是时代对于历史的见证，并始终参与其中。对于企业来说，企业即是经济活动的重要参与者也是社会进步对"技术"诉求的开发者和应用者，同时也是实践者，可见其在人类的进步与发展中扮演着非常重要的角色。因此，企业围绕人类社会发展，以技术的革新作为关键力量，企业是促进社会进步过程中，"技术"的传播者，同时也是提升企业生产力进而提升社会生产力的推动者。企业对"技术"以"技术文化"作为转变核心，是推动企业文化建设的重要方面，是企业在技术"传播"中的主要传播思维。

"技术"文化作为企业文化的一部分，也存在两个方向的传播内容和作用：

一方面是"技术"围绕企业团队、企业员工对企业发展产生的推动作用,进而推动"技术"的进步与发展;另一方面又表现在"技术"围绕社会大众、用户对"技术"的应用与实践作用,进而提升人类文化生活水平,促进社会文明的进步。企业在围绕"技术"传播上如何形成对内和对外在传播关系上的有机融合,取决于企业对"技术"传播思维的转变及传播特征的了解。通过对社会外部环境和企业自身内部环境的综合调研,结合现代传播特征的综合现象来看,"技术"在传播过程中有以下四方面的转变特征:

1. 原创性是引导企业所有"技术"发展的中心思维

首先,以当前国际市场经济环境来看,市场对企业在"技术"上的转变,第一,是"技术"知识产权的转变。我们知道市场经济是相对自由的经济机制,这种相对自由的形成是建立在一部分国家宏观调控的基础上,还有一部分来自市场经济的规范化及法治化,因此对经济的权、责、利有较明确的划分界分,从而导致对"技术"上的专利及知识产权有更高的要求,这对一些不具备自主研发能力的企业来说,在"技术"的开发中提出了新的标准。其次,以用户的文化生活条件来看,用户对"技术"的选择性提出了新的标准,由于物质生活的充分饱和,用户以充分满足自身需求对"技术"进行选择,而用户在文化水平上又存在着较大的差异,并产生了个性化需求的细分空间,从用户对"技术"提出的个性化需求这一角度来看,一方面表现出企业在"技术"上有专业细分的要求,而另一方面也展现出用户对"技术"赋予了更多元化的诉求空间。再者,从"技术"本身的开发特征来看,"技术"在各领域中都存在无限的开发空间,并且在各开发领域都存在着永无止境的潜力,在"技术"的应用领域、组合领域、延伸领域也隐藏着无限的可能性。最后,从企业发展的角度来看,企业在"技术"的开发过程中,发展与企业自身相适应的"技术"更具有落地性的实际作用。从以上对市场环境、受众用户、发展特征及企业自身等综合因素进行分析,可以看见,以当代文化发展的水平为度量标准,新时代未来企业发展中对"技术"的传播产生了"原创性"的诉求转变。

由于信息时代的高速发展,信息量越来越大,信息内容也越来越公开透明,对他人"技术"的仿照和抄袭,就是对"技术"的一种限制性开发思维,非但不能立足长远,还会给企业在"技术"开发领域创建思维盲区,因此,企业在传播"技术"的过程中形成"原创性"的转变是至关重要的,是引导企业所有"技术"发展的中心思维,同时也是符合未来市场经济中企业"技术"发展规律的。

2. 应用性是促进企业加强"技术"发展的有利条件

随着社会科学技术在各领域的普遍应用，"技术"围绕各行各业形成了巨大的技术面，围绕"技术"所产生的信息在信息快速流通的时代里，已形成了一种文化现象，这种"技术"文化的形成产生了对"技术"各方面的转变，"变化"成了这个时代中唯一"不变"的永恒，而"技术"的变化也是如此，同样的"技术"在不同的领域进行应用，就变成了其他的"技术"。换言之，新"技术"一直存在我们生活中，有的人能看到，有的人看不到而已。过去，传统对"技术"的理解大部分停留在高新科技，电子科技等领域内，在"技术"的突破上总以高科技研发作为唯一方向，以不停地开发出未来"技术"，以获取"技术"上的优势，然而在社会实际实践生活中，往往都是一些通过生活中的理解而产生的"技术"应用占领着"技术"市场的主力优势面。当然，我们也必须得承认高新科技所带来的"技术"优势，但这不是谁都可以做到的。如果以这样的标准来衡量企业的话，那大部分企业都已经不存在了。这也充分说明，事实并不是如此，也有很多企业都具备了简单而又符合用户诉求度的"技术"开发能力。从国际市场到国内市场这样的现象并不少见，尤其是国际市场。通过一些资料的分析和研究可以看出，这些企业之所有具备创新"技术"的开发能力，主要是因为这些企业对"技术"有着很明确的应用性态度，通过对"技术"的应用性理解，结合用户文化生活中的应用特征，产生的一种"技术"开发性思维，并建立明确的"应用性"传播理论，对企业团队及用户进行实效传播，从而形成思维习惯。同时，用户对"技术"的理论诉求具备较广泛的潜在应用诉求特征，当用户接受或认可一项或多项"技术"的同时，在理论诉求层面也已经开始形成应用诉求心理，之前所接受或认可的"技术"在其他方面产生应用后，用户也会很快地接受这些相关技术。从以上综合角度来看，企业在"技术"的传播过程中对"应用性的转变"，既是符合"技术"市场要求的，也是符合用户诉求规律的，同时也是企业在发展过程中解决"技术"开发力不足的情况下可以采用的一种阶段性策略。因此，企业对"技术"在传播过程中的应用性转变，是有效提升企业"传播"，加强"技术"发展的有利条件。

3. 组合性是提升企业加强"技术"发展的客观条件

随着新兴市场经济的快速兴起，市场经济资本化的过程也在逐步推进。国内大部分企业围绕未来市场经济模式，未来国际市场竞争标准进行各方面的转型升级，并在资本的带动下，使企业规模化、产业化、系统化，企业正处在高热度发展筹备阶段,而这个阶段中,随着中国新兴市场经济还存在规范化、制度化不健全的特征,在升级的过程中也表现出局部专业度的下降等特点,其中"技术"方面的专业度缺失表现得最为严重。由于在过去传统经济模式下,企业在"技术"发展领域着重是以"制造技术"为服务目的,在围绕企业的其他"技术"方面并未形成较高的专业度,而在这种先天性"技术"缺乏的情况下,对企业进行转型升级,再加上升级过程中对各方面"技术"有了综合性的要求,这导致现在国内大部分企业在转型升级过程中都出现了"技术"专业度严重不足的现象,这种"技术"专业度的缺乏,也给企业在升级过程中带来了很多的潜在问题,同时也造成"技术"的开发性、应用性不到位的现象。而围绕市场需求方的用户,在文化生活水平提高的同时,对产品及服务也提出了更高的技术诉求标准。市场经济的被动要求、用户需求方的主动要求、企业内部专业度的不成熟等综合因素,形成了当前企业在"技术"发展中面临多方面"技术"压力的情况,企业虽然有意识去以创新技术来解决这些问题,但实际上是连喊口号的力气都不足了。时代发展至今,企业所面临着"技术"多重方面的考验,而用户,在物质相对满足的情况下,开始更为注重各方面生活品质的提升,加上"技术"形态的多样化,用户形成了对"技术"的综合性诉求标准,不论企业在"技术"领域具备如何强大的实力,从用户实用程度来说,都会存在诉求空间,同时还会随着社会的发展而产生更大的诉求空间。综合以上分析,结合社会实际现象,可以看出,从企业自身及大众用户对企业"技术"都产生了新的要求,而围绕以上所述的内容,这种要求集中体现了"技术"的组合性诉求特征。因此,企业加强对"技术"在传播过程中的"组合性"转变,是完善和补充企业"技术"开发和应用能力的重要体现,同时也是有效地提升了企业在"传播"中加强"技术"发展的客观条件。

4. 延伸性是推进企业加强"技术"发展的有力支撑

我们知道,用户诉求对企业发展起到了一定的导向性作用,企业"以人为本"是新兴市场经济竞争环境下始终应恪守的原则,是人类精神文化不断充足现状下,从人性本源中挖掘出的个性化情感需求,满足了用户的需求就为企业产品或服务在市场中的占有率提供了保障。而企业的经营、产品、服务、营销推广等一切得以成型都有赖于技术的组合应用实现,从某种角度来说用户需求的实现是依靠一个一个技术的衔接来完成的。在满足了用户对技术原创性、应用性、组合性的文化诉求转变后,基于用户在文化传承传播中的诉求表现,我们可以理解为这是"技术"延伸性的必要性表现。事实也是如此,在信息高速度成长的环境下,时代不断改变,围绕人类生产生活的所有信息也随之改变。这种改变的很大一部分原因来自社会生产力技术的不断革新,在互联网信息高速流通的作用下,人们对生活各领域的变革意识也越发强烈,在生产生活中更希望"技术"所带来的变化,以利于自身生活的改变,也希望更发达的"技术"延伸至生活中的每一个角落,以求对新生活的一种彻底改变。这也说明了用户在内心对"技术"的需求是非常迫切的,与用户文化中关于传承传播的诉求形成了统一,这就势必要求企业在进行企业文化对内和对外的传播过程中加强对技术传播的延伸性转变。这种延伸性转变,既是符合新兴市场经济体制下企业以技术实现发展壮大的需要,也是技术文化中本身所具备的技术得以传承扩散的技术本源诉求,同时也是大众用户在新时代的新文化作用下实现品质生活诉求的一个技术条件,这三种文化间的和谐相融,是对企业发展的有力支撑。

第五节　"产品"在品牌文化中的传播转变

不断淘汰自己的产品。

——微软公司的成功秘诀

一、"产品"思维的转变

产品是指能够提供给市场,供人消费和使用,并能满足人们某种需求的东西,它可以是一种实体的物品,也可以是无形的服务、组织、观念或它们的组合。企业是社会发展的产物,是市场经济活动的主要参与者,主要以生产产品,并将其提供到市场中去,进行价值转换,产生经济效益为主要目的。企业生产产品给人使用,并从人那里获取企业想要的经济资源,企业、产品和人之间的关系一目了然。我们现在就将当今社会上与这三者相关的一部分显性的现象与隐性的特征概括出来,以供新兴市场经济体制下的企业参考,作为企业未来稳定发展的一种理论借鉴。

产品历史悠久,最早,人类尚处于物质交换的阶段,用自己的物质从别人那里换取自己需要的物质,形成企业、产品和人三者间早期关系的雏形。随着社会不断地进步,经历了自然经济、商品经济、市场经济,进阶式的发展,产生并完善了企业和产品的具体形态。形态虽发生了改变，但有一点始终如一，那就是不管是企业，还是产品的存在，最终反映出来的都是人的需求。人类从诞生起就伴随着对物质的需求。如最简单的食物和水，这是生命体得以生存和繁衍的基本需求。随着人类文明的不断发展，无论是出于实际生活所需还是内在精神所需，人们追求物质的心理越发强烈，并且伴随社会分工的日益细化，经济、资源等不断流通和整合的需要，形成了我们现在所看到的市场经济环境中企业、产品和用户之间的关系。在这个发展的过程中，每个时期，企业的注重点不同，这与时代的文化背景与环境特征有关。市场供不应求时期的企业注重产品的生产率，市场供求相等时的企业注重产品的质量。在企业对外传播上，过去的企业普遍存在重产品而不重企业自身的现象，只是一味地生产市场上需要的产品，生产完了，配合地打一下广告，广告中体现的元素也多是产品本身。发展到现在市场经济环境下，国际、国内企业在同一种经济体制、同一片市场阵地上进行竞争，企业对待产品的思维不得不再次发生转变。

新兴市场经济体制下，产品作为企业想要和用户产生联结的纽带，是企业发展的重要支点。产品有多好，受众有多广，企业的品牌就有多好。企业品牌形象使其在用户心中产生好的印象，才能形成稳固的用户忠诚度。企业的稳定和发展需要有足够的用户量及用户的认可和接受所形成的忠诚度来支撑。每个企业经营者都深知要抓住用户才能抓住企业奔跑前进的缰绳。新时代下的用户在世界文化大同、互联网信息渠道开放的环境影响下，每个人都有机会接触各种各样的文化，在吸收到与自身文化诉求相融合的文化后，又形成新的文化为自己所用，以此不断新增、不断融合、不断循环。因此，企业要与之产生联结关系的用户，在时代的发展下，已经成了一个个具有精神指引、思想理论、社会实践、传承传播四个内在特征的文化综合体。所以当下的企业如果再按照传统的方式机械化生产产品，打个广告推销产品，或者哪怕是紧随互联网潮流大搞网络营销，都已无法满足新兴市场经济体制下的用户需求。换句话说，新兴时代下，产品不能只是围绕企业的意志进行生产，也不能只是按照市场的空缺与否来生产，更不能盲目地跟随流行爆款来生产，而应该切实从用户的角度出发去生产。严格地来说，从分析用户文化的角度来进行产品的生产和营销，这样才能实现产品真正意义上的价值。高级文明阶段中的企业应深刻认识到当前社会与人的文化现状，对产品真正的价值体现有所觉悟，那就是对于一款优秀的产品来说，真正的价值是它能满足某种需求，解决某种问题，而利润只是它的副产物而已。更明确地说，能够满足用户需求的产品，必然会有一定的用户群，也就达成了企业经营发展能够盈利的诉求。

我们说新兴市场经济体制下的产品已具备自身满足用户需求的价值，其价值诉求主要表现在四个方面：

首先，是产品的创意性。好产品需要有创意和创新，以满足高级文明的用户的心理诉求，用户在文化作用下，其人性本源中对于新信息、新文化的求知和探索被逐渐激活，创意性、创新性的产品更容易吸引用户眼球。微软公司的成功秘诀——"不断淘汰自己的产品"，意即不断推陈出新，时刻保持对新产品、创意产品的开发、生产，以跟上时代发展步伐，满足用户求新心理。

其次，是产品的体验性。企业将产品推入市场时，为用户增加产品的体验性，有助于产品价值的体现，产品的体验性有两个方面，即用户真实使用到的产品的功能体验，以及用户在使用后留下的对产品的感受。当这两个方面都给用户留下了好印象，才能说这款产品的体验效果非常好。

再者，产品的选择性。当市场上充斥着琳琅满目的产品时，企业的这款产品在实践营销过程中能够与其他同类产品抗衡，并被纳入用户的选择范围，或者企业能够将这款产品生产出多个型号、标准或口味的产品供用户选择，产品就具备了选择性。

最后，产品的推荐性。无论是出于企业的希望，还是产品本身的诉求，还是用户对于分享信息的一种传播习惯，这种推荐性是任何一种优秀的文化都应具备的传承传播的特征。

综上所述，新兴市场经济体制下的产品，从其价值的核心组成已可定义为是一种文化，即产品文化，它具备精神指引部分的创意性，思想理论部分的体验性，社会实践部分的选择性，传承传播部分的推荐性，是一个完整的文化。新兴市场经济下产品思维的转变及产品文化的形成，意味着围绕产品展开的一系列活动都需要有相应的转变，如此，企业才能沿着新兴市场经济下更正确的轨道发展。

二、"产品"传播思维的提升

> 好的产品自己会说话。
>
> ——小米科技创始人　雷　军

　　"好的产品自己会说话",这句话可以有多种解读。在一部分传统企业人的眼里,是产品质量过硬的意思,不需要企业宣传造势,不需要进行广告说明产品有多好,新兴时代下的好产品,我们在上文已归纳总结出产品本身就是一种文化。"好的产品自己会说话",意思是好的文化在发声,这种文化的力量,自是无需有太多刻意的传播,它的本身就是一个具备精神、思想、实践、传播的文化体。从这个角度来理解这句话,其实更符合当前和未来市场经济体制下的产品特征。新经济新形势下,产品作为企业品牌文化对外的八个组成部分之一,已经形成了产品文化。那么,产品传播思维的转变,也即产品文化传播思维的转变。文化的传播对企业来说,无外乎对内传播和对外传播两种。

　　产品文化的形成,最大的助力是文化在社会生活方方面面的普及与提升,包括企业内部组织和企业员工文化的成熟,还包括企业外部社会大众、市场用户等的文化环境的建成。在这样一个内部与外部文化高密度结合的环境里进行产品文化的传播,实际是一种文化对文化的传播过程。我们说产品是企业开发生产出来用以提供给市场,并从用户对产品的购买当中进行价值交换获取经济利益的一种东西。这种东西代表着整个企业的精神思想、经营理念、价值观等文化内涵,冲刺在经济市场的最前端,直面市场、用户和其他经济活动参与者。因此产品的好坏,产品所体现的文化,作为品牌八大组成部分之一,既是对外的形成用户对企业印象和认知的关键,也是对内的为企业文化进行补充,同时还起到连接品牌其他部分(创新、用户、传播、技术、营销、公关、企业)的作用。

　　随着国际文化融合,世界经济一体化,国家、社会、经济、政治、科技、文化全面发展,新兴市场经济体制下国际标准建立等综合因素,对企业的标准也随之提升,产品文化的形成,对企业来说具有很好的推动和补充作用。产品文化在精神指引上表现为对产品创意性的诉求,这种诉求来自产品最直接的受众用户的诉求,用户具有本能的对于新事物的探索和求知欲,这是人们对于物质需求达成满足后转向精神诉求的直接表现,是物质文化和精神文化相互作用下所呈现的社会现状。这种精神诉求,通过企业对于用户文化中大数据的分析,在了解了当代人们生活方式、生活习惯、文化信息接收程度等方面综合性得来,从而形成对企业生产经营具有指导性意义的产品创新要求。在这一方面,世界著名的苹果公司做得相当出色,苹果的成功离不开伟大的产品,而伟大的产品则基于能唤醒人的情感,并在人的心智中牢牢占据地位。乔布斯不仅是一个产品设计高手,更重要的是,他还能准确地捕捉最能打动用户内心的元素,并把这些元素融入产品设计中去。苹果的广告未必多么有创意,但其产品本身融入的用户诉求点正好迎合了苹果公司要传达的品牌定位。这就是"好的产品自己会说话"的最正确、最恰当的解释。相比较而言,现在仍然有绝大多数的企业在产品开发生产出来后,着重地强调广告的创意,营销的手段,而忽视了产品本身的基于用户诉求的文化定位,结果使得很多用户记住了广告,却没有记住产品。

创新是产品对自身发展永远的要求,这种要求是在不与企业文化相悖的前提下,通过与用户文化、创新文化、传播文化等外界文化的相互融合之下所产生,而文化又是一个具有广泛性、立体性、交叉性等特性的动态发展的体系。因此,产品的创新也是一个动态发展的过程,今天的市场和用户需要这样的产品,也许明天就需要另外一种了,因此产品文化对于外界文化的种种融合以及融合之下产生的种种发展变化,都应是企业在经营过程中要重点留意的地方,并应保持应变的能力和实力。"创新"可以说是产品从无到有的第一步。

在创意性产品面世后,体验性是好产品的又一个表现,依然以苹果为例,苹果产品的实用性、外观、手感等硬件设计已经成功地深入人心了。此外,苹果公司还为产品赋予了时尚、人性化和用户体验感来唤醒用户的情感元素。在每次新产品发布之前,总会散布一些真假难辨的产品细节,这些细节不管是无意地透露,还是营销的手段,总之,都是吊起了许多人的胃口,然后在正式的产品发布会上,乔布斯再以极富魅力的方式去演示产品的细节,加上媒体追踪、后期报道,进一步加强用户对产品的渴望。这种外在硬件实用性和内在情感上的体验感完美搭配,将产品的体验性发挥得淋漓尽致。新时代里,体验性不单单是指将产品摆出来让用户使用一下,体验一下,对用户内在情感部分的挖掘是企业未来经营中需要去探索的方面。以人为本,人心是创造一切可能的永动机,企业无论如何都不应忽视这一重点。

另外,有关产品文化表现出来的选择性和推荐性,在尊崇企业文化意志的基础上,依然离不开与用户文化诉求的结合,产品本身具有选择性和推荐性,能更好地支撑产品对用户的吸引力,在企业竞争激烈,产品泛滥成灾的市场经济现状下,产品具备选择性,是产品得以被用户购买的前提条件,产品具备推荐性,是产品得以被广泛传播的基础条件,而不管是选择性还是推荐性,都与用户在新时代、新环境下的内心诉求相融合有关,这种融合越好,两者之间吸引力越强,最终形成用户的购买结果和对产品的传播效果也就顺理成章了。

凡以上种种关于产品文化在新兴时代里的解析，都可看成是一种文化的传播，从过去的产品信息的传播，到现在的产品文化的传播，代表着传播思维已然发生了改变。

三、"产品"对传播的转变特征

人类社会的发展过程中，产品作为社会经济运行的产物，由人类社会经济发展而来，在不同经济时期，产品符合其相应的经济形态且具有不同的时代特征。自然经济形态中以物资需求为主，商品经济中物质需求与精神需求同步发展，市场经济中人们渴望高品质的物质需求和高品质的精神需求。时代在发展，但产品依然符合人类对事物的本源诉求，使其具有符合时代"被满足或需求的文化属性"。企业作为经济体重要组成部分，是制造产品的主要参与者，肩负着代表不同时代特征的执行者的重任。企业在如今新时代市场经济中，应明确产品的发展已处于高度精神文明及高度物质文明双重需求的状态下。企业必须重新认知"产品"文化的转变，以期在经济不断发展中依托"产品"对企业文化的支撑，保证企业长足发展。

从企业文化传播既是从内向外发展，又是从外向内推进的传播过程来看，"产品"文化在两种方向上的传播现象和作用体现为：一种是"产品"围绕企业团队、企业员工对企业发展而产生的对企业的支撑作用。另一种是"产品"围绕社会大众、市场用户等对产品及服务对企业的指向性作用。企业在"产品"传播上如何形成对内和对外在传播关系上的有机结合程度，取决于企业"产品"传播思维的转变程度。通过对人类社会外部环境和企业自身内部环境的综合研究，结合现代传播特征的实际现象看，"产品"在传播过程中有四方面的转变特征：

1. 新传播要提升"产品"的创意性

我们说产品是连接企业和用户关系的重要纽带，企业发展的命脉与用户对企业及其产品的使用度和忠诚度息息相关，企业应"以人为本"从用户本源对产品的诉求出发去进行产品从创意到设计到生产销售等一系列环节的思考。在物质文化需求基本满足的今天，人们对精神文化的丰富和建设方面表现出了更高的需求，尤其是新兴市场经济的形成，国际国内竞争形式统一，使得市场中同类产品的数量不断上涨，这个时候企业之间比什么，拿出什么去和竞争者争取用户资源尤为关键。产品大家都有，但是企业附着在产品上的文化却可以表现出企业的与众不同，从而到达用户的心目中的企业文化认知也不同。随着文化在大众群体中的普及，人性本源中对于进步与发展有一定的诉求，这种诉求被新时代各种新信息及新文化不断地冲击，使得人们对创新事物的好奇心与探索欲进一步被激发了。企业了解到大众文化在新时代下的转变特征后，在直面用户的产品上就应不断加入创意性元素，生产出符合用户心理诉求的文化型产品。在进行企业文化传播时，企业有了产品对传播的创意性转变后，一方面对企业内部组织而言，可以加强员工对产品的创意性要求，组织开展创意性头脑风暴会议，进行创意性思维的培训等，使员工深刻领会符合时代文化特征的用户需求，在产品的创新、技术的创新、营销的创新等方面都形成对产品完美到达用户手中的配套支持。另一方面，企业在对外进行企业文化即品牌的传播时，具备创意性诉求的企业产品，迎合了新时代下的用户心理所形成的购买力和忠诚度，对新经济体制下的企业发展将形成良好的促进作用。

2. 新传播要重视"产品"的体验性

产品最终是要以具象的形式到达用户手中，使用户切切实实体会到它的实用性和感受性。一款好的产品对于新兴时代下具备越来越丰富的文化感受力的用户来说，其物理层面的实用性和心理层面的感受性，共同组成了产品的优越品质。这也符合我们对文化的定义。前面已经说过，产品文化的形成是时代与文化发展的产物，文化由物质文化和精神文化两方面共同组成，新兴产品应该能够具备物质与精神的双重作用，在体验感上能极大满足用户的诉求。过去企业在将产品推入市场时，更多的是注重宣传产品本身的实用性，及其外观、性能、价格等，一来是一种强行塞进用户眼球的行为，二来对于不买账的广告受众来说会造成了企业"王婆卖瓜自卖自夸"的形象。随着互联网信息产业的发展，人们了解各种信息、各种产品的渠道增多，文化的全面升级使得人们的认知与分辨能力大大加强，尤其对于心理、情感等方面的精神诉求标准越来越高，单就一款具备实用性的产品已经不能满足用户的诉求标准了。因此，对于产品是否实用，是否能为用户带来合乎内心感受的体验过程，是企业在进行产品的对外传播时要着重注意的地方，这种由产品文化带来的对传播的体验性转变，是新兴市场经济体制下为企业设下的一种新的国际化标准，这一标准能够指引企业内部员工在产品创新性、营销体验性方面付出更多一点的心力，以确保产品带给用户物质与精神的双重体验满足。产品体验感的增强,是用户进一步选择该企业产品从而形成购买力的重要推动力。

3. 新传播要拓展"产品"的选择性

互联网科技的运用已渗透社会生活的每个角落,极大地改变了人们的生活方式、生活习惯和消费模式,越来越多的人,尤其是新时代下的新青年对网络的依赖更加明显,在电脑、手机等网络终端环境里就能进行实时的信息接收、购物消费,对众多琳琅满目的产品的比较也是瞬间就能完成的事情。企业线下实体经营和销售是市场经济和社会现象的重要构成,但也不妨碍新兴企业潮涌一般地在互联网上实行经营与销售,这是新时代造就的企业的经营方式和销售习惯。在这样一个企业和用户都具备了互联网习惯的前提下,企业要进行品牌的推广和传播就有了一个相互对等的平台。我们说新时代下的传播是文化传播,而新时代下的产品已具备文化的四个特质,用户的文化在经年累月的社会发展过程中逐渐形成,在主观和客观的相互作用下对事物有了自己独具个性的判断和选择。换句话说,企业要想将产品卖到用户手里,除了产品本身应具备文化外,其文化还得与用户文化产生黏合性,最大限度地符合用户的选择标准,才能最终被用户选择。选择是在比较之下产生的,国际化、信息化、网络化时代里,产品过剩,竞争激烈,企业要在如此环境下争取新兴市场经济的一杯羹,让用户在同类产品的比较中产生选择,只有在充分做好了产品的创意性、体验性的基础上,使自身的产品更具选择性才行。

4. 新传播要赋予"产品"具备推荐性

由于文化广泛性普及,无论是用户,还是企业,还是产品等,都是一个文化体,它们共同组成了国际社会环境这张文化大网。对于产品而言,创意性是它的精神指引,体验性是其理论的应用,落实到用户的选择则是社会实践的过程,最后产品要称之为文化,必须具备传承传播的价值,即产品的推荐性。产品的这一传播诉求,也是企业的诉求。企业希望自己生产的产品能被广泛使用和传播,一来可以产生巨大的经济效益,二来也是对企业文化企业形象等内在无形价值的肯定。企业、产品、用户三者的关系在本节开始已经论述,企业和产品的传播诉求一致是企业文化作用力的表现。在文化的作用下,新时代里的用户本源中也有信息分享的诉求,且随着新兴传播技术的开发和大众化使用,可以实现人人都是自媒体,进行信息分享的愿望。一旦遇到有价值的信息,好玩的产品、有趣的服务等,用户在分享心理的作用下,会通过自媒体的渠道广而告之,如:微博、微信等,这种自发性的传播是新的文化体系下,人们已经形成的并且正在逐渐更加完善的一种习惯,企业不需要花费一分一毫的资本就可以使自己的产品得到二次甚至更多次的传播,这就是文化独特的优势。当然这种再次传播的形成是在企业文化及产品本身的魅力之上的,当企业在生产产品时,所赋予它的文化具备了一定程度的推荐性,正好与用户文化中想要分享的那部分诉求相互匹配,就能实现再次传播了。因此,归根结底,企业在做产品的同时也是在做文化,做与用户文化诉求相契合的产品文化,只有这样沿着文化的四个特征彼此之间环环相扣地发展企业文化,无论是企业,还是用户,还是产品,最后都能实现各自的诉求。这种"产品"对传播的推荐性的转变,要求企业在对企业内部员工和外部市场进行传播时要有重点性的指引,指引员工在设计、开发、生产、营销中要使产品具备推荐性,指引用户认识到企业产品必须具备体验性和选择性,是值得进行推荐传播和分享的。

第六节　"营销"在品牌文化中的传播转变

一、"营销"思维的转变

> "营销和传播两套理论将被整合,营销即传播,传播即营销。营销所努力的一切,均必须通过一切创造性的传播手段达成,消费者不理会营销,但消费者将被传播征服。"[①]
>
> ——舒尔茨

传统意义上,"营销"是指企业开发和挖掘消费者需求,并围绕消费者在消费前、中、后三个过程中,形成对企业各方面进行整体氛围的营造,从而切准消费者需求,并让消费者深刻了解产品进而产生购买的系列过程。"营销"的核心目的是产生持续性收益,其本质是对消费者的一种精准化商业行为,"营销"的对象是消费者,"营销"的场所是市场,"营销"的组织者是企业,"营销"的主体是产品。

---

① ［美］舒尔茨著.整合营销传播:创造企业价值的五大关键步骤.清华大学出版社.2013.06

因此"营销"从概念上来理解是符合市场经济环境规律的,只是在不同时期,面对不同的消费者及不同的产品,产生了"营销"的一系列内容,通过这些内容所形成的"营销"模式、"营销"流程、"营销"方式,"营销"规律、"营销"策略等,并在"营销"外部因素的条件下,综合形成了"营销"的思维。在传统经济模式下,"营销"思维又集中体现在四个方面的环节中。第一是产品,第二是盈利方式,第三是销售渠道,第四是传播渠道。形成这种思维的原因,主要是传统市场的形态引起的,传统市场经济对产品和市场的效益点主要是围绕产品的利润空间及市场的渠道占有两方面的体现。对市场整体环境来说,产品和渠道都是企业在控制。因此,传统市场经济模式下,"企业"相对主动,而"消费者"相对被动。在这种情况下,企业只要在产品和渠道上不出问题,再结合相应的"营销"手段,就能产生较好的收益。随着新时代的来临,首先,国际市场经济、新兴市场经济的快速发展,其市场的发展规律和结构发生了巨大的转变。其次,人们文化生活水平也在提高,对物质的追求转向了对物质和精神的双重追求。再者,就是在互联网信息产业、科技产业、文化产业等新兴产业的迅速涌入,所形成了消费者的生活方式、生活习惯、消费习惯等方面的变化,导致了消费者在各方面诉求标准有了颠覆性的改变。互联网快速兴起也导致了市场的渠道形成了多元化、碎片化的现象,进而产生对"渠道"的重新划分现象,也可以说"渠道"已经画出了新的起跑线。最后,在新时代整体经济环境背景下,产生了新时代市场经济模式,"消费者""渠道""产品",都产生了新的内容和标准,并引起对"企业"的内容和标准也产生了变化,从而造成新兴市场经济模式下四大组成部分的彻底转变。"企业"回到了围绕企业各方面的提升和转型中,"消费者"回到了需求方"用户"的理解中,市场营销的"渠道"回到了市场配制中,"产品"的利润空间回到了产品"价值"提供概念中,同时随着"用户"的转变,"用户"回到了市场的需求方主体,企业回到了"供给方"主体,从市场价值配制的角度来看,"用户"更具主动性,而"企业"由于处在提升和转型的过程中,也表现出暂时性被动的特征。

由于新兴市场经济各组成部分所形成的机制已经不再是传统经济模式基础上的,传统产业模式诸多领域受到了限制,而被动形成结构性调整,国家所提出的供给侧改革也着重反映出了这种实际需求。新时代经济模式的改变,新兴市场经济体制下所带来的一系列经济反射现象也形成了新常态。因此,企业在"营销"结构上也存在一样的调整现象,过去市场营销在市场中参与的经济活动,大部分是围绕"渠道"和"宣传"为目标而展开的，而新时代"渠道"被重新划分，在"宣传"上受了新兴传播方式的冲击，卖方市场早已向买方市场转变，"用户"成了主动方，用户不再依赖于"渠道"和"宣传"，而是围绕自身形成主动选择，并以互联网为代表的社区化功能实现对生活的配套。由于互联网的社区化应用正在快步地发展，而且这种社区化已经在移动端部分实现了大规模应用，因此，在未来市场经济中，传统思维里对市场中"渠道"的理解将被"社区"的理解所代替，同时"营销"思维的转变，就是如何将"营销"理解成"物业"的思维，我们都知道"物业"的对象是"业主"，那么，未来"营销"的对象就是"用户"中的"业主"，"营销"整体氛围的营造，就等同于是"物业"对整个社区的氛围营造过程。如何使"业主"在企业构建的"社区"或是企业管理的"社区"又或者是企业服务的"社区"里长期生活，就是企业"营销"真正要面对的问题，也是未来市场经济中"营销"能形成持续性收益的关键问题。

新时代在新经济模式下，各方面都形成了思维转变的特征，"营销"作为企业实现盈利效应的主要运作环节，同时也是企业品牌的发展根基，"营销"思维的转变对企业的发展至关重要，而"社区化"的思维是未来理解"营销"的核心思维，同时，企业如何构建与传播"社区化"的思维，是企业在未来"营销"变革中，首先要考虑的问题。用户已经形成社区化的生活习惯，企业如何理解用户在社区的生活习惯，是企业对"营销"传播过程中要重点传播的内容，也是传播"营销"的重要依据。

二、"营销"对传播思维的提升

很多人意识中都能感觉到"营销"的形态和思维已经产生了变化，但在实际围绕"营销"的工作中却并不知道从哪个角度去进行"营销"活动，也许很多人都去接触或是学习过类似于"营销"的课程，在听的时候也觉得挺有道理，但实际运用起来总是找不到方向。我们说过"营销"是一个系统的工程，绝不是从单一的知识或是方法角度可以深刻了解的，而且"营销"是没有具体形态的，换言之，就是没有可参考性的，"营销"是根据市场整体环境及诸多外部因素和内部因素，在不同时间不同地点不同的人等各方面共同展开的系统性工作。过去在传统"营销"思维中，大部分还是以传播"营销"的手段、策略、方法的角度来理解的，因此，也总是不停地在学习各种"营销"的手段和策略，一旦觉得"营销"跟不上了。首先想到的是要去培训新的"营销"手段和策略了。换句话说,这样的思维,永远只能跟着别人的"营销"思维走,而自己却永远形成不了属于自己的营销思维,之所以形成这种现象,原因是企业在传播"营销"的过程中走进了思维的误区。即使是传统的"营销"模式,也是对"营销"以四个环节综合思考的系统工程,而国内大部分人对"营销"的传播,总是围绕既得利益、快速利益、捷径利益等方面的方法传播,并形成了长期性对"营销"的误解。在新经济模式的快速形成,新兴市场经济的结构性转变,用户方对市场已形成了主导性地位等因素下,"营销"的环节也发生了改变,从而形成整体"营销"对传播的转变。以当前实际现象来看,已充分说明了传统"营销"的思维和传播已经不适应新的时代了,也感觉到对企业的发展、经济的促进变得越来越没有作用了。企业在发展过程中对"营销"团队的传播和培训,是企业做好"营销"的基础工作,"营销"的成功在于营销团队围绕企业"营销"整体战略,是成果执行力的体现。而且这种"营销"的成功是建立在企业"营销"已具备了准确的战略前提之上的,从当今实际情况来看,当前企业在"营销"上出现的问题大部分源自"营销"战略的问题。从总体"营销"的问题中可以看出,"营销"的问题是在传播过程中思维产生了变化所造成的。

随着社会的进步与发展,新时代里各领域都发生了巨大的变化。最近几年,围绕互联网产业引发的转变最为深刻,在互联网的作用下,无论围绕人们的生活方式、生活习惯的转变,还是围绕企业在发展中各方面,都发生了根本性改变,从运营到生产、从技术到产品、从营销到传播等都离不开互联网的影子。互联网所产生的社会推动力,是有目共睹的,"营销"作为企业发展中最为关键的环节,更是无法脱离这股新兴的力量,互联网无论是从技术层面,还是渠道层面,还是传播层面,都给"营销"注入了新的血液,"互联网营销"也成了"营销"界的热门话题,"互联网营销"不但给传统营销带来了新的生机,也给一些原始"营销"积累不足的企业带来了机会,全新的"营销"生态系统迅速地被建立起来。同时,围绕线上和线下,PC端和移动端之间进行迅速的切换,这使很多人无法准确地捕捉到"营销"的规律,机遇中充满着风险。消费者貌似找到了多个世界,并不停地在这些世界中来回穿梭,其迅速程度是有史以来,其他经济形态所不及的,以至于大家把互联网思维如神话般的进行议论,也有很多人因为无法快速的适应新形态,而表示"生意难做"。在经过一番暴风雨般的袭击后,随着国家宏观调控政策的出台,也随着人们对互联网生活地迅速适应,新兴市场经济所呈现的新常态开始趋于稳定。

互联网带来的"营销"思维及传播方式的转变，是相对符合未来市场经济运行规律的，也是未来"营销"新思维方式中着重体现的一个领域，但是，从发展的现状来看，以传统"营销"的角度来看待"互联网思维"，显然是不符合实际的。互联网与我们想象中的并不一样，把互联网更多地理解为"营销"的工具，又或是"营销"的技术，又或者是"营销"的途径更为贴切。"营销"对企业来说，其核心目的是形成持续性收益的工程。换言之，传说中的互联网思维对"营销"来说，只是一种新的模式或是方法，从而也导致企业在"互联网营销"的传播中都是单方面来进行理解的，而并没有结合市场环境真正所需要的系统性去理解，其主要原因是对"营销"的对象有理解性偏差。我们之前提到过，新兴市场经济是围绕用户需求方而形成的一种资源配置方式，因此"营销"的服务对象是"用户"，只有从"用户"对营销整体环境的构建关系中，才能真正找到未来"营销"的关键。说到这里，不得不提及关于"用户"文化的理解了，新时代的到来，"用户"对信息传播的理解已经转向相对自由的文化传播过程，也是"用户"文化在相互融合和并购的过程。"用户"文化决定了"用户"的生活方式，同时，"用户"也是存在于社会群体关系中的。再结合当代"用户"在社会及互联网的生活方式，集中表现为"社区化"的生活特征已经形成，人们相互穿梭的世界组成了一个个"社区"，因此未来在市场营销中对"营销"的传播思维，实质是对用户的"社区"及"社区"生活方式的传播过程，也是对"社区"文化的传播过程，同时也是"用户"文化组成的一部分。如何围绕"用户社区"的一系列传播过程，是"营销"对传播思维转变的过程。如何构建和传播"社区"文化，是企业文化建设过程中围绕"营销"所产生的企业文化构建和传播的内容。

三、"营销"对传播的转变特征

在新经济、新环境、新时代的全新变化中，企业围绕"营销"所形成的各方面也在不停地变化。在过去的传统经济模式下，企业在传播"营销"的过程中都是以强调"营销"的实效性，强调围绕以"营销"解决企业的暂时性生存问题，以及企业在长远发展过程中的"营销"战略、策略等方面问题，以"营销"作为企业在发展过程中的一种主要竞争手段。通过好的"营销"来抢占市场份额，通过"营销"在系统化流程中把握全方位的工作节点，以围绕企业各方面盈利点而使用的一种手段或是方法。随着时代的发展,新经济的快速兴起,"营销"在概念上产生了根本性的变化,作为手段性的"营销"理论已不在适应新的市场环境,"营销"作为企业发展的关键环节,其重要性并没有改变,改变的是"营销"思维及传播方式。因此,在新兴经济模式下企业除了对"营销"的思维要进行转变,还要加强"营销"对企业培训过程中的传播转变。

传统的"营销"传播是从内部策略制订到外部方案实施的传播过程,而未来的"营销"是一个从对外用户"社区文化"的理解到内部"营销"服务的传播过程,从两者表象上看,"营销"的内容并没有多大改变,只是方式、方法的不同。但从本质上来看,围绕"营销"的思维、目的、作用是完全不一样的,进而产生的"营销"的各个环节也是明显不同的,这也导致"营销"传播方式的不同。通过企业文化对内和对外在"营销"传播中的融合度,结合用户"社区化"的诉求特征,"营销"在传播过程中有以下几点转变特征:

1. "营销"稳固性转变促使用户关注企业"社区"

前面我们说新时代下"营销"的对象已经从消费者变成了用户,"营销"的核心目的是产生持续性收益,而互联网的兴盛使得"用户社区"的概念形成,"营销"渠道被"社区"代替,在此情况下,"营销"对传播稳固性的转变特征就很好理解了。企业是市场经济活动的主要参与者,企业的一切生产经营活动目的都是为了从用户那里获取经济价值回报。用户是企业发展的命脉,是新兴市场经济下各企业间相互争取的资源,拥有稳固的用户基础是企业得以生存的基础条件。随着社会发展,人们生活质量大幅提升,用户对于产品或服务的选择,已不仅仅局限于以往的需要什么买什么的水平,而是更多的愿意待在网络"社区"里寻找或纯粹欣赏适合自己的东西。这也是新时代下企业得以将"营销"渠道向"社区"转移的先决条件。互联网的发展为企业打开了这扇渠道之门,用户在文化的不断发展熏陶影响下,形成了当下的一种网络生活习惯、购物习惯又为企业"营销"的"社区"渠道提供了发展的机会。企业文化传播"营销"稳固性的转变,需要从用户角度出发,新时代下的用户对文化的接触机会多,受文化感染的可能性大,极致追求物质与精神的双重满足,因此,形成了自己独具判断的选择标准。同时,由于这也是一个信息如潮的时代,在各种纷乱的信息中要选择到自己满意的产品或服务,对于大多数人来是一件需要耗费心力的事情,出于本能需求,大家更渴望有一个稳固的"社区",安全的放心的"社区",可以购买到需要的产品或服务的"社区"，而不需要去浏览很多别的"社区"、别的渠道，从而免去时间和精神上产生的消耗。这是人性本源中的诉求，也是新时代追求品质生活的一种表现。对于企业来说，这种"营销"渠道的稳固性也是企业得以稳定的重要组成。所以，在进行企业文化传播时，对内，企业应重点培养"营销"部门对于"社区"概念的认识，"社区"营销方式、语言的建立，及对当今用户心理诉求的收集等；对外，企业应大力推广自身的"社区"文化，也即企业文化，使更多用户关注并享受到企业"社区"带来的稳固性和便捷性。

2. "营销"垂直性的转变促进受众了解企业"社区"的发展

"营销"渠道"社区化"是互联网时代的产物，通过互联网我们可以先对垂直网站和垂直搜索做一个简单的了解。垂直网站与传统的综合性网站不同，它的注意力集中在某些特定的领域或某种特定的需求，该网站能够提供有关这个领域或需求的全部深度信息和相关服务。垂直搜索是针对某一个行业的专业搜索引擎，是搜索引擎的细分和延伸，是对网页库中的某类专门的信息进行一次整合，进行处理后再以某种形式返回给用户。"营销"垂直性的转变便基于此。企业需要靠"营销"使得产品或服务在推出市场后得到更多用户的青睐和消费，企业的诉求是显而易见的，企业既然已经确定了"社区化"的营销概念，无论如何都要在这个"社区"里留住用户，并且考虑怎样留住更多的用户，才是企业最该关心的问题。因此，企业只需始终坚持"以人为本"的原则，从用户的角度去调研，去收集，去解决用户的需求即可。关于此，我们又要说"文化"这一老话。这是当下尤其是未来时代里绝对避免不了的话题，只是大多数人很盲从地生活在现代化的社会中，只看得见时代在发展，经济在发展，科技在发展，生活条件好了，却很少人懂得这背后文化在起的作用力，文化除了改变了以上看得见的、显性的条件，更加默默地影响了人们的思维习惯、精神指向等无形的却能够改变更多生活细节的内容。未来市场经济下的企业，如果不能从文化的角度往深里挖掘用户的诉求，就无法更好地展开更多可能性的发展，只能在市场经济中随波逐流，复制粘贴旧有的模式。"营销"垂直性的转变，即出于用户不说出口，却随着精神文化的慢慢提升越来越显现的本源诉求，对便捷消费的一种需求。"社区"垂直性，是让企业提供的产品或服务，正好与用户的寻找目标相契合，全面、更新、准确，具备功能性，用户可能也并不知道自己要什么，无法形容在找的是什么，但是在"社区"一浏览，正好就遇见了喜欢的，需要的。这种企业提供的与用户需求的垂直性关系所形成的垂直面，加大了企业与用户之间的连接面,使得彼此之间关系更加稳固,是对"营销"稳固性的有力加持。这种垂直性转变要求企业在进行"营销"对内、对外传播时,更加要懂得用直达用户内心的传播语言、传播方式进行传播。

3. "营销"培育性的转变是企业发展用户群的关键之举

广义的营销是指企业发现或挖掘消费者的需求,从整体氛围营造以及自身产品形态的营造去推广和销售产品,主要是深挖产品的内涵,切合消费者的需求,从而让消费者深刻地了解该产品进而购买产品的过程。这种传统"营销"虽然有注意消费者的表面需求,但主要还是停留在对自身产品的关注度上,认为只要把产品做好,推销做好,就不怕没有消费者购买。但是随着时代的发展,社会形势、经济形势、市场形势都处于新时代新形势下,无论是现实市场还是网络市场都充斥着越来越多的同类、同质产品,自由竞争激烈,加上国际化标准的制约,企业要想在这样的市场环境里能够保证自身得到长足发展,就必须在"营销"上要建立一套成熟的"社区"机制,除了加强社区的稳固性和垂直性,还可以发展"社区"的培育性,这是企业发展所望,也完全符合"社区"发展的规律,同时更是用户未被广泛挖掘的诉求。我们知道,互联网容纳着大千世界,只要有网络的地方,用户就能把整个世界搬到眼前,虽然信息面更广,信息量无穷,但是信息的优劣在网络这个比经济市场更加自由的虚拟空间,就更难辨别了,对于信息的筛选,对于产品定位的准确,对于消费过程的顺畅,都成为用户追求品质生活的一种体现,我们说"垂直性"的转变和建立,可以为用户提供更加全面性、更新性、准确性、功能性的产品和服务,是对"社区"稳固性的有力加持。但是除此之外,在"社区"中除了这"四性",还可以通过对用户更深层次的诉求进行挖掘,从而补充到对"社区"的深度开发中。根据用户本性中有需要被指导的诉求,即用户希望在某方面对自己有指导性的帮助,在"社区""营销"中加入培育性的转变,能够有效地解决用户潜在诉求问题,从而使用户更加依赖并忠诚于该"社区"。这种培育性是在"社区"中加入用户未来可能需要的产品或服务,或者对用户生活、工作、学习等方面有潜在帮助和影响的内容,将用户的消费倾向或习惯进行潜移默化的培育,以为将来营销所用。这种"营销"对传播培育性的转变,是企业发展用户群的关键之举。

4. "营销"对传播累积性转变提高受众对企业的忠诚度

随着互联网用户和网上的内容急剧增长,形成了互联网这个庞大的网络市场,企业通过网络"社区"进行对用户群体的稳固和培育,用户通过网络"社区"进行购物消费,从企业到用户,完成完整的"营销"过程。从"营销"文化的精神诉求、理论诉求、实践诉求、传承诉求四个诉求来讲,企业"营销"完成用户的培育后,就会是一个"营销"累积过程的开始。"营销"的累积性,简单地讲,就是在网络"社区"组织中,企业为了实现预期的目标,在以用户为中心进行的营销活动中产生时间累积、稳定性累积、用户累积,用户累积又包括用户诉求、用户忠诚等,当累积达到一定的程度后生产价值、享受回报的一个过程。这是"营销"文化决定的必然结果,也是"营销"事实的发展规律。在网络"社区"营销中,社区经营的时间累积并不是关键,经营的方式、方法、内容才最重要的。"社区"的稳定性累积比时间累积重要许多,它包括三个方面:一是"社区"服务器的稳定,属于技术层面,如果不能长期保持稳定,对于"营销"是极具破坏力的,也有损企业声誉。二是"社区"所提供的产品或服务等内容的稳定,"社区"有足够的内容来提供给用户,才能维持用户对"社区"的黏合性,从而形成用户群的稳定。用户群的累积是在"社区"稳固性基础上进行长期培育后的结果,除了用户的黏度,用户的多次光顾外,用户对"社区"进行点赞、推广等行为,也可以成为企业"营销"的工作方向之一。三是用户有分享信息的诉求,当遇见好的产品、好的服务、好的"社区"、好的企业文化等信息,用户的分享诉求,会为企业带来意想不到的宣传收获,加之互联网分享被用户普遍使用,这种营销推广的力量也是企业不容小觑的,也是对企业用户与声誉的一种累积。因此,企业在进行"营销"累积性的传播时,重点应使企业内部营销团队深刻地重视用户诉求的挖掘、"社区"经营的方式方法,充分打造互联网"社区"营销的魅力,为企业的稳定、发展、开发有利的条件。

第七节　"公关"在品牌文化中的传播转变

一、"公关"思维的转变

对企业来说,不仅仅需要公关帮助其渡过形象和品牌的危机,更需要公关有一种能够给企业提供品牌增值和瞭望危机的能力。如果说媒体是社会的瞭望哨,那么公关也应该成为企业的瞭望哨。

——福莱国际传播咨询公司中国区总裁　李　宏

公关即公共关系，是社会组织与构成其生存环境、影响其生存和发展的那部分公众的关系，是一个组织为了达到某种特定目的，在组织内外以及组织之间建立起来的维护关系的一种科学。企业作为市场经济活动参与组织，公关是其必不可少的组成部分。公关对企业的作用力传统的表现主要体现在以下几方面：采集信息，检测环境；咨询建议，参与决策；传播沟通，宣传造势；平衡利益，协调关系；科学预警，危机处理。英国曾有这样一个案例，一个家庭主妇向法院起诉某个足球厂商，说自己的丈夫因为迷恋足球，到了让人不能容忍的疯狂地步，严重影响了夫妻间的关系，要求法院判决赔偿。这时候精明的厂商非但没有在这个案子当中大乱阵脚，反而利用案子的影响，制造声势，从另一个侧面向大众证明自己生产的足球的魅力，结果市场盈利翻了好几倍。由此可见，一个成功企业所具备的公关能力可以帮助企业很好地渡过危机。

但大多数人对公关的了解还停留在枝叶片段的阶段，有的说公关是做合作和谈判的，有的说公关是处理危机的，有的说公关是一种形象的展示，更有现代社会对公关的误解，以为公关只是在喝酒陪聊中产生一些利益关系等，没有形成一个系统的认识，这里不妨简单回顾一下公关的发展历史。

公共关系作为一种社会关系，自古以来就存在，并且随着文明的进步在不断地发展、完善，但核心宗旨是统一的，都是为了维护社会或组织想要达到的稳定性和发展性。早期的公关，如春秋战国时期，各霸主之间为了扩大影响，会有周游列国的使者进行游说，刘邦率军攻入咸阳时，和关中父老"约法三章"，明末李自成了争取老百姓拥护，四处张贴"闯王来了不纳粮"等标语，都带着明显的政治手段。而在经济领域的商业活动中，人们是运用传播和沟通的技巧为自己树立良好声誉和形象。早期的这些公关，形式相对单一且有明显的自发性，但缺乏科学性，因为信息、信息传播渠道、文明的局限，很多采用歌舞、戏曲、建筑、创作等艺术形式，或者口头、张贴等宣传造势来实施公关活动。

在文明进步过程中，文化逐渐发展并普及，公关表现在现实生活中的形式也开始变得多样起来，那些早期的政治行为，发展成了诸如国家的外交部，早期经济领域内商业组织的传播宣传行为，发展为企业的公关部，有一些对公关整体结构与功能具备思想与能力的人，甚至成立了专门的公关公司，而一部分具备理论思维的学者，开始把与公关有关的知识点整理成相对系统的理论，进行公共关系的研究，出版书籍等，公关不再只是停留在盲目地应用中，人们开始对它形成一个客观的认识。虽然如此，除了少部分相对系统化运营的大型企业，中国很多传统企业和新兴企业的组织架构中，对公关这块的认识仍然较为缺乏。在新时代市场经济体制大环境下，企业国际标准建立，企业内权、债、利的界限分明，对各分管执行部门的责任有了新的要求，公关作为企业的一部分，要做的事情就更多了，作为企业用以和外界维护关系的组成部分，并且是企业品牌文化的八大组成部分之一，公关要采集有效信息或达成有效合作、对外发布报道、商务售后处理、危机干预等，张扬企业良性信息、提高企业良性知名度，最后达到促进产品销售或塑造企业品牌的目的。

业内资深人士有过这样的表示，公关不是简单地做活动、找媒体，而是用心去凝聚的智慧，不同于广告的是，公关不是要把某个观念强行灌输给大众，公关是一支乐曲，要触动大众心底的某根心弦，引发大众的思考，获得大众发自内心的认同。这话一针见血地说到了本源问题上。前面我们不止一次说到本源的重要性，公关是一种维护关系的科学，有关系必然会产生相互的作用，公关要懂得从企业和自身的本源出发，去抓取对方的本源诉求，只有来自本源的诉求才是真正真实的。这时候，谁能在本源诉求中先找到更多，就能产生最大的经济效益或作用力。文化发展到今天，物质文明已相对饱和，人的诉求增强了，有了更多自由的选择，也因为诉求的广泛和多样，更难形成统一，造成了人与人之间、企业与企业之间，人与企业之间等关系更加具备文化的复杂性，作为公共关系的执行者就需要更多的维度思考、更高的责任担当，去维护并提供符合诉求的东西，围绕这一本源核心，势必要求公关以文化的角度建立公关责任文化，以围绕文化的精神、理论、实践、传承四个方面来对公关文化的安全性、稳定性、刚需性、放射性加以理解。一个企业如何具备更强的公关能力以应对未来市场经济更规范的标准和更激烈的竞争，在于企业如何理解将公关形成为公关文化的转变过程，从而融入企业文化的核心理念中去，作为企业品牌组成之一，同时也是企业文化建设的一部分，这个从公关到公关文化的转变过程，也就是企业文化传播和构建的过程。

二、"公关"对传播思维的提升

前面我们说，企业对"公关"可以"公关文化"来理解，公关是一种文化，公关文化是企业文化中品牌文化的重要组成。公关是品牌的组成元素，也是品牌的保护伞,企业加强对公关的传播是实现企业在未来发展中实现自我提升和自我保护的重要之举,是企业在创新发展中为企业注入的一股能够联动企业内外部环境的有力能量,能为品牌其余七个部分的公共关系推波助力。新兴市场经济体制下的企业自由竞争,除了存在机遇外,竞争带来的风险,及品牌自身在市场中的不到位,如产品的质量问题、产品售后的纠纷问题等,都需要强有力的公关组织进行危机化解,公关保护得越好,品牌发展就越健康、越理想。而公关要想对品牌保护得好,就需要不断提升和创建内在文化,文化建设是整个新兴时代的趋势,公关文化的创建过程也是企业文化的创建过程。文化具有整合、导向、维持、传续的作用,文化若没有形成传播,也称不上文化,因此,公关文化的创建过程也即公关文化进行传播的过程。

公关没有一个固定的模式,存在于企业各个部门需要与合作方、媒体、政府、用户等产生联系时。我们举例以企业营销的角度来理解公关,新兴市场经济这样一个用户需求多样化,而产品饱和并日益同质化的时代,企业如果还只是停留在"营销归营销,公关归公关"的阶段,就跟不上时代的步伐了。在过去的时代里,企业的品牌营销是以广告为导向,新兴时代需要形成以公关为导向的思维转变,这种导向认知上的差异将会导致不同的营销行动和效果。依然以苹果为例,每次苹果新品出来后,苹果旗舰店门口都会挤满排队的人群,这看似是苹果前期营销广告的效应,但实际是苹果公司在营销活动一早就加入了强烈的公关观念,是公关精心筹划的结果,尤其是调动起用户最大需求度的苹果产品发布会,实际是一个重要的公关机会。通过公关让产品成为公共话题,随后才是通过广告强化产品的美誉。营销过程中,公关先行,广告在后,公关有点类似于轰炸机,在营销的最开始就先在市场和用户中制造亮点,在改善产品和提高用户体验的基础上,建立起产品品牌认知,以及相应的公关传播。企业从广告营销理念向公关营销理念的过渡,一个重要的原因是市场的变化和竞争,国际经济一体化,企业跟国际接轨的步伐加快,很容易发现国外的竞争对手在产品营销上并不是一味地投放广告,而是在公关上花费很多心思。用公关先在用户的心里树立一个定位,是新兴市场经济体制下企业的公关所要摆正的位置之一,使公关在正确的位置上发挥巨大的作用力,需要依靠文化的力量。文化从严格来讲,是人的文化,任何可见的产品或无形的服务,抑或国家、社会或组织所体现的文化,均是来自其背后的人的文化。因此,公关也可从用户或合作方的角度来理解,用户和合作方所诉求的是能够维护自己利益的公关，就如苹果的用户，希望能够买到一款实用性和体验性双重满足的产品，这时的公关就要从文化的思维方式中去寻找用户文化的这一诉求，再在一系列营销过程中通过公关传播，告知用户企业所提供的产品和服务有能力达成你的诉求。这样的公关传播是符合用户市场心理需求的。从这一点来说，更进一步印证了公关没有具体的、固定的模式，只是企业围绕核心发展定位的基础上所延伸出来的一部分功能，而围绕企业核心的公关，在新时代中，在公关方式、方法上要注重创新，在公关谈判中要懂得沟通，在技术和产品等不小心出现问题的时候，要懂得综合使用品牌系统的整体力量去进行危机化解，凡此种种事务都以公关责任为前提去处理，是企业经营过程中安心的保障，同时也是未来市场经济中对企业的一种新标准。

　　企业要满足内部团队在公关上的培训与提升，在于企业如何建立正确的公关理论，并通过正确的传播达到企业内部各团队之中展开具体的工作。同时围绕公关"责任"要求，构建系统的公关精神、公关理论、公关应用，最后通过对合作方、媒体、政府、用户等外界的传播，实现外界的诉求。而无论是企业的合作，还是危机的处理，还是对用户的服务，不管外界的哪一方，其诉求都有四个方面的内容，即精神诉求、理论诉求、实践诉求、传授诉求，公关工作的良好进行，只有通过这四个方面的综合理解，才能找到外界对公关的诉求特征，关于这方面，下文"公关"对传播的转变特征中将具体说明。诉求明确后，企业在传播公关相关信息时，在传播上运用符合时代特征和市场环境的传播语言、传播方式，同时加强公关方面的传播内容，是企业在公关传播过程中要转变的思维。

　　作为企业与外界的沟通桥梁，企业公关思维的转变，及围绕企业文化对内和对外两个方向传播的转变，是企业在核心文化基础之上对公关文化的传播与构建过程。随着新兴市场经济的兴起，各企业都朝着国际化标准的方向发展，加上人们文化生活的日益丰富，各种诉求随着文化生活产生了越来越多的变化，也越来越难捕捉，这些现象都要求企业的公关需以责任为先，建立、健全公关文化以应对企业发展的需要，同时对内和对外都建立清晰的传播转变思维。

三、"公关"对传播的转变特征

　　随着人类文明的发展，经济快速增长，世界范围内的人与人、组织与组织、国家与国家之间的交往日渐频繁并形成紧密的共同体，企业作为当代市场经济活动的主要参与者,对国家经济甚至世界经济的发展有着极其重要的作用。同时人类在文明进步中一直遵循本源化的诉求,因此企业围绕人类社会发展,应以文明本源的角度作为企业对公共市场的标准,才能在文化多样、复杂、高度发达的国际环境中处理好各方面的社会关系,这既是符合人类发展规律,也是符合企业发展规律的。在人类文明进步的道路上,不要故步自封,才能与时代接轨,发展企业对"公关"的思想,转变对社会与企业发展关系的认识,才能给企业带来持续的发展和上升的空间。通过对"公关"理论的科学构建,以文明意识对其进行管理,以文化的方式实现策划实施公共关系活动,为企业建立一种良好的公共形象,促进企业稳步发展。

根据企业文化传播既是从内向外发展,又是从外向内推进的传播过程来看,"公关"文化在两种方向上的传播也具有不同的传播现象和作用力体现:一是围绕"公关"在企业内部产生对外形象和利益的责任作用;二是围绕"公关"对外部的社会规范、社会合作、社会责任等方面产生的维系作用;企业在"公关"传播上如何把控和形成对内和对外传播关系上的协调功能作用,同样取决于企业对"公关"传播思维的转变,通过对人类社会及企业综合研究,结合现代传播特征的实际现象来看,"公关"在传播过程中主要有四方面的转变特征。

1."公关"对传播安全性转变为企业发展提供安全保障

公关存在于公众印象中最直接的理解是用来帮助企业维护社会关系,助力企业度过危机的,是企业通过努力,通过有效的谈判、沟通和传播,将企业宗旨、政策、行动等告知给公众,同时将公众的意思转达给企业,使双方相互了解,相互适应,从而实现企业得到公众支持的这一目的,以营造有利于企业生存发展的最佳环境。这是从企业发展的角度来看待的,从这一意义上来说,公关是企业诉求的其中一个表现,即内求团结,外求发展。另外,从与企业经营密切相关的受众方——用户的角度来理解公关,用户在消费前后过程中,对企业规范性、产品安全性、与企业之间沟通顺畅性等方面的诉求也是不可忽视的,用户希望自己建立起来的消费过程和消费事实能够得到安全保障,以维护自身利益,这种安全性的诉求,需要通过企业的公关组织对企业和用户双方进行衔接。虽然社会文明一直在进步,但越来越国际化的大市场中,往往会有一些以次充好的、无品质保障的产品和服务,令人难以瞬间辨别真假,从而造成用户在消费中产生犹疑和不安,在产品和服务上急需创建一种安全性。公关作为企业维系与外界关系的桥梁,在对外传播中应通过符合用户文化的语言和方式,转达企业在产品和服务上的安全保证。这对传播的安全性转变,既能满足用户诉求,又能使企业发展更稳定,因为消除了不安全心理,用户才有可能成为企业的"死忠粉",用户量和用户忠诚度是企业得以稳定、发展、壮大的基础。因此,企业在对内部组织传播公关安全性意识时,也要根据时代与市场特征及员工的具体情况,选用合适的传播方式、传播内容,提高企业整体公关文化水平,为企业发展提供安全的保障。

2."公关"对传播安全性转变是企业适应新经济发展的保障

随着世界经济一体化,国际化市场建立,商品与要素的流动超出国界,各国市场相互融合逐渐形成为一个统一的世界大市场,也就是说在这个大市场中将包含更多国家的社会环境、民俗风情、地理文化、政策法规等,如果没有一套统一的国际化标准,将越来越难以规范市场的运作。市场是企业开展经济活动的地方,市场的规范、有序和稳定直接关系着企业赖以生存的平台与环境,因此,每个企业都有责任和义务为保持市场的稳定付出努力。公关作为企业为了生存发展、通过沟通传播、塑造形象、平衡利益、协调关系、优化社会心理环境、影响公众的科学与艺术,在企业与市场的这一层关系上,起着极其重要的作用,对保持市场的稳定性有着不可推卸的责任。市场的国际化,意味着市场中汇聚了形形色色的文化,无论是出于企业对市场的需要,还是市场中各个组织间与文化间的需要,稳定性都是一切得以存在的基础。而文化相互间的融合度很大程度影响着整个关系的稳定度。因此,注重企业公关文化的建设与传播,直接关系到市场稳定性的诉求。公关是品牌最外围的八大组成部分之一,深入市场、与市场中形形色色的关系接触最多,公关文化是品牌文化的一部分,也是对企业文化的强力补充,当稳定性诉求成为公关文化传到企业内部时,企业领导人在对内部员工进行培训教育或者人才定位时,就需要着重考虑怎样的公关方式、公关技巧、公关能力、公关人才等,才是符合市场经济体制下企业对市场稳定性诉求的。企业良好公共关系的建立,无论对企业内部组织,还是外部社会市场环境,都需要良好的公共关系活动的策划和传播来实现。

3."公关"对传播刚需性是企业在未来市场经济中的标配

过去,往往在危机时,人们才意识到公关是刚需,新兴时代里,文化全面普及与提升,互联网科技日新月异,使信息公开化、透明化,在这个无论是经济,还是文化、技术等迅速变化的时代,外部信息如潮般涌来,使得人们所处的社会环境和心理环境都处于一种不很稳定的变换与更新中。由于市场经济的自由,各人各组织间对经济利益的衡量标准不一、看法不一。企业赖于活动的市场也好,企业生存必须拥有的用户也好,都在一个时刻充满机遇,也时时可能遭受危机的世界大环境中,产品事故、责任事故、责任纠纷频发,权、责、利划分明显,这个时候,作为企业与外界联通的桥梁,包括与市场、与合作者、与用户、与政府、与媒体等社会公共组织,公关刚需性理所应当地成为未来市场经济中的标配。公关以人为本,人以沟通为主,以往的公关靠说服与共识为核心与外界达成目标一致,随着文化的不断发展,人与人之间、组织与组织之间需要达成共识时,已不能仅仅靠表面的信息传播来进行说服了,而是以文化传播、文化沟通的形式,以文化与文化之间匹配度、融合度、吸收度等来衡量传播的效果,因此,公关文化中落实到社会实践部分的刚需性成为企业在对内和对外传播时的转变特征。公关文化的建立和完善更多的是责任的体现,这也是世界经济大环境下企业对维持市场规范和稳定所能尽的责任和义务以及一份心力,也是为保障用户利益,实现企业对用户诉求的一种方式。企业在对内传播时,需要使内部员工提高对公关刚需性的重视,对外传播时则需要使一切外部关系以文化融合的方式使企业公关具备可信赖的责任感。

4."公关"对传播放射性转变使企业符合市场经济运作条件

随着时代的快速发展,物质文化和精神文化不断更替进步,提升了人们的生活品质和对品质生活的诉求。另外,互联网媒体正以迅雷不及掩耳之势覆盖了人们的生活,造成了新时代下的人越来越难以离开网络、电脑和手机,加之人性本源中对于信息分享的诉求,使得世界各地的信息只要有一个可燃点,就会因为网络效应、群体效应呈现井喷式、放射状、广泛地传播。人们对于质感的生活越来越重视,对所涉及的产品或服务等的安全性、责任性以及与自身利益相关信息的关注度与分享度自然而然地升高,一个信息出来后,很容易快速产生连锁反应,著名的"青岛天价大虾"事件就是一个典型的负面例子,某外来游客在青岛某海鲜烧烤店点了一份大虾,等吃完饭结账时,才被告知原来说好的 38 元一份变成了 38 元一只,派出所、物价局都踢皮球一样把该游客的投诉不当一回事。结果游客一怒之下把这个事情发到了网上,引起轩然大波,青岛好不容易建立起来的好客形象,在网友各种转发传播中,在娱乐心理中毁于一旦,青岛政府职能部门的公关再强也已经拦截不了丑陋事态的发展。另外如淘宝店的差评现象，在互联网这种高度自由的环境里，基于人们的新时代消费习惯，形成了对自己所感之事快速传播及广泛蔓延的基本需求，这就是新兴时代的特征之一，信息传播快，信息点连成面，并可无限制延伸。在这样的时代环境下，企业如果还没有这种"放射性"意识，没有重视用户对信息传播及获取的放射性心理特征，就很难跟上用户需求的步伐，企业公关的反应如果跟不上外部事件的放射性速度，一旦出现危机就会形成致命性损失。因此，企业在进行企业文化对内组织传播时，要加强公关对传播的放射性转变意识，加强公关部门对放射性传播造成的连带效应的应急处理能力，使企业越来越符合市场经济运作条件，获得更好的发展。

第八节 "运营"在品牌文化中的传播转变

> 企业的经营，是许多环节的共同运作，差一个念头，就决定整个失败。
>
> ——松下幸之助

一、"运营"思维的转变

讲运营之前我们需要回顾一下什么是企业。传统概念中企业的定义是以实现投资人、客户、员工、社会大众的利益最大化为使命，通过提供产品或服务换取收入为目的的。这一以纯粹盈利为目的的定义使得企业的现实运营在很长一段时间内的重点是在产品如何销售上。传统上对运营的定义是指对企业运作过程的计划、组织、实施和控制，是与产品生产和服务创造密切相关的各项管理工作的总称。从另一个角度来讲，运营管理也可以指为对生产和提供企业主要的产品和服务的系统进行设计、运行、评价和改进的管理工作。运营是以企业发展为服务目标的，因此企业运营方式的转变很大程度影响企业的发展，甚至是生存。从企业发展的角度看企业运营经历有四个阶段：一是经验式管理阶段，此时，企业的管理采用管理者个人过往经验或团队经验来管理；二是科学式管理阶段，此时，企业采用了一定的科学制度并配备有企业管理软件，这种制度加软件的方式使企业在运作中节省了部分管理时间和资源，科学性较强但缺乏情感，人性化程度不高；三是企业文化管理阶段，企业运用企业文化内容管理企业运营；四是品牌管理阶段，企业通过以企业文化为核心构建,并运用系统的品牌文化帮助企业管理企业对内和对外两方面的内容。传统企业运营过程中因时代环境的限制,从当前中国企业的发展现状来看,各行各业的运营很大程度上存在如下问题:运营目标与社会价值体系偏差,偏向企业自身利益为第一诉求;运营方式以运营管理经验化为主,企业领导人多为一言堂,这使企业发展和危机没有缓冲层,一旦企业有问题,就绝无挽回机会。运营内容孤立,运营分属不同的内容缺乏一体化的系统管理,针对市场、用户、社区、商务运营整改;运营理念落后国际,据调查显示,国外经济已经在40年前完成企业文化管理到品牌文化管理的转变。

在当前经济环境中,国内国际市场正经历深层次的转型升级。国内原先从计划经济转变到市场经济,各行业生产力过剩,致力于抢夺有限的消费市场;国际环境中强国大国高度科技化,生产力高度提升,并附加有强大的文化机制,使得企业面对各方面的压力表现都加剧变化。现代社会文化高度发达,各民族文化、各地域文化、新兴艺术文化凸显,并且呈现文化交织影响,各学科内容交叉互生,加上信息传播高度发达,传播手段日新月异,各年龄段人群所代表的文化主体都有着时代差异性的不同。文化作为产业形势被注重和开发,在经济领域也已发生变化,各国已经大力发展文化型经济,大众也在如此多因素所造成的文化环境和经济环境中改变,自身的需求也相应地发展成对文化的高标准需求,从而影响至企业领域。综上所说,在当今新时代市场经济环境下,当前的企业"运营"已不单单是对于企业以及企业管理范畴的内容,它围绕人类社会进步过程中发展成为一种"运营"文化,这是为适应国际经济大环境、多元文化发展并存的特殊时期所建立的意识形态。"运营"已非当初的企业运营,"运营"的转变需要有新时代特色的运营思维来适应时代发展需求。

人类本源诉求是以人为本,社会是人的社会,市场是人的市场,企业也是人的企业,现在社会的发展企业将以全社会经济利益的一致性为前提为社会提供最佳机制下的价值产品为目标,运营文化的转变过程中也将朝向这一目标发展,文化的特性使得"运营"是围绕"用户"对"运营"的精神诉求、理论诉求、实践诉求和传授诉求而建立。由此,对"运营"的理解转变为一种对"运营"文化的理解。同时,从企业文化对企业发展的作用角度上看,"运营"文化也是企业文化建设的一部分,一个企业如何具备运营的能力或提升企业的能力,在于如何理解从运营到运营文化的转变过程,从而融入企业文化对内和对外的传播当中,而这个从运营到运营文化的传播过程也是企业文化传播与构建的过程。以文化的角度去理解"运营"，是符合人类文明进步特征的，如今的运营是包含企业、用户、市场、产品内容运作管理的系统工程，新兴市场经济体制下的运营，其内容组成已可定义为是一种文化，即"运营文化"，它也具备文化的四个特性。新兴市场经济下"运营思维的转变"及"源头文化"的形成，新时代下的"运营"，其本身所具备丰富的文化内容，对于企业的发展呈现出越来越强大的作用力。如此，企业才能沿着新兴市场经济下更正确的轨道发展。首先，企业将具有极其丰沛的精神面貌，在以社会需求为最大指引，统一精神的追求指引下，从创意到产品、从用户到营销、从传播到公关、从技术到企业皆以人为本，从用户角度出发，表现出其人的本性；其次，组织企业各部门团队和资源共同组成有机体，以"运营"思维构建团队资本投资为创造产品这一企业主体功能做好基础工作；再次，计划、措施、想法内容都遵从"企业"价值观和行为规范，坚实落地，赋予实际，达到时效性；最后，以时间进程验证前期内容，被认同和产生效应部分的内容再整合到新的文化思想中去，以补充企业文化内容。"运营"是企业存在的根本，当了解到新时代下人们"运营"思维的转变后，企业在进行企业文化和品牌文化的传播时，就需要从实际出发，做出"运营"传播思维的转变。

二、"运营"对传播思维的提升

从这句话可以看出，企业运营包含了多个层面和领域的内容，企业形成于人类发展，并由人作为组成运营的主体，因而，企业由于组成的缘故使其具有传播需求性，这使得企业包含更多的文化内容。前文我们提到，文化具有导向、整合、维持、传续等作用，具有可传播性的特征。因此，"运营"到"运营文化"的构建转变过程就是企业文化构建的过程，而"运营文化"的转变过程就是文化发展的过程，所以，"运营"传播思维的转变应该用文化的发展角度来理解。通过以文化的思维方式来理解"运营"，这种以"运营文化"思维所形成的传播思维，也是未来新兴市场经济和文化环境中被需求方用户所承认、接受并传播的。同时，在企业对内传播和对外传播的过程中，以"运营文化"思维构建的企业文化理论配套服务企业对内与对外的稳定和发展，以"运营文化"新思维实现企业在内部团队与外部用户中更有效沟通提供基础。"运营"也是一种文化，"运营文化"作为企业文化中的核心内容，"运营"即是企业组成的一部分，也是品牌文化成形的因素之一,"运营"文化传播思维的转变也将会影响企业文化的发展和形成,是企业为适应时代发展过程中自我主动提升的表现,也是企业文化提升的有利途径。在"运营"传播思维转变的基础上,企业文化才有可能被用户需求和认可。以用户的角度来理解"运营",用户所首先选择的是真正能为自己提供需求的产品或服务的企业;其次是观察企业是否正规,团队和资金等方面的实力如何,当中如果实力较高或者是团队人员比较优秀,则会有一定的选择性增加;再次是在用户与企业产生互动的过程中,企业能否为用户提供良好体验感受,是否能为使用产品或服务之后的后续工作提供良好解决方案为选择标准;最后用户能否因为与企业的互动过程产生一个良性的关系,既满足用户需求又符合企业达到两者的需求平衡。这当中我们看到:用户对企业的选择已经具备了文化性的选择标准,企业将不再单一地作为商业盈利组织,而应作为一个强势文化个体,在以人为本的方向指引下为社会大众提供社会价值最大化。

　　企业要组织发展内部各成员高效运作以发展企业,需要做到在"运营"的创新构建、组织运作、落地执行、持续发展等方面的提升,企业正确地构建"运营"理论,并通过传播到达各个组织成员团队之中,落地执行,以促进企业发展达到持续发展的作用,都需要企业做好传播工作。前面我们提到,企业的"运营"是一种文化,它来源于用户的精神诉求、理论诉求、实践诉求、传授诉求,只有从这四方面来综合理解"运营",才能真正符合用户对企业"运营"的诉求。从精神诉求层面来理解,用户存在着对提升生活品质的本源诉求,在移动互联网等新时代技术的环境下,所需要的产品和服务必然是具有互联网思维的"运营"企业的产品和服务,企业要以人为本做出及时改变,适时改变"运营"模式,如果企业保持传统,必然遭受用户的抛弃;在理论诉求层面,企业构建了互联网"运营"的电商网络平台,用户认可某种"运营"方式的同时,存在着对其他领域企业的同样需求。如用户具有网购衣物等生活用品的购买习惯,相应的,在用户认可的基础上,如果企业开发出水果行业电商"运营"也是会被用户所接受认同;从实践层面讲,企业"运营"配套的落地性,使得企业可以完成产品的销售或服务的提供。比如,当下流行的外卖服务,依托互联网与线下配送的结合,使之实现与现实门店同样功能的同时,极大地方便了用户体验和使用服务。总之,不论是企业在以人为本的前提下构建"运营"的过程,来满足用户提升"运营"实效性的传播,还是为企业提供持续性发展"运营"的机遇,企业在传播关于"运营"方面的信息时,除了在"传播"上运用符合当代市场环境的传播方式和传播语言,加强企业自身对"运营"的理解并进行资本化运作,是企业在"运营"传播过程中要转变的思维。在新时代背景下,企业对"运营"上的传播思想结合企业核心文化理论体系,构建和扩充企业文化体系及传播体系,是企业在"运营"层面上综合提升的有效措施。

综上所述,企业在"运营"思维及传播思维上发生转变,围绕企业对内和对外双向传播的融合特性,在企业核心文化体系基础上,构建与传播企业"运营"文化,是企业与用户之间"运营"交流的沟通桥梁。新时代,生活追求多样化,用户精神和物质水平高度发达,用户精神层次比以往时期都要高,加之文化的高度发达,各种文化交叉发展,用户需求多样化发展,如何有效地把握用户需求,做到以人为本,使企业与用户诉求相一致,建立清晰有效的"运营"传播语言及传播方式,是企业在"运营"传播之前就要做好的工作。因为人类生活极其丰富,用户在文化交流中交叉发生转变,对用户真正的诉求很难准确捕捉,但从社会发展和文化发展上看,又存在一定的规律,并且这些特征又集中体现在文化信息的传播过程中,因此,企业从这些规律的信息传播转变特征中来捕捉用户诉求,是准确把握用户真实诉求的途径,同时,将用户的真实诉求建立在企业"运营"方面的传播转变,是符合企业未来"运营"传播规律的。

三、"运营"对传播的转变特征

人类事物的产生,是以人本源诉求为基本出发点,企业是社会发展的产物,因社会分工的发展而成长壮大。企业又是市场经济活动的主要参与者,从各形态的自然经济、商品经济、市场经济,企业不断地适应其所处环境,在社会主义经济体制下,各种企业并存,共同构成社会主义市场经济的微观基础,随着文化进步及社会发展的需要,企业过去的运营已不能满足时代转变对企业的要求。在当今新时代市场经济形态下,企业应以实现投资人、客户、员工、社会大众的价值利益最大化为基础,具备社会责任感,通过提供产品或服务,合理整合社会资源,以实现全社会价值最大化。企业的发展、转变,只有符合人类发展诉求,通过企业对"运营"思想、"运营"文化的传播转变,才能发挥企业在人类发展中的强大能量,才能让企业适应新时代经济形态。

根据企业文化传播既是从内向外发展,又是从外向内推进的传播过程中看,企业"运营"文化在两种方向上的传播也具有不同的传播现象和作用力体现：一是"运营"围绕企业内部团队、企业员工等组织运营需求，产生对企业的维序作用。二是"运营"围绕外部社会文化、个体文化等信息需求，产生对企业的一种指导作用；企业在"运营"传播上如何把控和形成对内和对外传播关系上的平衡补充作用，同样取决于企业对"运营"传播思维的转变过程，通过对人类社会及企业的综合研究。结合现代传播特征的实际现象来看，"运营"在传播过程中主要有四方面的转变特征：

1. "运营"对传播人本性的转变是新兴市场经济体制下企业应达到的基本条件

企业是品牌的运营组织，也可以说是品牌的托管者，企业的运营深入于品牌创新、用户、传播、技术、产品、营销、公关七个环节，并且有效地协调它们各自的工作以及它们相互间的配合。企业是市场经济活动的主要参与者，企业的运营终是以在市场与用户发生价值交换从而获取经济盈利为目的，用户在企业的经营发展中占据主导地位。从人类文明发展历程中已深刻领会文化的重要性和作用力，文化影响着人们对人和事物的判断、对生活、生命的态度、对整个客观世界的认知，等等，从而推动着时代与文明的进程，"以人为本"的理念已广泛运用于各个领域。与企业生存与发展休戚相关的无论是市场，还是用户，或是企业内部员工，都是从以人为本的角度出发，品牌外部环境的八个方面也是以人的本源诉求为考虑内容。整个企业的运营无论如何都应以"以人为本"的核心为理念展开具体的活动。"以人为本"中包括物质与精神两个方面，当今社会经济环境良好，生活水平较之以前有了很大的提升，人们对物质的需求虽仍在孜孜不倦的提升中，但在文化全面性影响下，更多的精力开始转向精神需求中，用户对所要产生消费的产品或服务不再仅仅只是产品或服务本身，而是希望在购买的同时得到精神上的价值。企业员工也如此，社会大环境的改变，文化对人的精神和思想潜移默化的影响，使得企业无法用以前传统的管理方式来管理现在的员工，员工基于个人丰富的内在，更加讲究从工作中的协调性、价值感来满足个人精神上的需求。企业"运营"人本性的转变是新兴市场经济体制下企业应达到的基本条件，在企业对内部员工进行传播，以及围绕外部社会、市场、用户等进行传播的过程，也是一种满足了人本性需求的传播转变的过程和特征。

2."运营"对传播资本性的转变使企业的经营更加具备动力

企业的过去是在传统体制下进行具有国家特色性管理的组织，属于商品经营的范畴，即通过商品销售或提供劳务，实现利润最大化，那时企业只需要利用自身已有的生产要素的组合进行生产和销售。随着世界经济一体化，国际市场经济标准建立，国际企业资本化运作方式的融入，使得中国企业为面对市场的变化，必须走上市场化的道路，企业"运营"资本性的转变是时代发展的必然结果。资本运营的对象是企业的资本及运营，侧重的是企业经营过程的价值方面，追求价值的增值，相比商品经营以产品及生产销售过程为主，侧重企业经营过程的使用价值方面，资本化运作更符合当前市场和人的诉求，企业"运营"已实现人本性转变，人们在追求物质产品的同时，越来越趋向于对产品中所赋予的精神的需求，这种无形的价值必然需要转化为资本来计算，这才能使企业的经营更加具备动力。过去的企业以为服务或者精神等无形的产品是不值钱的，用户市场也感受不到这种无形产品的价值，新兴市场国际化标准下，无论是企业的发展与盈利诉求，还是用户的精神与价值诉求，都符合时代和环境的特征。因此从人本角度出发考虑，企业在市场为用户提供，并被其接受的一切都被资本化、货币化，包括物质的产品，包括服务和各种隐性的精神价值，都在情理之中。资本性的转变，使得企业把生存和发展建立在一个或多个产业上，并不断发现新的经济增长点，能及时退出风险大的产业来规避风险。不但要注重企业自身的内部积累，更重要的是要通过资本外部扩张的方式，使企业快速扩张，发展壮大。因此，企业要加强资本性"运营"的力量，必须加强对"运营"资本性转变的进一步传播。

3."运营"对传播实效性的转变是"运营"文化得以成型的重要步骤

"运营"作为企业品牌的八个组成之一，创建和管理着品牌的整体运作，企业运营得越好，品牌就会越好，越被市场和用户接纳，有效的运营管理能增强每个体系的运作效率，能使体系内部的权责分工清晰、明确，能协调每个体系间的相互配合。新兴时代环境下，文化如同空气一样无所不在，凡是有人的地方，凡属于人的活动范围，文化都发挥着特殊的作用，发挥着特殊的功能，具体到以人为主体的"运营"，自然也包含着文化的精神、理论、实践、传承这四个方面。上文所说的资本性是"运营"文化的理论指引，任何理论如果没有落地实践的过程，就只是纸上谈兵。因此，"运营"对传播时效性方面的转变是"运营"文化得以成型的重要步骤。"运营"最终还是要为企业、市场和用户服务的。从企业的角度出发，市场经济是一种自由竞争的机制，这种竞争在带来机遇的同时，也存在极大的挑战，运营是企业根据整个市场需求进行资源配置的过程，以价值供应的概念，向市场输出自己的产品或服务，是企业围绕自身的积累，与外部产业进行链接，资源配置最大化实现生产力的过程。随着新兴市场经济对企业的标准变得越来越高，要求更加细化，运营过程中的任何一个环节都需要有时效性的保障，才能顺应市场快节奏的竞争氛围。从用户的角度出发，文化时代、信息时代通过各个渠道接触到的新信息，使得人们对生活的品质、效率等诉求越来越高，企业"运营"的时效性直接关系到是否能第一时间满足用户的诉求，从而增强用户体验和用户黏性。新市场经济体制下，资源分配的时效性，理论落地的时效性等各种时效性的产生，能够建立起企业的资本性。简言之，企业在进行传播资本性的转变时，如果达不到理想的效果，资本性的实质就消失了，更别提企业文化的传播了，只有通过传播实效性的转变才能使资本性发挥更大的作用，以保障企业在自由竞争的市场经济中不被淘汰。

4. "运营"对传播持续性的转变是企业在市场经济体制下保持竞争优势的关键

市场经济下的企业运营即品牌运营，是企业文化对外发展并形成品牌的一个部分，是品牌从无到有，再到投入市场发展的整个过程中的理论落地化的运营机制，表现在投资、规划、发展、开发、优化、监督、检测等各个环节的战略性运营，动态地存在于品牌发展与构成的各个时期和各个子系统的板块。我们说在当今社会大环境中，文化这股无孔不入的气流影响着人们社会生活的每个方面，企业是由人组成并服务于人的，在人的本源性诉求下又创造出繁盛复杂的多种物质的、精神的文化，企业的"运营"文化也是在人的本源诉求下产生，而文化之所以称之为文化，是文化具备了传承传播的功能，凡不能被传播的都不是文化，这是人类自古以来的文化发展规律，这种传承传播的特性反映到"运营"文化上，即是它的持续性。"运营"持续性，是企业在新兴市场经济体制下保持竞争优势的关键。过去企业经营运用的是管理模式，使组织生产要素的过程有序有效。市场经济国际化，市场的标准高了，要求多了，各资源之间的配置不再像以往那么单一了，无论是企业内部组织架构的规范化，还是需要与外部产业产生众多的链接，都使得"运营"成为企业发展的重要构成，而要让企业实现企业的诉求得以持续性发展，就势必要求"运营"具备持续性，企业"运营"的持续性，将给用户所要的物质、精神双重诉求的品质生活带去持续性的满足，用户的这种持续性忠诚度，则是企业获得的最重要的价值回报。因此，企业在传播"运营"的过程中形成"持续性"的转变是至关重要的，是引导企业"运营"发展的中心思维，同时也是符合未来市场经济中企业的发展诉求的。

形象构建篇

第八章　新企业传播与形象构建理论

第一节　企业形象的演变过程

在中国经济飞速发展,世界经济一体化的今天,企业竞争越来越激烈,企业形象作为企业一个重要的竞争因素逐渐被人们所重视,"企业形象"代表着企业的总体印象。在文化的传播过程中,发挥着对企业的整体传播的作用,因此,"企业形象"在文化信息高速发展的今天,已成为企业在整个社会文化信息流通中最有利的传播工具,又或者说是传播技术、传播方式、传播策略、传播媒介等。"企业形象"既可以传播企业无形的精神文化信息,也可以传播企业有形的物质文化信息,它包含了企业所有传播内容的总和,社会大众对企业印象是企业在社会活动中所有信息在传播时形成的结果,是企业状况的综合反映。"企业形象"其本质是传播企业一切对美好事物的思想和意境,从而引导或融合大众对一切美好事物的思想和意境,进而产生共鸣印象,促进企业与大众之间对美好事物的共同看法,而绝不是强调或是刻画企业美好的一面,更不是单一的理解为提升企业竞争力的一种手段。因为"企业形象"也包括对企业思想和行为的印象,并在印象的基础上,产生内在性、倾向性和相对稳定性的公众态度,多数人的肯定或否定便会对企业产生公共舆论或评价,企业对于"企业形象"的理解应该建立在提高正面评价或是降低负面评价的思维基础上而形成和产生的企业态度。那么,"企业形象"也可以理解为企业内在美和外在美的总和。之所以今天会形成对"企业形象"的这种理解,也是时代发展文明进步的体现,而在过去对"企业形象"的理解也表现得更为单一。因此"企业形象"具有明显的演变过程,是随着社会的文明发展而不断进步的。

　　广义理解中的企业形象，是指人们通过企业的各种标志建立起来的对企业的总体印象，是企业文化建设的核心，属于企业精神文化的一种外在表现形式，是社会公众与企业接触过程中通过感官传递获得的对企业的总体印象。文化是由物质文化和精神文化共同组成，且在两者间相互作用、相互促进下不断地发展和演变，从而形成了我们今天所接触的文化。形象是文化的一种物质形态，既存在于物质之中，又游离在物质之外。当人们对长城还没有具体的概念时，看到"长城"两个字，脑海里会有一个抽象到具象的变化过程，在意识形态和感知形态中出现一个大致的对"长城"的印象，起码可以想象出它是长的，这是取决于人们意识中对"长"和"城"两个字符所形成的基本印象而产生的抽象印象，但并不具备对"长城"的具象印象。而当"长城"以图形的方式展示在人们面前时，就可以有效地把人脑海里的那部分信息具象化，这种相对具象的物质形态使人加深了对长城的印象。这一关于印象从模糊到清晰的演变过程，是伴随着人类文明一路发展而来的。人类初期，经历了漫长的肢体比画交流期，人们当时并不十分清楚整个交流中对方真正要表达的意思。随后在文化不断进步中出现了语言文字和图像图形等，因为文明的诉求是有更好地沟通交流后并得以传承传播，通过越来越具象化的形象，可以有效地解决文字语言和思想交流中达不到的那种效果。形象是人们在追求物质文明和精神文明过程中，为了使相互间对交流和传达的信息印象更深刻，而产生的语言、文字、图形等。形象是从最复杂的具象物质形态，到简单的具象认知形态，再到感观的印象意识形态，从而产生感情活动的艺术化过程，而艺术，是人类对一切美好事物的思想和意境，换句话说，形象是把一切复杂的具象物质形态转换成对美好事物的思想和意境的心理活动过程。从以上几方面综合来看，形象既是一种沟通的文明，也是一种传播的文明，同时更是一种文化。形象的演变过程就是人类印象文化的演变过程，也是传播文化的演变过程，并从不同的时期反映出不同的含义，形成一定的演变历程。

　　"形象"是用来反映现实，但又比现实有典型性的社会意识形态，包括语言、文字、符号、绘画、音乐等，目的是为了更好地沟通与传播，这也是"形象"最初的形成过程。"形象"的初级阶段是为了更好的表达传播者对传播内容的准确描述，并形成与其他信息的区别而设立的认知工具，以作为理解信息、认知信息、识别信息为主要作用的。对于"企业形象"在初级阶段也着重体现出这种理念，是企业在传播过程中为了引导受众者形成对传播内容的正确理解,并与其他理解形成了辨别而做出更正确判断所使用的认识思维,准确来说,"企业形象"初期是以"识别"为主要功能的。

随着社会的发展与进步,社会信息也越来越多样化,信息传播技术也越来越发达,在传统经济模式下,企业作为营利性的社会组织,开始充分发挥信息传播的作用力,并在信息传播的过程中,以配套形象传播来表现其传播内容的生动性及吸引力,进而提升消费者购买的欲望,促进企业盈利增长。这里所提到的"形象传播"是企业为提升消费者形成购买力,围绕消费者的诉求心理,并针对其心理特征对企业进行美化和宣传时所设立的一种传播方式,并以此为主要目的的对"企业形象"进行构建,其构建的主体是广告形象或是宣传形象,是企业配套营销所使用的传播工具,准确来说,"企业形象"处于广告宣传阶段,是以"宣传"为主要功能的。

"企业形象"在经历过"识别""宣传"等历程后,随着经济的发展对企业的标准变得越来越高,竞争也越来越大,在社会信息越来越发达的时代,企业把目光转向了提升企业综合实力的竞争中,从而形成企业对信息传播量变的过程。同时,又在信息极为发达的环境下,"企业形象"迅速进入了信息"传播"的演变过程,铺天盖地的海量信息也激活了新的产业,同时加速了互联网产业的快速兴起,或许这是一种偶然现象,又或许这是一种时代发展的必然现象,但这并不重要,重要的是社会已经进入到新的时代历程,"企业形象"也会随着这种历程,随着人类的文明发展而走向更高的文明阶段。

很显然,新时代已经来临,新经济、新技术、新文化、新生活、新事物、新模式涌现到了我们面前,形成的新时代浪潮已经开始把人类带向了另一个方向,一个崭新的人类文明已经开始迈出了步伐。随着互联网的出现,全人类正式开始重新连接,在广阔的新世界里,更多各种各样的人们开始相连,并对其文化进行相互影响和作用,人们找到了全新的共同语言,"文化"也成了这些语言中的代名词,大大小小的文化不停地被创建,不停地被融合,不停地被吸收,组成了一张巨大的"精神网络",文化的物质形态也开始游离穿梭,文化也成了传播的主流,信息则变成了传播的碎片。语言、文字、符号、图形、图像、声音等,与作为意识形态的"形象"代表,信仰、理念、行为、感知、印象等,在新的时代被全面组合,企业作为社会的微观组织,也率先加入对文化的组织行列,企业以组织文化的过程配置文化所需要的物质和精神，从而转换为"价值"，从社会发展及文明进步的角度来理解，企业在未来发展过程中是围绕"文化"的价值对企业各方面进行组织和传播的，那么，作为新时代的"企业形象"便是一种对"文化形象"的全新理解，并以"形象传播"为主要功能的，是以输出"价值"为构建标准的。

从以上对"企业形象"的几个阶段演变中可以看出，对"企业形象"的理解在不同的时期表现的含义是截然不同的，不能一概而论。"企业形象"在经历过"识别""宣传""传播"等阶段，随着时代的演变到"文化形象"的阶段，对这种现象的本身来说是一种社会发展的产物，而并不是主观认为。从当今社会的现象，结合企业在传播过程的实际情况，以传统的"形象"传播理论已经无法适应大众的诉求心理了，所以，以未来新兴市场经济发展规律及国际市场经济发展趋势来综合衡量，中国企业要从根本上实现国际市场竞争，从思维、理论、应用、传播等各方面角度都要形成新的标准。同时，"企业形象"作为企业在公众心目中的态度和印象，若以传统的角度去构建，不但起不到好的效果，甚至还会带来负面作用，尤其在信息高速发展的今天，很有可能因为一个小的错误而给企业带来巨大的损失，类似这样的现象也是屡见不鲜了。

随着时代的改变，对"企业形象"已经产生了全新的理解，"企业形象"已不再是我们传统思维中对企业外表形象的理解，通过对"形象"和"文化"紧密关系的了解，结合时代"文明"的表现，已成为不可单独理解的概念了，"形象"和"文化"各自都有着"隐性"和"显性"的部分，其"隐性"的部分会产生"印象"作用，可以理解为一种"印象文化"和"印象形象"；其"显性"的部分会产生形态和行为，总称为"形为"，①那么对显性部分可以理解为一种"文化形象"和"形为形象"。由此，"企业形象"和"企业文化"也是一样的理解，都是有"印象"的隐性部分和"形为"的显性部分所组成，是新时代社会文明体系下的一种理解方式。同时我们知道"企业文化"是由对内文化和对外文化共同所组成的，对内是企业内部管理，对外是品牌。企业内部的形象和文化，是围绕企业团队组建起来的，企业外部的形象和文化是围绕大众用户发展起来的，因此"企业形象"和"企业文化"只有对内和对外之分，对其含义是不可单独理解的，可以理解的是"企业文化"更多地偏向于印象，而"企业形象"更多地偏向于形为。

---

① 形为：是形态和行为的总称，有静态和动态的区分关系。

第二节　企业形象对企业的作用

"形象"和"文化"存在着紧密的关系,是不可独立分开理解的,"形象"和"文化"存在着相似的共同点,也存在着区别的特性,以及相交的作用点,两者的共同点是:都由"隐性"的"印象"和"显性"的"形为"两部分内容的组成,都是文明的一种体现,同时两者都是一种"沟通"的文明,也是一种"传播"的文明,也是我们"泛指的文化";两者的特性点是:"形象"更加偏向于"形为",以物质形为的表现更多,"形象"的动态行为和静态形态形成其"丰富性",是形成物质文明的基础。而"文化"更加偏向于印象,以意识印象的表现更多,"文化"的精神印象形成其"集中性",是形成精神文明的基础。两者的作用点是:"文化"的集中"印象",便会产生行为意识,从而改变"形象"的"行为",并通过其过程改变其"形态","形态"和"行为"的集中"形为"又会产生新的印象,或是改变印象,从而形成一个永续循环的过程,是产生进步循环的根源,反之,也是恶性循环的根源。通过以上的理解,对"形象"和"文化"有了明确的概念区分,并对其概念延伸至对"企业形象"和"企业文化"的理解,同理,企业的文化和形象组成了对企业的集中印象和丰富的形为,这共同形成了企业的精神文明和物质文明。以其"精神文明"为代表的企业对内文化,形成了以企业内部团队在精神、宗旨、理念、责任、贡献、价值、观念、动力等方面的印象,并围绕适应企业内部团队的精神特点,建立企业核心文化并形成企业内部"形为"的驱动力。以其"精神文明"为代表的企业品牌文化,形成了以用户对品牌在文化、责任、产品、形为等方面的印象,并围绕适应用户的文化特点,打造企业品牌核心文化,并形成对于品牌形为的驱动力。以其"物质文明"为代表的企业内部形象,形成了以企业内部形象在标志名称、环境、生产、工作、生活等方面的"形为",并围绕提升企业内部文化、促进核心文化发展的企业形为,构建企业内部形象工程,提升对于企业内部的总体印象。以其"物质文明"为代表的企业品牌形象,形成了以企业品牌形象在商标、产品、终端、服务、购买、体验、活动、社区等方面的"形为",并围绕提升企业品牌文化、促进用户文化发展的企业"形为",构建企业品牌形象提升对于用户的总体印象。以及围绕"企业文化"和"企业形象"在对内和对外的共同作用时所形成的"公关文化形象"和"商务文化形象"。通过以上对"企业形象"的综合理解,可以看出"企业形象"在企业发展中存在多方面的作用。

再看企业，企业是市场经济活动的主要参与者，是以第一代核心领导人的精神倡导为指引，集结了一批具有一致信仰与目标的人共同生产经营，通过市场的平台与用户产生价值交换的主体。无论是企业内部进行经营管理、传达企业文化，还是在外部与市场和用户产生关系，都离不开沟通与传播。实效性的沟通与传播有助于企业的经营和发展，而这种实效性的沟通与传播，是企业文化和企业形象共同发挥的结果。企业形象在传播过程中，作为企业文化和品牌文化的一种物质形态，其"形为"表现能够使人产生深刻的记忆，从而对企业和品牌留下更好的印象，这是人类对"形象"所带来的丰富性的一致性追求和欣赏。新兴市场经济体制下，企业的竞争即文化的竞争，大力建设发展企业文化和品牌文化，树立企业在经济市场和社会公众中的良好形象，是企业保持竞争优势的关键，同时，企业形象也表现出同样的作用。

首先，随着社会的不断发展，人们文化水平、生活质量都有了极大的提升，渡过了物质追求远高于精神追求的年代，对于精神文化有了新时代特征下的全新需求标准，面对市场中在产品的外观、性能等方面出现了严重的同质化现象，企业要想脱颖而出获得用户的青睐，就需要有足够征服用户的产品文化来做支撑。新兴市场经济下的企业竞争，是企业文化和企业形态的竞争，企业要表现出竞争力，就需要靠传播来实现将企业的文化作用力发挥到实处。而从文明的历史演变中可以看出，"企业形象"能够很好地以其"形为"改变对企业的"印象"，使企业在传播过程中形成循环进步的效果，同时让用户对其"企业形为"产生，对品牌的印象也更为深刻，并予以接受和认同。企业要想吸引用户的眼球，走入用户的心灵，就必须大力建设企业形象，充分发挥"企业形象"的丰富表现，为企业在市场上获取更大的"价值"输出力，用户对产品的理解已经开始出现对"价值"的转变，因此，"企业形象"也有助于产品附加值的实现。可以说，企业形象是有效打开用户市场的试金石。良好的企业形象能够提升企业文化对内的传播，增强企业的核心凝聚力和竞争力，也能提升品牌文化对外的传播，增加用户的接受度的适应度，并获得公众的信赖，增强对品牌的信心。

其次，良好的企业形象有助于企业文化对内传播中使人心更凝聚，企业形象所倡导的企业经营理念和企业价值观是企业的灵魂，是企业经营的最高准则，并且是员工共同的精神信仰和行为指南，通过企业形象对文化的传播，能够使员工在精神上和行为上有一个统一的、现实的参照标准；良好的企业形象可以把员工脑海中对企业文化抽象的感知部分激发出来，增强集体荣誉感、自豪感，使他们更加热爱工作、热爱企业，自觉地把自身的言行和企业形象联系起来，从而产生强烈的使命感和责任感；良好的企业形象会将企业对员工的重视度准确传达到员工内部，让员工感觉到其在企业里有用武之地，能最大限度实现自身的价值。

最后，良好的企业形象能够增强企业文化对外（即品牌文化）的核心竞争力。国际经济一体化的环境下，市场竞争本质是文化的竞争，但是表现在社会公众眼中的是企业形象的竞争。企业通过高质量的设计、塑造和展示企业形象，可以提高企业在国际市场和社会公众心目中的知名度和美誉度，给企业带来丰厚的经济效益和社会效益，企业形象的增值效应远远高于企业本身的固定资产和流动资金的作用，是企业在持续发展中可以长期被长期开发和延伸的驱动力，是企业产生文明的能量源泉。

企业形象和企业文化共同组成了企业传播系统。企业形象是在企业核心文化指引下的艺术化形为，是对企业内部及外部品牌遵循社会发展的文化规律和经济规律基础上进行组织化、系统化、目的化的综合形为设计，其带有极强的策略性发展思维，是体现企业在未来竞争中的无形资本，以建设企业传播系统为目标，构建企业形象系统工程围绕企业发展的各方面构建系统化、专业化的企业形象。并以此来调动起企业每个员工的积极性和参与性，并结合企业制度文化，使企业在各个部门中形成的有效运作，从而建立企业与众不同的个性形象，使企业产品优越于其他同类产品，在同行中脱颖而出，迅速有效地帮助企业形成品牌效应，并占有市场。"企业形象"随着新兴市场经济的到来，已经成为众多企业投资管理的对象，也是成为未来国际市场经济竞争的基本条件。

第三节　企业形象构建的转变因素

随着市场经济的形成，在国际市场竞争的背景下，国际市场中也涌现出越来越多的优秀企业。由于中国经济起步相对要晚，在国际市场的竞争中也呈现出竞争力严重不足的现象。通过比较，一些发达国家在企业发展中的运营模式更加符合国际市场经济的竞争条件，并在市场竞争中展现出各方面的绝对优势，这也使众多的中国企业急于想从国际市场中学习经验，以提高其市场竞争力。中国企业早期对"企业形象"的理解是从西方引进的《CIS企业形象识别系统》开始认知并构建的，并对此系统中打造品牌的理解有了可以给予肯定的认识，通过实践，在一定程度或者说是周期内，围绕"企业形象"的构建获得了相对的提升，从企业环境形象到品牌终端形象到产品形象，都有了很大的改进，弥补了国内企业在市场经济中对"企业形象"经验性不足的理论空缺空间，在企业品牌形象等方面都有了更全面的认知基础。但又从实际现象深入对比中发现，国内的企业品牌形象始终与西方企业所展现的企业品牌形象存在着很大差距。因此在一段时期内，国内不少企业也表示对《CIS企业形象识别系统》的不认同，认为并不适应于中国企业的发展。也有人表示这套系统就是打造品牌用的，只是中国的市场经济模式和国外不一样所造成的，从而在国内也形成了对打造品牌的理解的不统一。通过各方面的调查和研究，以企业实践应用中的实际情况来综合分析得出，以上几种说法都有其各自一定的道理，其围绕的理论都是建立在一定范围的基础上的，引起这种现象的因素存在于多方面原因，可以从客观与主观在不同环境下形成的角度来理解。由于文化在各个国家民族中的发展路径不一样，并且任何形式的呈现都是由文化的精神指引、思想理论、社会实践、传承传播四个部分贯穿作用所形成的，导致了东西方国家、各民族间的生活方式、思维习惯，以及对情感的态度等都存在差别。通过对过去传统市场经济模式下中国企业对"企业形象"的理解，结合国际市场竞争规律中对"企业形象"的反映特征，以国内新兴市场经济发展趋势，国际市场经济发展规律为大背景，结合中西方文化、民族特点、国家政策、经济体制等方面差异为数据依据，围绕新时代互联网新经济发展规律为综合衡量标准，得出了以下几点对"企业形象"构建转变的因素。

一、文化因素

在新时代下，文化已经越来越被重视，不论在国内还是在国际社会，文化产业、文化经济首先被国家层面所重视，文化与经济的发展，与社会的发展有着必然的联系，越来越多的文化思想意识正在强有力地促进社会的整体经济发展。文化作为人类发展的指引，组成了人类文明发展的整个过程，人类历史发展的所有信息都存在于文化的演变与发展之中，文化对社会各方面都有着绝对的影响力，这也是企业要发展"企业文化"的根本原因。但由于文化之间存着的各自差异，不同的"企业文化"会影响企业的整个发展方向，从民族的角度也可以看出，西方文化与中国文化的差异也影响了经济模式的差异，中国企业和国外企业在创造经济的方式上也有本质的区别，从而引起对企业的其他方面也产生了区别，对"企业形象"的塑造上是完全不能相提并论的。

首先，在过去东西方文化素来有着本质的差异。西方文化是以"人本论"为基础的，讲究人与自然的分离和对立，并且随着时间推移，越来越形成以"个人为本"、以注重自我权利为特征的"权利型"伦理价值观，善于运用理性的科学的逻辑思维方式，企业管理依靠法规、条例，以精确、量化与制度防范为特征，强调规则、秩序，在具体方法上表现为条例管理、效率管理、逻辑管理等，充分反映了科学主义的管理原则和要求，企业员工工作中强调个性与创新，一定程度上刺激了竞争文化的产生与发展。中国从古文化以来就重视和强调人与自然的和谐统一，在这种思维模式下建立起来的企业文化，以情感管理为主，注重道德，强调和谐、稳定的团体意识，把员工的价值准则与企业目标结合起来，使员工把企业目标看成是自己的行为准则，实施自我管理，实现自我超越，这种管理文化忽略了制度效应和规则意识，往往以情义代替理性，人际关系复杂，也容易造成员工竞争意识不强，阻碍其积极性，使得很多中国企业处于一种"温水煮青蛙"的状态。由于中国经济起步较晚，中国企业发展企业文化的意识远落后于西方，在社会生产与人类文明的发展过程中根据现实需求产生的中国企业文化，由于很大一部分是仿效西方，但又始终是以中国特色文化为背景来表达，西方先进的规范化管理原则，在讲究情感的中国企业，很难被真正执行起来的。这种东西方文化的差异给企业在组织、管理、运用等方面带来了不一样的方式，其重点表现出来的方面是人的不同。在旧时代对于中国企业来说，在企业文化、企业形象、企业传播等方面存在着较大的理论空缺，中国企业大部分靠的是实践经验。而随着新时代的到来，国内在文化艺术事业等方面的水平有了很大的提高，中国已经具备理解和塑造企业在文化艺术等方面的能力。

其次，在国际文化信息高速流通的背景下，世界文化已被广泛吸收和应用，各国、各企业之间都在互相交换着文化信息。从国际市场中的一些现象可以看出，国外也在不停地学习其他国家的文化和艺术，以作为提升企业、改善企业、补充企业的组织元素，并围绕更高的标准提出了新的要求。过去中国从国外引进的《企业形象识别系统 CIS》已经完全不能满足国际市场的品牌发展标准，因此，在新的时代下，文化因素是新"企业形象"在构建过程中要转变的重要因素。

二、环境因素

"企业形象"作为企业在发展过程中配套企业管理规范化实施，提升企业在传播过程中的印象，提高在市场竞争力的软实力所产生的形象体系，在经历过不同的时期后已经成了企业的重要组成部分，也是企业作为增加无形资产而进行投资的部分。在国际市场竞争中，"企业形象"在企业发展中的地位变得更高，在国际市场经济逐步走向资本化的今天，"企业形象"也被纳入了资本结构当中，其具有经济价值的一面也突显了出来，这也是"企业形象"对企业各方面的作用所带来的经济效应。国际市场竞争是全方位的竞争，最终又会反映到人的竞争，人的能力的竞争，一个企业能使人才的各方面能力得到很好的发挥，其竞争力是可以被充分体现出来的。"企业形象"所发挥出来的印象驱动形为，形为提升印象推动了进步的循环，而这种进步又是集中体现在企业人的方面。

随着经济的增长，企业在竞争结构上发生了改变，市场的要求形成了消费者的统一标准，且这种标准不断地在扩大和提高。这种标准的提高，已经不是单方面对企业有形象上提高的要求，也从市面上反映出多种现象。以企业环境形象来举例，过去企业在整体办公环境上主要表现在建筑的外立面，对企业形象的塑造也以形象识别为主要设计特点，而如今随着企业团队配置的增加，团队的组成方式不同，对环境的要求也变高了，除了对整体建筑的审美有了新的要求，对建筑内部环境的舒适和美观性也产生了要求，甚至成了作为选择工作的标准，如果一个企业在办公环境上非常的老式，或者是很脏乱，给人的感觉就会不好，遇到有这方面要求的人才也很难留住。以企业终端环境来举例，过去在国际市场中企业在终端专卖店方面的设计就已经非常人性化，在国内市场也到处可以看到，国际市场中的大部分品牌都非常注重终端店的整体美观性和舒适性，虽然近几年国内企业也对终端店开始注重起来，但在执行的过程中离国际市场的标准还是有很大差距的，而当今国际市场中一些知名品牌，在终端店的设计上不停地实现自我突破，其展示性、陈列性、体验性等各方面还在创新和进步，尤其是苹果的终端店，再一次刷新了室内装修设计的新纪录。苹果公司在装修材料上使用了包产能的五公分厚玻璃，使苹果成了世界上独一无二的终端形象店，从国际市场来看，并不是只有苹果公司采取这种举措，其反映的是国际市场对品牌形象的理解程度。而与国内市场进行比较，国内大部分企业都停留在模仿原来的国际品牌的做法,而面对新一轮的国际竞争,已经表现出了无反击之力。随着中国新兴市场经济的开始,国际市场经济必将是终极目标,如何拉近与国际市场竞争的距离,是企业在新兴市场经济中迟早要面对的问题。

世界经济一体化,国内新兴市场经济已经开始快步发展,中国企业也被动的被拉上国际竞争的舞台,从国际市场经济到国内新兴市场经济所表现出来的诉求标准,已经远远超出国内企业目前的理解范畴,这是时代发展的趋势,市场的大环境已经决定了企业未来的方向。经济环境主导着企业的转型和升级,也迫使企业对"企业形象"的构建产生了新的标准。

三、时代因素

在新时代下,面对社会的飞速发展,人们生活和意识形态的日新月异,其企业形象必须具有鲜明的时代特征,鲜明的辨识度和记忆价值,才能在市场竞争中被社会公众和用户广泛认知与接受。特别是许多老的企业,就有必要去树立新形势下的新企业形象,求新求变,勇于创新,在保留旧有形象的基础上,采取符合时代特征的新企业形象理论。传统的企业形象宣传是将各种视觉手段在不同时间场合,构建一种具有代表性的、统一的、独特的符号进行传播,引起大众注意和接受,是企业经营活动的要素,对于服务型企业来说可直接影响其经营业绩,对于生产型企业来说,在产品品牌被市场认知前后,都能起到很好的辅助作用。当今国际市场竞争越来越激烈,企业之间的竞争已经不仅仅是产品、质量、技术等方面的竞争,新环境、新形势造成了企业的合作对象、合作内容、合作领域等都大大扩张,且市场运行节奏加快,讲求效率,优秀的企业形象是代表企业精神文化、经营规模、软硬件实力的最有效的名片,能加速建立企业内部团队对企业的忠诚度,和企业外部对企业的信赖。

另外,由于互联网的快速发展,对形象提出了更多更高的要求。互联网是一个能承载巨大信息量的载体,是容纳一切语言和形象的综合体,集合了当代文化、技术下所有的形象系统,包括音乐、图形、文字、视频等。在时代和文化的影响下,人们的生活方式、生活习惯发生了巨大的改变,几乎人人都离不开网络,尤其是当代消费的主力群,网络购物、网购消遣、网络娱乐、网络分享、网络学习等网络活动主导了人们的生活,从互联网这个博大的世界中也吸纳了无数的文化信息、知识眼界等,对于形象表面的优劣、里面的内涵,以及形象表达形式的多样化、形象包含内容的丰富度，都产生了更多要求。并且企业的整个经营流程中，以及新兴市场本身，多数环节均已实现并依赖于互联网的操作，可以说，企业形象在互联网上的作用力大大影响着企业的发展。

综上所述，信息量的迅速膨胀，形象应用领域的铺开，组成了新企业形象庞大体系的建成主因，这时候传统观念中的《CIS手册》已经不适用于文化、经济、科技各方面全面提升的新兴时代了，尤其针对中华民族特有的历史文化积淀和中国大众在情感上的特殊表达和特殊需求，就需要有更强的文化来进行融合。前面我们说过，文化与文化之间存在较弱一点的文化会被较强文化融合的现象，这是文化自身的规律。未来市场经济是以国际化市场的标准来建立的，中国企业如果不主动、自觉地吸收新的文化，不做出符合国情的、新的改变，就很难达到国际标准下的规范化要求，也就不能很好地适应未来市场经济的发展形势。而《CIS手册》是由西方引进而来，它是在西方文化独特的背景下产生的适用于西方企业的形象手册，严格来讲无法解决中国企业的问题，加上中国的市场经济发展起点比西方晚，这种发展的断层所带来的种种不和谐，很难照搬照套来进行规范。另外，企业文化的概念在中国启蒙较晚，中国企业真正意识到企业文化重要性时已落后于西方太久，虽然由于互联网的发展，中西方企业在文化信息的互通上、企业发展的平台上能够处于相当水平，但是中国企业拿着一套符合不了自身需求的CIS构建理论，即使是在互联网这一开放平衡的领域，这一理论也发挥不了正确和恰当的作用。因此，中国企业要围绕中国特殊文化、特殊国情，在建设完善企业文化的基础上打造一套新企业形象理论，才能满足未来市场经济体系中企业形象的构建与传播。

四、综合因素

综上对中西方文化、管理、企业的简单理解，可以得知，由于文化这一深层原因，东西方的企业也好，东西方的人也好，无论语言、行动还是思维方式等都存在差异化。但是从全人类文明的本源中可以找到一个共同点，那就是人们对"艺术"的态度的趋同，所有人出于人性本源中对美好事物的欣赏，都会本能地尊重艺术，并生发出对美好事物追求的思想和境界。可以说，在人类共有的情感领域中，全人类对艺术接受的思想是统一的。企业形象作为一种用于沟通和传播的对企业文化的表达，正类似于艺术对美的表达，形象是文化传播过程中那些具象图形的艺术化过程,因此,真正的形象需要对艺术有一定的理解。而这种对艺术的理解又取决于个人的思想和个人的文化。

随着文明不断发展,现代人的文化水平越来越高,对文化、艺术、生活等的追求更高了,因此对形象的要求也随之变高,企业简单的 LOGO 或海报等形象,根本无法满足如今新时代下的社会公众的文化鉴赏和诉求。世界文化已趋于大同,互联网又使得文化信息在人们中最大限度得以传播,企业在进行企业形象的传播与构建时,需要从用户的角度出发来理解,用国际的或更发达的文化来衡量是否能被用户接受和认可。在这一点上,中国企业一定要有警惕意识,无论企业形象是用在产品,还是活动、广告等方面,都要以国际化的文化诉求标准来形成一套形象思维,以用于形象的传播和构建,只有这样才能符合新兴文化时代下的人们对形象、对美的一种追求。

同时,随着市场经济快速发展,形成了新的竞争环境和竞争机制,围绕企业发展的各个方面都对形象提出了新的要求。比如过去的企业有的只注重办公室装饰,不注重员工服装的统一,只知道开很多分店,不知道将所有店的装修经营统一化、规范化,对企业的形象也没有一套系统性、整体性的构建方案。这种形象的不规范,一会导致企业内部形成不了统一性的制度;二会形成不了社会公众对企业形象统一的认知和记忆。除了对形象提出更多的要求外,在形象的内容方面也增加了更多东西,新兴市场经济体制下的企业形象要在国际化形象标准之上,有专属于自己的形象内容,表达出用户能够产生情感共鸣的内容,才能带给用户深刻的记忆,也才能使企业内部团队感受到更加直观、丰满的企业文化影响力。尤其在网络、科技、技术等社会条件不断成熟,用户个人文化不断提升,对生活内容、生活品质有更高追求的情况下,单一的或不够饱满的企业形象已经不能满足当代人的物质与精神诉求,留不住用户,企业就谈不上发展。

总之,在经济、文化、科技等综合水平大幅度提升的新兴时代下,企业形象的巨大作用力是显而易见的,新企业形象的构建和传播又是势在必行的,结合上文中所说的关于对新旧文化、东西方文化,以及时代现状的分析,可对企业形象做出新的解释。一种是从对企业从总体印象的角度产生的理解,是总体化的企业形象,即企业的总体印象,是企业在传播和运营过程中产生的,由企业传播系统和企业运营管理中共同形成的印象总和;另一种是围绕企业传播系统以企业形象构建的角度产生的理解,是形态化的企业形象,即企业形象系统,是企业围绕企业文化对内和对外（企业对内文化和企业品牌文化）在两部分文化传播中可以被形态化的形象总和。

通过对以上几方面围绕"企业形象"构建转变的因素，结合当代经济现状及国内企业发展特征，以实际角度出分，充分验证了国内企业在"企业形象"构建过程中，需要融合及补充全新"企业形象"构建理论，并建立健全"企业形象"构建体系。

第四节　新传播下的企业传播与形象构建理论

一、新传播下的企业传播与形象构建理论

1. 新传播下的企业传播的理解

"企业传播"总体概括起来，由"文化传播"和"形象传播"共同组成，"企业传播"中的"文化传播"和"形象传播"严格上来说是不能完全独立分开来理解的，只要一提到"传播""文化"必然是停留在某种"形象"中的，"形象"也必然会在一定程度上表达着某种"文化"，"形象"是"文化"的传播容器，"文化"是"形象"的传播本质，是由企业在传播过程中围绕人、事、物所产生的"形象"和"印象"进而产生了传播的作用。"企业传播"中的"形象传播"是代表企业中产生显性"形为"进而产生"印象"或提升"印象"作用的所有内容，既具备着"形为形象"和"印象形象"的双重特征，又在特征上偏向"形为形象"的表达。"企业传播"中的"文化传播"是代表企业中产生隐性"印象"进而产生"形为"或提升"形为"作用的所有内容，既具备着"印象文化"和"形象文化"的双重特征，又在特征上有偏向"印象文化"的表达。"企业传播"的实质是传播企业的"形为"和"印象"。

2. 新传播下的企业传播的内容

综合企业各方面以形成传播作用的总和，企业传播是以传播企业文明为宗旨，以企业文化为传播内容，形成以精神指引、思想理论、实践应用、传承传播四方面为代表进行传播企业精神文明和物质文明的总和。"企业总体传播"是以传播企业在固定投资中所形成具有物质化特征的信息，包括建筑景观、设施设备、服装服饰、媒介媒体、交通工具、产品包装等方面代表企业形象"形态"部分的内容；以传播企业通过团队所产生具有行为化特征的信息，包括衣着打扮、言行举止、卫生习惯、服务态度等方面代表企业形象"行为"部分的内容。以传播企业在

社会中所形成具有精神化特征的信息，包括文化思想、道德品格、贡献价值、文学艺术、传统观念等方面代表企业文化"印象"部分的内容。由于企业是在企业内部员工和企业需求用户及社会大众群体中进行传播的，所以，企业传播也表现出三部分的传播内容，其代表着传播对象各自的内容，并以企业与社会的公共关系进行划分，形成了企业对内传播和企业对外传播以及社会大众传播三大传播系统，并统称为企业传播系统。

企业传播系统，简称 CCS，企业传播是有对内传播、对外传播、公共传播共同组成的，其代表着传播对象各自的内容并围绕传播功能所形成的系统，其中包括：企业内部传播系统、企业公共传播系统、企业外部传播系统。企业传播三大系统围绕各自的内容和功能以围绕其在企业传播中的作用形成其不同的名称，分别是对内传播系统、公共传播系统、品牌传播系统。

对内传播系统，简称 ICS，即企业内部传播系统，对企业自身内部团队投资人、领导层、管理层、企业员工等组织部门为受众对象配套企业内部组织、管理、运营、生产、生活等过程中以实现沟通功能所产生的，由企业内部文化系统和企业内部形象系统两部分共同组成，以针对企业内部传播"企业文化"和"企业形象"并实现教育、培训、沟通、活动、交流、互动时所使用的系统。"企业对内传播系统"是实现企业内部"沟通和教育"为主要作用的系统，是企业传播系统的一部分，也是企业管理系统的一部分。

公共传播系统，简称 PCS，即企业公共传播系统，对企业自身内部团队、市场需求用户、社会大众群体等为传播对象配套公共关系、商务、签约、礼仪、新闻、节日、活动等过程中以实现沟通关系为功能所产生，由企业公共文化系统和企业公共形象系统两部分共同组成，以针对公共群体传播"企业文化"和"企业形象"并实现官方发布、发言、代言、解释、公告时所使用的系统。"公共传播系统"是实现企业内部、用户、社会公众三方"交际和交流"为主要作用的系统，是企业传播系统的一部分，也是企业管理系统的一部分。

品牌传播系统，简称 BCS，即企业对外传播系统，对市场需求方用户、客户、消费者等为传播对象配套企业在市场中产生运作、推广、宣传、营销、活动、服务等过程中以实现宣传推广功能所产生的，由企业品牌文化系统和企业品牌形象系统两部分共同组成，以针对市场用户传播"品牌文化"和"品牌形象"并实现品牌的销售、贸易、交易、购买、服务、沟通、分享、推荐时所使用的系统。"品牌传播系统"是实现对市场需求方"宣传和推广"为主要作用的系统，是企业传播系统的一部分，也是企业管理系统的一部分，同时也是品牌管理系统的一部分。

二、新传播下的企业形象构建理论

"企业形象"总体概括起来，是指由企业所引起的一切对人、事、物产生的"形为"和"印象"的总称，"企业形象"中的"形为"是指代表企业所产生显性的"形态"及"行为"；"企业形象"中的"印象"是指通过企业的"形为"进而产生对企业的一种隐性的"印象"（见图3）。企业形象包含多方面的理解。

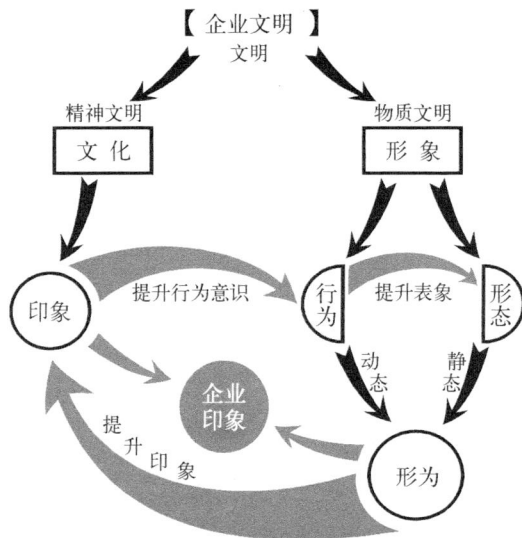

图3　企业"印象"构成与作用

新企业形象的内容：是综合企业各方面所形成的总体印象，企业的总体印象是以企业文明为导向，以企业文化为进化方向，形成以印象指引、形为培养、实践能力、沟通传播四方面为代表的精神文明和物质文明总和。"企业总体形象"以企业作为固定资产使用并具有形态化具象特征的形象，包括建筑景观、装饰装修、设施设备、服装服饰、媒介媒体、交通运输、宣传包装等方面代表企业形象"形态"部分的内容；以企业内部团队及通过团队所产生的意识化行为特征的形象，包括衣着打扮、言行举止、卫生习惯、生活作风、责任态度等方面代表企业形象"行为"部分的内容。以企业形象所呈现的"形态"和"行为"在企业内部员工和社会大众群体中产生的一种"印象"，并通过这种心理印象对企业各方面形成认知和判断的各种意识。由于企业形象是存在企业内部员工和社会大众群体中的印象，所以企业形象也表现出两部分的印象，其代表着印象各自的功能，以企业与社会的公共关系进行划分，形成了企业内部形象和企业外部形象以及企业公共形象三大形象系统，并统称为"企业形象管理系统"。

企业形象管理系统，简称 CMS，企业形象是有内部形象、外部形象、公共形象共同组成的，其各自围绕企业形象的内容和功能有所不同形成了各自的系统，分别是：企业内部形象系统、企业公共形象系统、企业外部形象系统。企业形象三大系统围绕各自的内容和功能以围绕其在企业发展中的作用形成其不同的名称，分别是企业形象系统、公共形象系统、品牌形象系统。

企业形象系统，简称 CIS，即企业内部形象系统，以企业自身内部团队投资人、领导层、管理层、企业员工等组织部门，配套企业内部组织、管理、运营、生产、生活等过程中所产生的，并与"企业内部文化"产生对应，形成了以文化、环境、教育、培训、沟通、活动、网络等方面的形象内容，以结合企业内部运营管理过程中而形成的系统，"企业形象系统"是实现企业内部运营管理功能所使用的系统，是企业形象管理系统的一部分，也是企业对内传播系统的一部分。

公共形象系统，简称 PIS，是围绕企业内部形象、企业外部形象、及内部和外部相交部分的形象，以企业所有员工及社会大众围绕社会层面而形成的形象内容，以新闻发布、新闻发言、活动代言、活动解释、商务签约、公共节日以实现公关、商务、传播等功能的系统。"公共形象系统"是实现企业内部、企业品牌、社会公众三方互动功能所使用的系统，是企业形象管理系统的一部分，也是企业传播系统的一部分。

品牌形象系统，简称 BIS，即企业外部形象系统，是围绕市场需求方用户、客户、消费者等为对象配套企业在市场中产生运作、传播、宣传、营销、活动、服务的过程中所产生的，并与"企业品牌文化"产生对应，形成了以文化、终端、广告、产品、社区等方面的形象内容，以结合企业在品牌塑造、管理、运营等过程中而形成的系统，"品牌形象系统"是实现企业品牌运营管理功能所使用的系统，是企业形象管理系统的一部分，也是企业对外传播系统的一部分。

三、新传播下的企业传播与形象构建系统

企业传播系统（Company Communication System，CCS），是包含企业各方

面文化和形象所形成的总体,是企业在对内和对外传播过程中,以企业核心文化为驱动,以品牌文化为发展目标,形成以文化传播、视觉形象为传播主体的各个企业文化、企业形象、品牌文化、品牌形象的组合系统。以企业内部团队和员工为对象,代表以企业文化和企业形象传播的"对内传播系统",包括企业核心文化、企业对内形象内容;以企业内部及社会大众为对象,代表以企业与社会的公共形象传播的"公共传播系统",包含公共文化、公共形象内容;以社会大众为对象,代表以企业品牌文化和品牌形象传播的"对外传播系统",包含品牌文化、品牌形象内容。

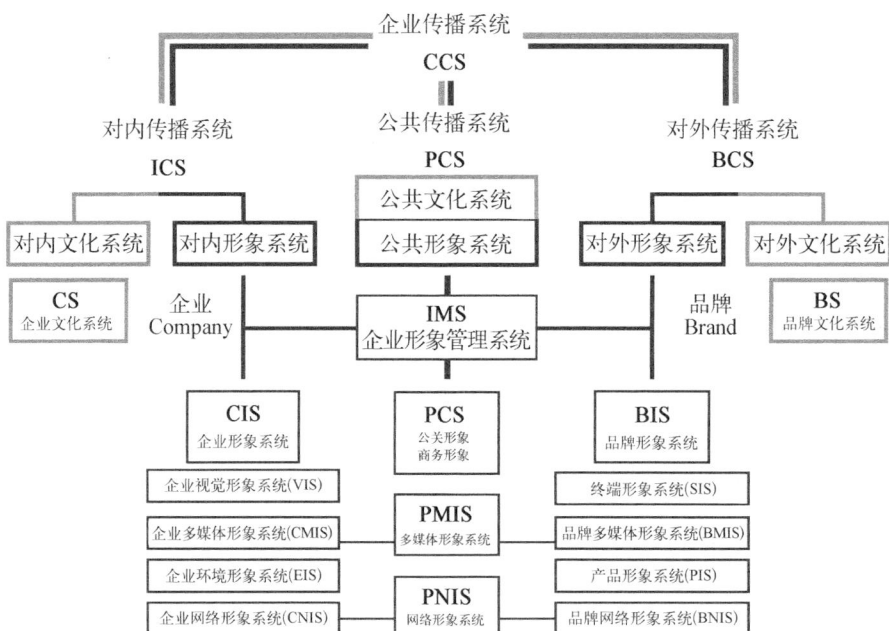

图4　企业形象系统构成

企业内部传播系统(Interior Communication System,ICS),由"企业内部文化系统""企业内部形象系统"共同组成。

企业公共传播系统(Public Communication System,PCS),由《企业公共文化系统》、《企业公共形象系统》共同组成。

企业品牌传播系统(Brand Communication System,BCS),由《企业品牌文化系统》《企业品牌形象系统》共同组成。

企业形象管理系统(Company Image Manage System,IMS),由《企业形象

系统》《公共形象系统》《品牌形象系统》共同组成。

企业形象系统（Company Image System，CIS），包括传播形象及企业视觉形象系统、企业环境形象系统、企业网络形象系统、企业多媒体形象系统等子形象系统。

公共形象系统（Public Image System，PCS），包括公关形象、商务形象及多媒体形象系统、网络形象系统等子形象系统。

品牌形象系统（Brand Image System，BIS），包括传播形象及品牌终端形象系统、品牌产品形象系统、品牌多媒体形象系统、品牌网络形象系统等子形象系统。

企业形象系统：包括传播形象及各子形象系统。

企业视觉形象系统（Vision Image System，VIS），用于规范企业内部视觉形象由企业 LOGO、色彩规范、广告语规范、企业基本视觉要素组合规范、企业形象应用规范等内容。

企业环境形象系统（Environment Image System，EIS），用于规范企业整体环境形象由内部办公环境形象、内部生产环境形象、内部广告环境形象等内容。

企业网络形象系统（Company Network Image System，CNIS），由企业内网形象、企业网站、企业网络教材形象内容。

企业多媒体形象系统（Company Media Image System，CMIS），用于规范展示企业形象由企业宣传片、企业纪录片、企业形象广告片等内容。

公共形象系统：包括传播形象、公关形象、商务形象及各子形象系统。

公共多媒体形象系统（Public Media Image System，PMIS），由公共视频短片、动画短片、宣传片等内容。

公共网络形象系统（Public Network Image System，PNIS），由公共网络 PC端和移动端形象等内容。

品牌形象系统：包括传播形象及各子形象系统。

品牌终端形象系统（Space Image System，SIS），用于规范渠道、终端、专柜等内容的设计、施工，由装修材料规范、色彩使用规范、平面布局规范、空间布局规范、产品陈列规范、广告布置规范、道具设计规范等组成。

品牌产品形象系统（Product Image System，PIS），用于规划设计、规范指导产品生产、设计、制作等环节工作，由产品线规划、产品功能、产品外观、产品体验等组成。

品牌网络形象系统（Brand Network Image System，BNIS），用于规范品牌网站风格、设计、功能等内容由品牌网站形象、品牌网络广告形象等组成。

品牌多媒体形象系统：简称 BMIS（Brand Media Image System），规范展示品牌形象由品牌宣传片、品牌纪录片、产品广告片等组成。

第九章 企业形象系统在构建中的转变

第一节 企业内部形象对构建的转变

随着新时代的到来,新时代的强大能量开始介入社会各个组织,企业作为社会的微观组成部分,是市场经济活动的主要参与者,同样也受到了这股新能量的巨大冲击,并迫使企业从各方面由被动提升开始转向主动提升的过程,市场经济的衡量标准已处于世界经济一体化的背景下,国际市场竞争也是企业的最终走向。从当前经济呈现的态势来看,在新兴市场经济模式下企业应做好充分的准备,以保持企业的稳定和发展,并以健康良好的状态迎接未来国际市场竞争。同时,企业在保持稳定和发展的过程中,对企业进行长远的规划、调整和改革也是企业面对未来市场竞争的重要条件。新经济促发了新模式,企业在围绕新模式进行战略性转型和升级的过程中,如何选择和梳理在各提升面中的主次关系和轻重关系,做好各阶段性实施步骤的计划,也是企业在积极备战中要优先考虑的问题。我们都知道"养兵千日、用兵一时"。在企业创建初期或是转型升级的过程中,如何使企业各方面形成有效立体的协同作战,并按计划实施各个步骤,完成各项任务指标,是企业首先要解决的关键问题,而围绕这一问题,其核心还是解决企业团队凝聚力、向心力等方面的问题。我们前文中提过,企业文化是能使企业团队形成统一思想的有效措施,但由于当今文化水平的快速提升,促使了人们在文化的诉求上,有了更多的想法和选择,传统的文化思想教育或文化传播已不能满足大部分人的文化诉求心理,这种对文化诉求上的极大不满足,就会导致企业整体力量的下降,甚至出现严重的人员流失现象。从当今的一些企业现象来看,企业在加强企业文化建设和进行文化传播的过程中,从多角度来增强企业文化传播效果也是极为必要的,而"企业形象"作为企业文化传播过程中的形象传播体系,正是有效提升传播效果的配套措施。因此,有效提升"企业形象"是提高企业传播效果的最佳方法,也是对企业总体形象提升的补充,进而对外产生更好的印象,同时也是符合未来市场经济对企业形象所形成的新标准。

企业要提升企业的总体形象,首先要提升企业内部形象,并围绕企业核心文化,使其向外延伸至企业的品牌文化中,创立和构建"企业内部形象传播系统"。随着社会的发展,各行、各业、各领域都在不断地进步和提升。在过去生产力相对较低的时候,对身边的事物和环境的变化,感觉不是特别的明显。但最近几年,由于社会整体生产力的提升,身边的事物和环境开始以惊人的速度在发生变化,一条马路或是一幢大楼可以在数日内形成,一家商店或是一个商城更是眨眼的工夫就能完成装修,一部手机或是一辆汽车也都是在极短的时间内即可完成组装并投放到市场当中,其发展速度是有目共睹的。在未来科技产业、信息产业等各类新兴产业的作用下,这种变化还会有所提升,人类将会在新兴市场经济中感受到更为快速的体验,而且很快发展成你今天还在想"如果怎么样就好了",明天就已经把这种"如果"展现在你面前了,也许这种比喻有点夸大,但是,这已经是现实的真实写照。随着发展速度日渐迅猛、文化水平大幅提升、物质生活极为丰富等新时代的背景下,企业要从根本上提升"企业整体形象"以满足这种发展的要求,似乎不太可能,但是从深入社会发展结构的关系中,以国际视角的眼光,以未来文化生活发展的趋势来整体比较,其发展特征是存在一定的规律的,而这些规律和特征就是提升企业形象的动态数据,也是企业形象构建转变的基本思路。根据社会发展的规律特征和提升企业形象的实践应用理论进行综合分析,总结起来有以下几点对企业内部形象构建的转变。

一、企业内部形象从视觉识别到形象传播的转变

在过去传统经济模式下,企业在发展过程中把重心都放在了企业产品和渠道的推广宣传上,在市场竞争中投入的方向也集中在广告宣传和销售渠道两大方面,并以广告宣传和渠道营销作为对消费者市场占有的竞争策略。这样的模式,使企业内部投入方向集中体现在生产管理和销售管理两大部分,而企业在市场中的盈利方式,也以生产成本和销售价格之间所形成的利润空间为主要焦点。

在围绕生产管理方面,以形成规范的生产标准,从而降低生产成本为主要控制目的,在围绕销售管理方面,以形成规范销售标准,从而提高销售业绩为主要管理手段,因此形成以科学化、规范化管理理念作为企业传播的主要内容,传播的核心是规范企业制度及标准,并借助企业文化及企业形象作为传播手段配套规范管理中所形成的制度标准,以促进企业科学化管理的有序进行,从而提高企业综合实力。从传统经济模式下可以看出,企业对企业团队的组成配置相对单一,组成面也较为集中,企业部门呈块状结构,因此,传统模式下,企业对"企业形象"的理解是以辅助配套传播企业制度规范时所使用的方法,从企业文化的角度去理解,这样的"企业形象"传播更多地体现为企业制度文化,而对企业文化中所提到的企业精神文化等方面并没有起到较大的作用。换言之,在传统经济模式下,企业构建的"企业形象"是建立在规范标准化的基础上的,而并不是把"企业形象"作为对企业的总体印象来理解的,导致在企业形象的构建上,只是建立了一套企业标准形象,而实际作为"形象"的功能并没有体现。由于这种思维的影响,过去企业在企业形象的构建工作中,只注重在企业名称或品牌名称,在各种有形象的内容上不断应用,就是贴 LOGO,而并非实际注重形象的内容是否会产生传播效果。举例说明:企业在员工形象的构建上,就是选一套基本款式的服装,然后在企业标准色的基础上贴上企业名称,就算是企业员工形象了,而这套衣服好不好看或是有没有传播效果,是不是符合企业核心文化,完全没有衡量标准。由于这种情况从而导致了中国国内大部分企业员工服装,除了颜色和标志不一样,在款式上有一点点区别,其他基本上完全一样。以这个例子来看,企业在"企业形象"构建中的各方面也具有同样的情况,从而使"企业形象"在传播效果上大打折扣,甚至毫无作用。从以上几方面来看,导致这种普遍现象的原因,是企业在"企业形象"构建的过程中,大部分还是以传统经济模式的理解基础上所产生的构建标准。另外,在国内一些所谓的广告业内人士,以引进国外的《VIS,即视觉识别规范手册》在没有正确的理解下,就加以应用所导致的,从而引起长期性的误导行为,以为 VIS 就是打造企业品牌的法宝。对于以上几方面的论述,以"企业形象"从企业文化传播及形象传播的角度上来理解,过去企业对"企业形象"的理解有了很深的误区,而在未来新兴市场经济及国际市场经济的共同作用下,新时代对传播的理解有了更高的标准,从而也对"形象"的理解有了更深的认识。而从根本上来解决这个问题,一方面要认识到新兴经济模式下对企业所带来的新标准、新要求。另一方面就是要从形象的理解上跳出"识别规范"的理解进而转到"形象传播"的思维当中，并形成企业形象传播衡量标准。从当前一些相对运营较好的企业中也可以发现，国内有很多企业已经形成新的形象传播思维，对"形象传播"的转变特征也呈现出明显的一面。

二、企业内部形象从规范化到国际化的转变

随着国内企业的大力发展，新兴市场经济的推动，根据未来市场经济的发展态势来看，国际市场竞争是企业最终所必须要面对的问题。在信息发展极为迅速的今天，加快了社会整体发展的速度，企业对未来市场的眼光必须要更长远，这也充分说明了企业在未来市场中的表现，都是以国际市场为标准来衡量的，企业具备国际眼光也是新时代经济形势的要求。同时，人们已经具备了国际文化诉求的标准，而在这种标准下，如何使企业在各方面建立国际化标准体系，是企业到了必须要去考虑的时候了，也是企业势在必行的。从国家"十三五"规划中提出的"大众创业，万众创新"的发展思路中，也可以感受到，新兴市场经济的快速到来已在中国市场形成了新的发展标准，反映出了新经济模式下产生的多方面问题：一方面在告诉我们市场的发展空间变得更大、更为广阔。另一方面也反映出企业必须要从旧式的思维中跳出来，到更高的思维标准下。这意味着，企业在构建"企业内部形象"的过程中，要以更高、更符合未来经济发展的标准，来衡量"企业内部形象"的构建标准，从社会发展的其他方面也反映出这种需求的必要性。首先，从国内当前企业发展现状来看，大部分企业还停留在规范化的行为意识中，由于从规范化到国际化的转变，是一种跳跃性思维，对相对保守的中国企业来说是具有风险性的，因此，从当前企业投资的角度来说，以国际化的转变思维对其投资也表现出意愿低下的现象。当然，企业投资意愿的下降很大一部分原因也来自对整体经济形势的把握性不足，由于一系列的连锁反应，从而引发了企业在发展过程中走进了一个误区，总以为建立国际化标准是要付出具大代价的，而从事实来看，如果企业只是以循序渐进的方式发展，只会导致在投资上产生更大的浪费，大部分企业都把自己限制在投资风险的框架思维中，而并没有从投资结构上做出合理的分析，最终导致失去真正的抗风险能力，这也阻碍了企业的发展。所以，企业在面对未来新兴市场经济时，即要建立国际化标准，又要对新标准体系下形成的投资结构进行合理的规划与分析，才是生存与发展两

不相误的理性思维。其次,从未来经济合作的角度来思考,企业在面对未来新经济模式下的各项合作中,其合作领域越来越大,合作内容也越来越广,合作对象的标准也会越来越高,并且涉及国际领域的合作也会增多,因此,对"企业内部形象"以国际化的标准来构建是具有多方面包容效果和传播效应的。再者,企业对"企业内部形象"以国际化标准进行构建是对企业内部团队建立良好的国际意识,提升国际视野的眼光,扩充团队的国际思维,具有很好的引导和传播作用,同时在企业对外传播过程中,也更有利于企业内部团队与外部形象产生融合作用。最后,从当前发展现象来看,企业建立国际化的传播思维方式,是符合未来经济发展规律的,也是符合国际市场经济竞争条件的。企业未来的竞争是国际市场竞争,大众的诉求标准是国际标准,从以上几方面角度来理解,企业在构建"企业内部形象"的过程中以国际化标准对其构建,是有效提升企业未来竞争力的一种方式,也是提高企业传播效果的传播策略,同时对企业文化也是一种补充,极大地提高了企业总体印象,进而在提高企业荣誉感和消费者美誉度等多方面产生综合效果。

三、企业内部形象从统一化到个性化的转变

新时代的到来,在新经济、新模式、新环境下的多方面因素,网络、信息、科技等方面的快速发展,社会文化生活水平的迅速提高,综合导致了新兴市场经济发生裂变与聚变,企业从结构上发生了根本性的变化,形象地来说,过去传统企业就像是一台老式汽车,对一些具有主要功能的部件进行组合就可以运行了,在没有其他性能更佳的汽车对其进行比较时,也就感觉不到什么问题,便成了一种习惯性的接受,因为觉得汽车就是这样的,对企业的理解就像对台汽车一样,要加油、要维修、要保养、要换零件等,这一系列过程就是企业做好管理的工作。但随着新事物的发生,新时代综合环境发生了变化,在国际、国内市场中越来越多优秀的企业开始进入了人们的视野,形象地来说,就是各种全新的汽车,性能更佳的汽车已经出现,并与老式汽车有了比较,在这种比较下,就明显感觉出老式汽车存在多方面问题了,会觉得跑不快,开起来不舒服,这里不好那里不好等诸多毛病,正是因为这种新旧的对比,使得对老式汽车不得不重新改良、重新设计和重新组装,而这个过程就是当今企业在新经济环境的背景下,对企业进行转型和升级过程,也就是需要对企业进行重新定位、重新规划、重新组织,我们都知道如果去改良这台老式汽车,肯定会在新式汽车的标准下,并想着如何在超越这辆老

式汽车的基础上进行改良，而对企业来说，也是同样的理解。与此同时，由于新兴市场经济所带来的各方面要求已经和过去不一样，这台新式汽车在其运行的过程中增加了多种系统和零部件，以其产生的动力性能、使用功能是过去所不及的。就如同企业要在适应未来市场竞争的条件中增加多个系统和部门组织，这也是目前几乎所有企业都在这个过程中积极参与的原因，从而对企业团队产生了新的组织标准，企业的组织架构也发生了变化。我们讲，过去在传统经济模式下对企业团队的组成配置、组成方面相对单一并集中，企业部门呈块状结构，但在新兴经济模式下对企业团队的组织，是围绕未来市场经济竞争特征及国际市场经济竞争标准下所形成的组织标准，对企业团队的组成配置变得多面性，团队涉及的专业领域也更细分，配套企业发展中在各方面的人才结构形成了扁平化趋势，企业部门呈网状结构。这几年大众及企业最流行的一句话就是"互联网思维"，基本上99％的企业都把这种所谓的"互联网思维"从配套企业发展的单一方面来理解，而任何企业能有所发展首先都是从组织结构开始的，组织结构决定了企业的发展空间和延伸空间，换言之，唯有企业把组织架构都做成了"网状架构"才真正配得上说是具有"互联网思维"的。在国际市场中已经涌现出一批这种类型的公司，因为他们都看到了未来市场竞争的条件。而从这种"网状组织"的特征来看，又能看出其组织形成的本质因素是企业的人才配置结构，其人才结构存在明显的多元化、细分化、扩散化、分工化等特点，并围绕一个集中点进行多方面协同搭配，同时又从人才结构的特点集中起来分析，其规律核心就在于，他们对人才的选用和配置是以尊重人才的"个性化"为组织标准的。而当今，随着文化的快速发展，企业团队配置中文化水平、文化素质、文化修养等方面存在较大的差异，如果在这种客观因素条件下，过多地强调企业的统一性，是一种不符合组织规律的做法，对团队能力的发挥、团队对企业的接受度及适应度也是相当不利的，也会造成团队在企业中的认可度和忠诚度下降。因此，如何在企业统一思想的基础上发挥企业团队"个性化"力量，是企业在对内传播过程中要思考的问题，从企业传播的角度来说，对"企业内部形象"上输入"个性化"传播效果，也是未来企业在形象构建中要转变的必然之路。

四、企业内部形象从实体化到网络化的转变

随着互联网技术的普及，在传统模式中，企业是以大众媒介为主要传播渠道的，对企业各方面产生的传播作用，是建立在大众传播基础上的，对互联网的应用只是作为配套信息查询、搜索、展示等方面作用，并且企业的网络形象主要是围绕对外传播为开发对象的，并以此形成企业传播系统，在此传播系统的结构中可以看出，企业对"企业内部形象"的构建与传播，还是相对停留在传统的模式下，传播范围也集中在企业办公场所之内，在构建"企业内部形象"时也大都是以企业厂房、办公环境、员工形象、广告标语、企业宣传栏及少数的企业内部期刊等方面作为传播途径的，这也说明企业在"企业内部形象"的构建上并没有脱离传统传播模式。随着互联网的快速发展，以及新媒体、自媒体等新兴媒介的应用，人们生活方式发生了根本性改变，围绕这种网络生活所带来的生活习惯和文化认知也和过去相差甚远。在移动互联网的全新应用下，人类社会已经离不开网络了，并形成社会化现象，在工作学习、文化娱乐、情感交流等各方面都产生了生活态度，企业作为社会的微观组织，企业团队及所有员工都是社会的一部分，和整体的社会生活已经紧密的交融在一起，并形成相应的生活态度、生活方式和生活习惯，从企业内部现象也可以看出这一点。当代人在工作中，似乎已经离不开手机了，企业若一味地强调为提高工作效率而强制员工改变这种生活习惯也似乎不太可能。而从社会信息传播的现象来看，由于时代的作用，人们已经开始形成对信息的主动诉求心理，这种纯粹对信息的诉求心理，并非目的性的诉求，是出于人类本性使然的求知心理，通过后天开发而来的一种现象，是很难改变的，因为这是他们生活的一部分。其实大部分企业也都知道，企业能对企业员工在工作和生活上实现双重满足，也是企业文化产生作用的体现。而网络生活已经是企业员工生活的一部分，企业如果也能把网络生活纳入到企业生活的一部分，对企业各方面来说都会产生较大的作用。首先，能促进企业和员工之间的沟通，从而促进交流、提升效率及化解矛盾等；其次，有效地满足了企业员工生活的一部分，提升企业员工接受度和适应度，从而促进企业管理，提高企业文化，活跃企业氛围；再者，提升员工与员工之间的分享与互动，从而促进企业团队之间的技术交流、心得交换等；最后，网络本身就是信息传播的平台，其传播信息的方式、容量也相对丰富，传播的信息领域也更广泛，传播的形式也更生动，对提升企业内部传播有更大的效能，同时也提升了企业员工对外的传播能力。企业在围绕"企业内部形象"的构建过程中，把网络化形象纳入企业形象传播系统当中，是符合企业未来传播规律及特征的。同时配套其他"企业形象"传播内容，共同形成企业形象传播系统,可提高企业整体实力及团队凝聚力。

第二节　企业品牌形象对构建的转变

随着新经济模式的到来,新的商业模式快速兴起,新兴经济的力量把社会的发展引入到了一个全新的领域,品牌是新兴市场经济中价值划分的度量容器,也注定成为新商业模式下要重点培植的对象。新的商业模式所带来的文化现象也展示出全新的特点,以市场经济需求方来看待市场是相对客观且比较符合新的商业模式的经济规律的,由于新的经济环境,作为市场需求方的代表,"用户"开始成了主导力量,并形成了在市场供给方的代表"企业"开始大规模的转型和升级,全面实行供给侧改革的思路已上升至国家层面对经济的总体调控范围。从市场运行的结构中可以看出,市场供给方在改革的内容上也是围绕市场需求方的需求特征而展开的,而作为市场需求方的用户已在国际文化大融合的背景下,完成了新一轮的文化升级,并在其文化生活水平的提升中产生了新的经济诉求标准,对企业提供的产品也有了全新的认识。同时,在互联网产业的带动下,改变了其生活方式及购买习惯,并影响其生活理念、生活态度以及对事务的衡量标准,并进而对物质和精神的诉求有了更高的标准,用户的国际化、理性化、个性化、内在化、自主化等心理现象表现得更为明显起来,以至于用户对文化艺术、生活品质、时尚个性等方面产生了更多的需求内容。在新兴市场经济模式下,品牌作为以用户方为受众而形成的事物,对用户的理解自然要更为注重,以贴近用户的实际诉求来运营品牌,方能使品牌在市场中形成真正的效果,而不是以打着品牌的旗号招摇撞骗。企业品牌形象传播系统作为品牌的重要组成部分,对"企业品牌形象"的塑造首先是要贴合用户的口味及标准的,否则就很难建立用户对品牌的第一印象。

品牌是存在于用户大脑里的印象,是能给拥有者带来溢价、产生增值的企业无形资产,是企业在向市场和用户推出产品或服务时围绕企业品牌理念所打造的一个系统工程。企业要提升对企业的总体形象,对品牌形象的提升是至关重要的,品牌形象直接关系到企业在未来市场经济竞争力中的表现,企业应该在发展企业内部的同时,围绕品牌核心文化打造和构建"企业品牌形象传播系统",并向内推进至企业核心文化的结构上,与企业内部文化形成有效链接。企业面对未来经济模式,开始全面转型和升级,品牌作为企业在市场中的"代言人",对其形象的升级助力是必不可少的。根据用户方的需求特征,结合提升品牌形象在实践运用中的经验,总结起来有以下几点对企业品牌形象构建的转变。

一、企业品牌形象从视觉形象到文化形象的转变

过去企业在打造品牌形象时多从自身角度出发,这和传统经济下的企业经营模式有关,企业品牌形象更多是以产品形象在进行广而告之罢了,并且也只是单纯的以名称、图形、广告语,或者是它们的组合来形成一个品牌形象的最初概念。随着社会不断发展,政治、经济、科技、文化等有序提升,企业在市场经济中的经营方式也在随着时代发生进步与改变,一些思想前瞻、对国际讯息敏感度较强的企业,对于企业品牌形象的构建率先有了重视,开始引进西方的 VIS(视觉形象识别系统)来作为品牌形象构建理论,随后逐渐普及,视觉形象的打造一度成为中国企业在品牌广告上的努力方向。但前文中,我们通过对中西方文化的比较,可见,中西方企业文化的不同,结合民族文化与时代发展特征,经过深度分析,已归纳出 VIS 不能满足中国企业的发展。由此也可见,文化无疑是对企业、对用户有巨大影响力的一个因素,文化伴随并推动着人类的进步与发展,文化的精神、理论、实践、传播四个方面的有机组成,贯穿在人们生产、生活的方方面面。在这四个共同体的作用力下,人类完成了一个又一个的升级,朝着越来越高级的文明发展。直至时代发展到现在,作为企业来讲,企业是由人创造的,创造和经营企业的人,他们的文化已经在一定程度上改变了企业的经营和品牌的塑造方向,而作为对企业来讲最为重要的用户群体,他们的文化已经极大地影响了整个经济市场的运作规律。人们在生活方式、生活习惯、思维、情感等方面都产生了更多诉求,对文化生活综合水平有了新的标准,对于品牌的选择也更多地关注其背后所表现的文化是否合乎心意,是否与自身的文化相融合,是否能在满足物质需求的同时获得精神上的价值。品牌是因用户诉求而产生,新兴市场经济体制下的企业,要从用户的文化角度出发来衡量自身,在用户文化诉求已经转变的现实状况下,品牌文化也要相应转变、提升,以自身的文化来融合用户文化才是经营品牌文化的关键,文化与文化之间存在相互融合、相互吸收的作用关系,较强的文化能够吸引到较弱的文化,这也就是企业品牌所反映的文化和用户的文化两者间的关系,品牌要从用户的角度来构建。换句话说,企业如果还是以自身喜

好出发来进行形象构建，就很难契合用户的文化心理，很难得到用户的青睐。基于此现象，有洞察力和觉悟力的企业已开始不断完善提升企业文化和品牌文化，在文化提升的过程中，企业品牌形象的塑造必须跟上文化提升的步伐，才能体现出"形象"时效性传播的作用来。由此，中国企业要走符合中国特色的品牌形象转变之路，从视觉形象向文化形象转变，是新时代、新文化现象所造成的必然结果。

二、企业品牌形象从形象化到艺术化的转变

在文化高度发达的今天，人类文明的进步促使个体也具备一定的文化高度，同时，随着新兴市场经济和国际市场经济一体化的双重作用，产生了经济和文化大融合的时代，在这样的时代下给企业品牌形象传播带来了巨大的挑战。从社会实际现象中可以看出，高素质的用户对于自身和外界的诉求变高，在选择商品或服务上，企业面对竞争对手的同时还要克服国际化标准下对提高企业自身实力的双重要求，作为企业对外传播中具有主要功能的企业品牌形象是否适应这样的要求就显得至关重要。企业品牌形象是企业文化对外传播过程中产生的"形为"总和，包含有语言、文字、图形、影音、建筑、行为意识等多重内容。以前企业的品牌形象基本上只是从表达形象的角度来做提升。比如企业更新一下产品包装，推出配套的产品广告，就能吸引众多的消费者。在传统经济的模式下，具有一定形象的企业就能迅速产生效应，在形象的基础上只要通过广告宣传达到一定程度就会被认定为品牌，并可享受其品牌所带来的附加价值。但随着社会经济的发展，文化水平的提高，企业单一的更新产品形象已经不能满足时代转变所带来的多重要求，即使企业经常更新企业"品牌"形象，换更好看的 LOGO 形象和配套的广告，也只能是带来短期的效果。这是因为"企业形象"的外在形象部分被更高的艺术形象所代替，在整体文化艺术水平提升作用下，新时代对艺术化特征的形象提出了更高的要求，而目前国内企业在艺术形象设计的观念上还存在一定的侥幸心理，只要基本形象差不多就可以了，设计得再好，销售做不起来有什么用等方面的心理。我们再来举例剖析说明：某企业与法国的街头艺术家合作，结合企业的产品、企业文化理念开展活动，从街头围墙到拆迁工地，把所有难以想象的地方都变成当地文化艺术馆。在城市、乡村、社会各处场所绘制艺术化的艺术作品并结合活动，使得用户在感受企业产品的同时，也感受到其所赋

予的对美好事物的心理感受,也能体会到企业的用心,并产生对产品的联想。这种脱离在单一形象上做出突破的转变就是企业应对时代转变的创新方法,这是基于对用户诉求的深度理解,对市场环境的分析,并在企业层面自我剖析文化优势得出形象艺术所带来的表现力。这种将产品与用户情感结合,产生共鸣,而使用户产生对企业形象提升的转变,在当前时代里也不是个例,还有很多企业在做着同样的变革。在现在这个时代中,对形象的艺术化提升具有无限的上升空间,这对企业来说也是新的机会,因为人类对一切美好事物的理解都是充满思想和意境的。在传统模式下,形象是企业满足市场需求的基本条件,但并没有更好地利用"形象"所带来的价值空间,同时也会阻碍国内艺术的发展,进而限制企业形象的再次突破。品牌形象最终是要从用户方的角度来进行构建的,在这样的环境中谁能更好、更全面地与用户视觉心理、审美观念、艺术感受完美契合,谁就更多地被用户所接受和认可。因此,企业品牌形象从"形象化"到"艺术化"的转变就是企业对形象的"基础化"到"提升化"的转变,进而提升企业整体形象,同时这也符合新时代下新兴市场经济在需求方市场发展规律的。

三、企业品牌形象从风格化到生活化的转变

以前企业在品牌形象上很注重风格化的打造,在过去经济模式下,人们的文化水平、认知能力、眼界范围等都还没有到现在这样开放的程度,一些先行企业结合国际性的审美标准,在市场上率先推出风格化产品或服务,以风格化打造品牌形象,以新鲜感和高端感的体验来吸引用户。比如一些家具、家装行业推出的欧式、日式等风格,曾吸引了一大批对品位生活有一定追求的用户。但是随着社会经济的发展,对艺术文化的审美提升,这种风格化的品牌形象反而越来越难稳定和发展用户群,甚至已经被慢慢淘汰出公众的需求范围。互联网技术的兴起,使得人们足不出户就能全方位地了解到多种多样的文化信息、各式各样的品牌风格,风格化的神秘面纱被揭下后一览无余,在用户心理层面上,这种风格化能够带来的所谓高端品位的体验,被大大地削弱了,变得不再稀奇,不再令人神往。最主要的原因还是文化,这种现象与文化的发展、时代的变迁有着密切的关系。文化时代的全面展开,深受多方文化影响的用户们对文化生活有了更强的理解力,这种动态发展的文化诉求,造成用户生活方式、生活习惯等都发生了改变,且具备越来越强的精神力和创造力,对生活的理解趋向理性,反映在对物质的选择

上也趋向理性，更多地注重生活的品质，在生活情结中对具有美好心理体验的事物会更加喜欢。品牌是以用户方为主体创建并调整的，品牌形象要与用户的生活意识、生活理解等各个角度相吻合，才能最终与用户文化相互吸收，从风格化转变到生活化，增强用户的体验，是未来市场经济中企业品牌要走的路。在这一点上瑞典家私品牌"宜家"做得较好，宜家产品层次丰富，从几元钱到数千元钱的都有，适合全家老少一起去逛，在宜家随时可见有人坐在沙发上甚至躺在大床上，他们推崇的是用户的亲身体验，让用户感受到不同产品带来的不同感受。另外，在价格设置、产品陈列、儿童活动区、小吃区等的设计上，包括随处可借用的购物袋、易碎物品自行包装台等细节上，都是宜家品牌形象生活化配套的体现，这种将产品与生活环境、生活方式、生活习惯配套的做法，是对生活元素尽可能的融合，营造出强烈的生活情结和氛围，从而极大地增强了用户的生活体验性，宜家这一生活体验为主的创新型品牌形象，不仅带来火爆的人气和盈利，更在社会公众中留下了深刻的印象。当然，当前，并非风格化的品牌形象就是死路一条，只是说单纯的风格化很难融合生活，在生活化的基础上加入一部分强调艺术化的形式比较契合当代企业品牌形象传播。品牌形象最终是要从用户方的角度来构建的，从风格化到生活化的转变，是符合新时代下新兴市场经济在需求方市场发展规律的。

四、企业品牌形象从大众化到社区化的转变

随着文化的更新和发展，整个社会已成为一张文化大网，小到个人，大到企业等组织，甚至国家，都是文化体，并且由于存在个体差异性的原因，每个人都有着不同的文化，具备越来越清晰的主观性理解、判断和认知。这一文化发展趋势所形成了明显的个体化现象，代表着用户方特征的变化，对企业品牌形象的构建具有指导性意义。传统经济模式下，文化还停留在当时的水平，用户在精神层面上没有过多想法，多是以物质性的需求来主导着生活方式，物质是指为了满足生存和发展需要所创造的物质产品，在用户间文化、生活、水平相一致的情况下，物质需求相对统一，精神需求还没有形成巨大的差异，整个经济市场的需求呈现大众化现象，因此，企业通过大众化的品牌形象就能达到传播的功能。但随着时代发展，文化信息的普及面越来越广，加之国际文化不断渗入，人们接收文化、吸收文化的能力逐渐增强，在物质与精神的双向循环作用下，形成了每个人不同的文化内核,反映在生活中,物质与精神的需求都呈现出较大差异性。这时候传统的企业品牌形象就很难捕捉到大众的心理诉求,品牌形象大众化的构建方式也就产生不了理想的传播效果。任何情况下,企业始终要提醒自己,品牌形象需从用户的角度出发进行构建,当下新时代,用户文化的改变直接造成用户生活方式、习惯、诉求的改变。企业品牌形象的构建是要通过进入用户的生活去传播的,因此,对用户生活的了解是对用户文化了解后的重要步骤。由于人类是群居性的生命体,即便存在文化差异,也始终会找到平衡点,并以群体的形式共同生活交流,也即是人类社区的概念。在新兴市场经济下,网络技术广泛应用,现实中的社区被更大限度地搬到互联网上,互联网的自由、即时、广泛、聚集、划分便利等为社区的发展提供了有利条件,人们在上面学习、购物、娱乐甚至创业,网络成了人们生活的一部分。由网络社区愈发成熟的发展趋势来看,社区化是新时代品牌形象构建中的一个必要转变。企业品牌形象的社区化构建,除了能够使品牌形象的受众更加集中,针对性强,传播目标更加明确,用户培养价值高,还有一个重要作用是来自用户对品牌形象的强大传播能力,当用户在社区看到自己喜爱的品牌形象会进行分享,这种分享所产生的内容与品牌信息交流汇集在一起,对企业品牌形象的构建具有重大意义,同时,为后期的企业品牌产品的营销打下了坚实的基础。

第三节　网络形象对构建的转变

我们知道文化促进了人类的发展,在发展的过程中又促进了人类文明的进步,当今是文化高度发达的时代,也是物质文明和精神文明高度发达的时代。伴随其中的互联网科技以符合时代发展的姿态步入时代发展的序列。作为新兴传播领域,互联网因其特有的开放性、平台性、自由性等符合时代特征的要素,成为最大信息量的载体,并成为承载一切信息的综合集成信息系统,同时,互联网对形象传播提出新的标准和新的内容。依据前文所述,传统市场向新兴市场经济转型,国际经济一体化发展,中国企业经济面临巨大的冲击。那我们如何迎接这种转变所带来的冲击呢?抛开经济资本投资方面的问题,从企业形象传播的互联网形象构建角度来看,中国企业原有的"形象传播"是建立在传统经济环境认知基础上的一套中国式"形象",即使近年来受西方国家影响而改变设立的 CIS

等视觉系统,也存在一定的问题,其内容已不能适应新时代下的互联网形象构建需求,反观形成多方面应用转变之后,将组成企业形象的庞大体系。当今时代,随着互联网科技发展影响着人类传播,已经深入到人类生活的方方面面,各种形象内容也呈现出巨大信息量,用户选择面变大,用户作为高素质文化个体,其诉求变高。再加上新兴市场经济促使下,被动提升的企业和主动提升的部分企业所做的形象转变,国际经济一体化所带来的国际化标准,新技术和新领域的形象要求展现,这些综合因素加速了企业在网络形象方面的发展。企业网络形象传播系统的构建呈现系统化、科技化、功能化的要求。系统化的要求表现为:作为企业形象传播系统的组成部分,应与之相互组成完整系统,与企业文化体系相统一,不因其领域不同而单一化构建形象。从技术性角度来看:互联网传播技术成因和发展特征,将运用多种科技手段(如:C++、JAVA、H5 等)构建高度技术化的内容(如:企业网站、平台网站、电商网站、APP 应用软件、互联网内容封存等);从功能性角度来看:互联网传播可根据企业发展运营、传播需求,配套专属功能内容配合线下活动推广(如:开发 H5 广告内容、APP 应用软件),实现产品销售。从不同方面,我们可以看到,企业网络形象系统的转变是企业适应时代发展的表现,某些角度讲是企业自我主动提升的转变,是企业在新兴市场经济和国际经济冲击再一次来临前做好形象构建方面的准备工作。作为企业形象的一部分内容,企业做出形象转变的行为,是在消耗较少经济资源的条件下创造了一个能为企业提升效益,提高和稳固企业品牌地位的有效投资。在完成企业形象系统构建时,作为企业形象传播系统的一部分同样有助于加强企业对内传播和对外传播形象的作用力,促进实现总体企业形象的树立。

一、企业网站功能性的转变

信息传播的受众用户其诉求标准已提升,因而,传统企业网站内容偏向于信息展示,缺乏互动性和交互性功能的网站形象,已远不能满足用户对于信息的诉求。互联网因其开放性、公平性、自主性已经发展成为信息交流、互动的自由王国,企业网站的定位和展示需根据其发展做出改变,而如何改变是根据用户对于互联网的使用习惯和生活需求为网站转变依据的。其中,我们需先明白传统网站形象存在哪些方面的问题。首先,展示内容与用户诉求不匹配,大多数企业以自身角度评判网站该放什么,自己认为好看和不好看都是不客观的,因为这是企业评判出来的好坏,而不是用户。网站是给用户使用的,不是给企业自己使用的,这种功能主客颠倒的方式是管理者没有明确受众主动性的反映;其次,展示形象落后于主流文化意识,这里的落后是指思维层面的理解。如今的信息时代已经不能局限于传统的文化内容,有些才出现的文化现象没几天就被淹没在互联网信息的海洋中,所以应把国际视角的内容作为主流形象展示标准;再次,网站设置功能没有落地性,我们浏览企业网站经常会觉得网站形同虚设。如开设了网站客服功能,但是企业没有配套快速反应的客服系统,那这类功能只是因为借鉴其他企业或者是被推荐而盲目使用的,根本没有实际作用,这样做是给企业增加好的印象,还是带来不必要的负面影响,需要我们思考。现在的企业网站应转变为根据企业所在行业和产品服务内容不同而添加相应功能。例如:一家互联网企业,因为企业内部人员、消费者、大众用户、服务商、供应商等组成众多的网站用户群体,需要针对不同受众提供企业介绍、新闻展示、服务体系、产品介绍、合作加盟、用户交流等信息,还需要配备产品销售、开发合作平台、供应商合作、经销商合作等不同端口和功能配置,实现其不同目的性的功能。所以网站形象应把握好对内传播和对外传播过程中受众的需求,做好功能性的转变思路,实现网站功能性的转变以契合用户需求。

二、互联网形象内容移动端的转变

随着移动通信技术的发展,移动互联网时代已来临,我们也可以通过一组数据来进行分析:工信部数据显示,2015 年中国移动用户总规模达 12.93 亿,4G移动电话用户月净增人数超过 2 000 万,移动宽带用户占近 50%;另有数据显示:截至 2016 年 5 月 31 日,中国移动 4G 客户数达到 4.09 亿,建成了全球最大的 4G 网络。而中国电信 4G 用户 8 455 万、中国联通 6 818.2 万。截至 5 月底,中国移动有线宽带用户净增 92.6 万,累计达 6 264.7 万;中国联通固网宽带用户净增 11.7 万,7 368.9 万[①];中国电信固网宽带用户净增 58 万,累计达 1.174 1 亿户。伴随着用户移动端的转移,直接导致传播应用渠道的改变,这在移动端产品发展、转变中有两方面的体现:一方面,传统笔电产品笨重的机身、大风扇散热设计以及老旧的设计机身配置已经难以满足现代消费者的日常办公生活需求,

---

① 中国互联网协会,中国互联网络信息中心编.中国互联网发展报告 2015,电子工业出版社,2015年 07 月.

人们逐渐青睐更加便捷、轻松的办公生活方式。随着笔电产品的研发方向改变和二合一电脑市场的更新，如：微软 Surface、华为 MateBook、联想 Mix 等产品的推出也很好地印证了这一转变；另一方面，智能手机产品更新发展、4G 技术的应用，再配合移动办公软件：OFFICE、ERP、OA、PLM 等配套完善，移动端的功能将更加完善。总的来说，移动端设备因其携带便捷性、场景适应性，使得办公、生活更加轻松便捷，更有可能在未来伴随 5G 或者高新科技的发展带来不可知的变化。在这样的转变时代中，建立在互联网基础上的企业网络形象在满足 Internet 形象的同时，也需要对移动端的形象做出应变，企业需要依靠现有技术完整转移互联网内容至移动端，实现在传播领域中的效果。在时代发展中做好转变是企业形象传播系统发展完善的表现。互联网形象内容移动端的转变，是在现阶段实现企业网络形象系统构建的一个重要部分，其使用成熟的互联网系统形象构建完成转变，可以使构建的移动端形象与互联网形象共同构成企业网络形象系统，成为企业形象传播系统的组成部分，以更好地实现企业对内和对外传播过程中的形象传播。

三、移动端 APP 应用性的转变

前文提到移动互联网时代的转变来临，其中不仅需要内容上的转变，也需要有技术应用上的转变。技术领域中随着互联网的开放化，在移动时代大背景下，智能手机的流行和经济市场的共同作用，使移动端的软件功能应用以超越想象般的爆炸式增长发展，并与 Internet 分离出应用性功能发展方向。凭借便携、触屏、高清、娱乐、轻办公等丰富体验，移动端设备悄然改变着个人和企业商务运作，APP 作为第三方应用程序，基于云平台在移动互联网领域为企业提供了一个功能性应用平台。并被作为各企业推广品牌、接触消费者、销售内容的渠道，如腾讯、360、华为等建立的软件应用平台商城。作为新时代的产物，APP 作为第三方应用，参与互联网活动中，一方面具有积聚不同网络受众，产生社区群体传播效应，便于企业开发优势的稳固群体，转化用户为消费者的作用；另一方面可获取用户数据信息，掌握用户需求发展规律，及时反馈到企业形象传播系统中，促进企业运营管理良性发展。在转变过程中，体现出以下几个应用性方向：① 渠道平台化应用：利用网站、微博、微信、移动客户端的特点构建自有销售平台，打通社会化营销渠道，提高品牌宣传的渗透力；② 销售同步化应用：通过二

维码应用,实现从线下到线上的云数据无缝链接专卖店;③ 用户数据化应用:通过登录或注册等方式采集用户数据,建立强大的用户数据库,实现用户行为记录、分析,配套大数据使用精准投放;④ 数据互通化应用:实现网络互通,实现各系统的数据互通,构建用户开发储备资源库;⑤ 营销社会化应用:构建各应用APP 用户群体文化圈,实现手机客户端社会化营销。不难看出 APP 软件应用性的转变将提升企业管理效率、产品销售,为企业在当今新时代经济环境转变中抓住发展机遇,并为实现发展提供了有利条件。

四、移动端广告 H5 技术的转变

早在 2010 年乔布斯就曾提出:"没有人愿意使用 Flash,全球已经开始步入H5 时代。"①H5 技术强化了 WEB 页面的表现,无须大量下载,在内容上增加用户的传播互动性,使得其在传播过程中相较其他方式加强了传播信息量和互动性。对企业来说 H5 技术可借用其他传统传播媒介内容,延续企业已成型的品牌策划、设计方案资源,实现快速地传播。对比传统传播,移动端传播具有不同的特征:在传统媒介传播,相较其他媒介费用较高,虽然受众广泛,但缺乏针对性,因其传播的延时性,对于需要快速推广的活动类信息需要较长的准备期,部分平台的高额费用也限制了企业使用其推广的可能性。移动时代大背景下的移动端,因其用户群体围绕各式交流聊天工具、社区平台,分享互动方式多样,信息传播往往成函数级递增,达到快速覆盖效应。以微信平台广告 H5 应用企业推广产品或活动为例,H5 技术能实现包含视频、图片、文字、互动、游戏等一系列内容集合为一体的综合信息库,只需要用户轻点手机屏幕或是扫一下二维码,对比传统推广方式,不仅效果好而且费用也降低很多。这就是借助移动端广告 H5技术,在移动端展现更多的产品或服务信息,并能实现在浏览过程中多种信息交互传播的特性。在此之前,多家平台化公司已经做出了利用 H5 技术的传播方式推广活动。互联网时代,企业增多了主动权,可选择不同的传播渠道:大众传媒、互联网、自媒体,仍应当选择合适的方式、方法,针对不同的内容,利用各平台传播方式的优势,把握传播规律破除传统传播思维桎梏,动态地发展形象传播系统。H5 技术的应用作为配套形象传播手段,使用大众媒体和新媒体形象内容,

---

① ［美］史蒂夫·乔布斯,［美］沃尔特·艾萨克森著,胡晔译,史蒂夫·乔布斯传,中信出版社,2012.

即时性的配合线下和线上活动,可增强传播效果。

依据前文所提,移动端已经聚集了大量的用户群体,其传播信息内容已经极大地影响用户的生活习惯和工作运行,在互联网开放的大环境下,用户既具备强烈求知欲和好奇心理特性,又富有注重信息分享需求的特点,使得信息传播极度频繁和快速,人们忙于对传播的信息进行分析和消化,所以用户多会优先选择符合认知的形象来加以理解。自媒体因其分享式的传播,使其用户极易形成群体文化,又因其互动性而形成较高认可度的文化个体信息传播,从而形成复杂生态化的文化群体。而企业作为传播主体,大环境下的自媒体传播商业行为已经形成,企业应当抓住时代发展节点,学会运用自媒体内容在形象传播的构建过程中进行转变,统一大众媒体和互联网传播形象。结合企业对外形象系统内容,充分利用大众用户心理,围绕自媒体特性展开活动,构建社区化的用户群体,扩充传播粘连性和群体效应,充分利用社区传播便捷、信息量大、即时性高、成本较低的优势特性,构建完整化的企业形象系统。以微信为例,依托腾讯公司用户数量基础上,社区化的微信借用分享信息、互访信息、即时沟通信息功能粘连用户,再结合 WEB 页面内容分享、平台视频影音转链接、动态表情包的丰富表达、视频语音交流共同构建了一个符合现代人群对移动端便捷性、即时性、丰富性的形象系统。综上所述,企业以传播的角度设立良好的硬性视觉形象,同时也规划设计好软性信息内容服务,做到真正贴合用户群体,构建稳固的社区群体,利用社区的信息交互和垂直传递,扩大范围影响度,并针对不同社区化群体文化、群体信息以不同传播形象针对性分流,精准传播。自媒体形象的转变可使企业拥有众多媒体用户群体,依托大量的用户数据,做出具备策略性的决策,选择合适的传播渠道、传播内容、传播方式,做到行之有效地传播。

参考文献

[1] 何永芳.四川"十一五"时期主导产业新选择[J].财经科学,2006(9).

[2] 刘昕.产业投资基金及其管理机构的模式选择[J].财经问题研究,2004(10).

[3] 徐庆峰,吴国蔚.对我国文化产业"走出去"策略的探讨[J].经济问题探索,2005(12).

[4] 李春琦,石磊.国外企业激励理论述评[J].经济学动态,2001(6).

[5] 石峰.高科技企业融资决策:外源资本内部化管理[J].湖南税务高等专科学校学报,2002(1).

[6] 谭震.我国文化产业融资方式的创新研究[J].现代管理科学,2003(9).

[7] 范玉刚.试析文化产业对提升我国文化竞争力的意义[J].学习与实践,2006(11).

[8] 刘占迎,王海亮,杨海燕.中小企业融资方式比较分析[J].信阳农业高等专科学校学报,2004(4).

[9] 窦尔翔.中国产业投资基金发展的路径选择[J].中国人民大学学报,2006(5).

[10] 董晓鹏.小议典故型成语的国学意义[J].商业文化(下半月),2011(6).

[11] 丁振琴.汉英双语者与汉语单语者之汉语称赞回应语对比研究(英文)[J].语文学刊(外语教育与教学),2011(10).

[12] 张丽霞.《说文解字》文字训释中的农业向心性[J].语文学刊,2011(17).

[13] 郁进.文化的解说与追求[J].瞭望,1989(39).

[14] 周树江.隐喻的本质及其文化认知[J].沈阳农业大学学报社会科学版),2005(4).

[15] 何山燕.浅谈对外汉语教学中的社交—语用失误问题[J].广西民族学院学报(哲学社会科学版),2005(S2).

[16] 郭银玲.归化与异化再思考[J].商丘师范学院学报,2006(1).

[17] 刘利平.从称呼语看语言符号的象似性[J].宜宾学院学报,2007(4).

[18] 任小燕.素质教育与高职语文课程改革探索[J].今日湖北(理论版),2007(4).

[19] 曹进,张硕.汉字与中国文化的符号学解读[J].新疆社会科学,2007(3).

[20] [英] 英格里斯.文化[M].韩启群,张鲁宁,樊淑英,译.南京:南京大学出版社,2008.

[21] [美] 亨廷顿,哈里森,主编.文化的重要作用:价值观如何影响人类进步[M].程克雄,译.南京:新华出版社,2010.

[22] [美] 格尔茨.文化的解释[M]韩莉,译.南京:译林出版社,2014.

[23] 约翰·R霍尔,玛丽·乔·尼兹,周晓虹,徐彬.文化：社会学的视野[M].北京：商务印书馆,2004.

[24] 徐小跃.中国传统文化与儒道佛[M].南京：江苏人民出版社,2016.

[25] 田学斌.文化的力量[M].南京：新华出版社,2015.

[26] [美]瓦纳,[美]比默.全球化工作环境中的跨文化沟通[M].上海：上海外语教育出版社,2006.

[27] Larry A.Samovar.Communication Between Cultures[M]. Wadsworth Publishing, 2012.

[28] [美]马丁,中山.社会.历史背景下的跨文化交际[M].北京：外语教育与研究出版社,2009.

[29] [英]斯道雷.文化理论与大众文化导论[M].常江,译.北京：北京大学出版社,2010.

[30] 袁伟时.文化与中国转型[M].杭州：浙江大学出版社,2012.

[31] 潘一禾.超越文化差异：跨文化交流的案例与探讨[M].杭州：浙江大学出版社,2011.

[32] 陈少峰.文化的力量[M].北京：华文出版社,2013.

[33] [英]大卫·赫斯蒙德夫.文化产业(文化创意产业译丛)[M].北京：中国人民大学出版社,2016.

[34] 陈少峰,张立波.文化产业商业模式[M].北京：北京大学出版社,2011.

[35] 范周.重构? 颠覆——文化产业变革中的互联网精神[M].北京：知识产权出版社,2016.

[36] 张胜冰,徐向昱,马树华.世界文化产业导论[M].北京：北京大学出版社,2014.

[37] 李思屈,等.中国文化产业政策研究[M].杭州：浙江大学出版社,2012.

[38] 熊澄宇,张铮,孔少华.世界数字文化产业发展现状与趋势[M].北京：清华大学出版社,2016.

[39] 特伦斯·迪尔.企业文化：企业生活中的礼仪与仪式(跟大师学管理)[M].北京：中国人民大学出版社,2015.

[40] 任志宏,杨菊兰.企业文化：管理思维与行为[M].北京：清华大学出版社,2013.

[41] 王明胤.企业文化定位·落地一本通——企业文化认知、定位、落地一本通[M].北京：中华工商联合出版社,2016

[42] 段俊平.传承的力量——解码中国化企业文化管理[M].北京：中国发展出版社,2013.

[43] 周松波.灵性与理性——中国与西欧企业文化研究[M].北京：商务印书馆,2010.

[44] 林祝君.企业文化要素研究——基于文化生成与发展的视角[M].北京：中国劳动社会保障出版社,2016.

[45] 段维龙.企业文化与人本管理(第二版)[M].北京：北京大学出版社,2013.

[46] Richard Campbell. Media & Culture：Mass Communication in a Digital Age[J]. Bedford/St. Martin's, 2013(3).

[47] Erin Meyer. The Culture Map：Breaking Though the Invisible Boundaries of Global Business[M]. PublicAffairs. 2014.

[48] Gary R Weaver. Culture, Communication and Conflict：Readings in Intercultural Relations[M]. Pearson Pubishing Company, 1997.

[49] David Crowley. Communication in History：Technology, Culture, Society[M]. Routledge. 2010.

［50］　Larry A Samovar. Communication Between Cultures［M］. Cengage Learning，2009.

［51］　Paul A Argenti. Corporate Communicaton. McGraw-Hill Educaiton［M］. 2015.

［52］　Joep P Cornelissen. Corporate communication：A Guide to Theory and Practice［M］. SAGE Publications Ltd. 2014.

［53］　Paul A Argenti. Digital Strategies for Powerful Corporate Communicaitons［M］. McGraw-Hill Education，2009.

［54］　Klement Pondnar. Corporate Communication：A Marketing Viewpoint［M］. Routledge. 2014.

［55］　Michael Goodman. Corporate Communication：Critical Business Asset for Strategic Global Change［M］. Peter Lang Inc. International Academic Publishers，2014.

［56］　Gini Dietrich. Spin Sucks：Communicanication and Reputation Management in the Digital Age［M］. Que Publishing，2014.

索 引

B

柏拉图　14—16

D

德意志意识形态　6
对内传播系统　183,185,186

F

伏羲　17

G

公共传播系统　183,186
公共多媒体形象系统　187
公共网络形象系统　187
公共形象系统　183,185—187
公关　49,56—60,72,109,122,137,150—
　　158,160,163,173,185,187
管子·明法　16
贵族文化　16
过剩经济　76

H

海能　39

J

集成性传播　118
价值流　99
精神共鸣　91
精英教育　16,18

K

扩散性传播　118,119

L

拉德克利夫·布朗认为　4
老子　16
礼记·大学　16
理想国　14—16
列维·斯特劳斯　4
刘向　3
卢梭　15

M

马林诺夫斯基　3
墨子·法仪　16

P

匹配性传播　117
品牌　30,33,46,48—63,70,73,75,79,96,
　　105,114,115,121,122,124—126,128,
　　129,135,137,138,140,141,144,150,
　　152—154,156,158,163—165,172—179,
　　183—186,188,191,196—202,204,205
品牌产品形象系统　187
品牌传播系统　183
品牌多媒体形象系统　187,188
品牌网络形象系统　187,188
品牌文化　13,33,48,49,55,60—63,103,
　　105,106,111,112,115,119,121—123,
　　125,126,128,134,137,142,150,152,
　　156,158—160,173—175,182,183,185,
　　186,190,197,198

品牌形象系统　55,56,183,185—187
品牌终端形象系统　187

Q

企业传播系统　175,181,183—185,195
企业多媒体形象系统　187
企业公共传播系统　183,186
企业环境形象系统　187
企业内部传播系统　183,186
企业内部形象　33,173,183,185,186,189,
　190,192—195
企业品牌传播系统　186
企业视觉形象系统　187
企业网络形象系统　187,202,204
企业文化　1,5,9,10,13,26,33,38—49,
　60,61,63,71,73,74,77—103,105,107—
　112,115—117,121—123,125,126,128,
　130,134,137—142,146—148,150,152—
　156,158—162,165,170,172—177,180—
　184,186,189—191,193,195,197,198,202
企业文化对内传播　77—80,82,89—91,
　95,174
企业文化对外传播　79,80,85,125,198
企业形象　1,43,45,47,70,71,80,97,100,
　102,115,124,141,169—187,190—192,
　195,198,199,201,202,204
企业形象管理系统　185,186
企业形象系统　175,181,185—187,189,
　202,206
企业印象　137,169

R

人本论　177

S

史蒂夫·乔布斯　56,205
视觉识别　71,190,191
受众群　47,74,101,112

舒尔茨　115,142
双向化理念　89
四元素说　15
松下幸之助　158
苏格拉底　14,15

T

泰勒　3

W

文化论　3
文言传　17

X

形为　172—175,178,182,184,198
形为形象　172,182
形象文化　182

Y

亚里士多德　14
印象文化　170,172,182
印象形象　172,182
营销　33,49—51,56—60,73,101,109,
　114,117,118,122,133,135—138,140,
　142—150,153,154,160,163,171,183,
　185,190,201,204,205
用户　32,33,36,48,49,51,74,83,87—91,
　93—97,101,108,109,112—119,121—
　125,127—150,153—166,172—174,179,
　181,183,185,196—206
原创性　131,133
原始文化　3
源头文化　160
运营文化　159,160

Z

种族文化　16
周易　17
左传　16